力道山をめぐる体験

プロレスから見るメディアと社会

小林正幸

力道山をめぐる体験

プロレスから見るメディアと社会

目次

序章　力道山プロレス論の視角 7

第一章　力道山プロレスの胎動 39

第四章　「テレビ・プロレス」と力道山……203

第五章　「テレビ・プロレス」の完成と力道山の死……259

＊凡　例

1　本書で引用した図版などは、著作権法第32条に定められた「報道、批評、研究その他の引用の目的上正当な範囲で行なわれる」引用に該当するものであるため、著作権者の許諾については、これを特に必要としないものであると判断した。

2　引用にあたっては、〔　〕で引用先を略記し、巻末の参考文献に記している。

3　引用文中に、現在的視点からは妥当でない表現も含まれるが、その歴史性を考慮し、訂正などは行なっていない。

序章

力道山プロレス論の視角

第一節　力道山常識論

戦争の傷跡が残る東京に街頭テレビが登場したのは、一九五三（昭和二八）年であった。二七インチの、いまから思えば小さな画面の前に、人々は立錐の余地がないほどひしめき合っていた。ちょうど特需効果があったころで、日本にも一筋の光明が、経済の側面では見えていたのかもしれない。五五年以降の高度成長を目の前にしたころ、荒廃した日本人の心に勇気と希望を与えたのは、日本が世界と肩を並べたことを表象したスポーツの世界であった。当時活躍したのは、ボクシングの白井義男、水泳の古橋廣之進、そしてプロレスの力道山であった。特に力道山は白井や古橋以上に日本人にとって特別な存在である。例えば、放送作家のはかま満緒《みつお》が戦後の日本社会を振り返り、力道山について次のように言及している。

日本の代表は大相撲出身の力道山、そして柔道出身の木村政彦コンビ。対するアメリカ代表、シャープ兄弟とのタッグマッチである。

大柄な兄弟の体格は、いまで言えば大相撲の把瑠都に似ている。対する日本の力道山は黒いタイツをつけスマートで敏捷な動きを見せていた。試合の展開はまず小柄な木村がシャープの弟にコテンパンに傷め付けられ、やっと味方のコーナーに辿り着き力道山にタッチ。入れ代わると怒濤の勢いでリングに飛び込んで行き、シャープ弟に得意の空手チョップを与えると、たちまち弟はよれよれになる。それをかつぎ上げ、飛行機投げで完全にグロッキー、見るに見かねた兄の方がタッチもせずにリングに入り込み、弟を助けようと力道山に襲いかかる。このとき沸き起こる歓声はいまだに耳に残っている。満員の野球場で逆転満塁ホームランを打ったときより凄い熱気と歓声、まるでそこにリングがあるような興奮。しかし、数千人が見つめる画面は27インチが2台だけ。振り返れば新橋駅のホームからも観戦している者がいた。その小さな画面が遠くから観る人々に、現在の大型ハイビジョンくらいに鮮明に映ったのは、いまのように大きなネオンや賑やかな電光掲示板がなかったからだろうか。

勝ち負けよりも、それまで占領軍だったアメリカ人が頭から血を流すほどコテンパンにやっつけられる光景に、観衆の溜まっていたコンプレックスやストレスが吹っ飛んだのだ。

〔はかま、『週刊昭和』二九号、二〇〇九年：五—六〕

このはかまが記述する世界、つまり力道山と木村政彦、その対戦相手としてのシャープ兄弟、必殺技空手チョップ、街頭テレビ、その前で観入る群衆。これらはワンセットとして、われわれの記憶のなかに刻み込まれており、戦後史で欠くことのできない日本人の集合表象として語られる。

プロレスファンである福田一也は、戦後五〇年という節目に、東京スポーツ（略称、東スポ）紙上で「野茂に国民栄誉賞を」との記事を見て、「天皇の次に有名だった」力道山こそ当然受賞する資格があるとして、力道山が特別な存在であったことを強調する。（1）

あのリングの上で輝いた姿はまさに国民の星だった。信じられないことだが、プロレスが世間をリードし、引っ張っていたのだ。戦後最大の英雄、戦後初のスーパースター、それが力道山だった。力道山以前にも、水泳の古橋のように傑出した記録を出した人もいるが、〝社会現象〟を起こしたのは力道山がはじめてだった。戦後初の英雄がプロレスラーで、プロレスが最初に世間に風穴を開けたのだ。〔福田、一九九六　九〕

戦後の日本社会に突如として現れた力道山。戦後史を振り返るとき、必ず取り上げられる光景が力道山のプロレスを見る街頭テレビの前の群衆である。福田のいうとおり、「天皇の次に有名」、「戦後最大の英雄、戦後初のスーパースター」であった力道山は、スポーツ選手としての有名性を獲得していただけではなく、政財界や裏社会の大物たちとも密接な関係をもっていた(2)。その意味で、力道山は当時の他のジャンルのスターや、戦後次々として登場するスターたちとは一線を画すスターであり、戦後を語るうえで最重要となる歴史的人物といえる。

はかまがいうように「観衆の溜まっていたコンプレックスやストレスが吹っ飛んだ」という力道山プロレス論も定番である。確かに日本人は力道山の空手チョップに勇気をもらい、戦後復興に突き進んでいったと言及される。このような歴史観が構築され、現在でも多くの日本人が信憑するところである。

しかしながら、本書ではこの通説への疑問からスタートしたい。力道山が力道山として表象したのは、戦後の日本人の複雑な感情の反映に限定されるものだったろうか。つまり、かつて敵国であり、戦後のこの時期、保護者あるいは占領国であったアメリカに対する屈折した感情の捌け口としての意味しかもちえなかったのであろうか。この通説が唯一の力道山の意味であるとするなら、当時の日本人の戦後体験はすべからく一様であるということになるし、日本人のなかに存在する世代や階級などの社会的主体性の差異が失効していたことになる。福田の理解は、日本人の感情のはけ口を表現するために、「戦後初」「最初に世間に風穴を開けた」との言説を紡いだのだろうか。筆者には「風穴」の先に未来があるようにも思われるし、なにに対しての「風穴」であったのか興味が募るところである。

例えば、プロレスショップを金沢で経営する石田順一は、日本人の深層にある反米感情の具体的表象が力道山であったとの一元論的批評を以下のように非難している。

今年は戦後五十年。戦後史モノになると必ずお呼びがかかるのが、わがプロレス界の力道山。で、それもだいたいが敗戦ショックとか、外国人コンプレックスなどといった、戦後の時代背景を要因としての取り上げ方なのですが、こればかりを強調されると、チョット待ってほしい——となるのです。

確かにそれが大きな要因であることは、間違いのないところなのですが、それは力道山という戦後最大のスーパーヒーローを真に捉えてはいないと思うのです。

日本中で、力道山のプロレスに熱中した多くの人々のなかには、戦争というものを引きずって見てはいない人もいただろうし、自分にしても戦後生まれの、戦争を知らない世代なのです。では、なぜ力道山はあれだけ多くの老若男女の目を引きつけることができたのでしょうか？

それは、力道山があらゆる魅力の塊だったからでしょう。力道山から発せられる、いくつもの魅力が、多くの人々のもとに、さまざまな形で届いたということではないでしょうか。〔石田、二〇〇五：八—九〕

石田はテレビで見た力道山のプロレスに衝撃を受け、「プロレス人生」を歩むと自らを語る。戦後五〇年が力道山三三回忌と重なることから、力道山の供養と考え単行本を〝記念出版〟するほど深く関わっている。このような〝生粋〟のプロレスファンからすれば、力道山に関する一元論的批評は外在的な理解に限定されるものと感じるのである。それゆえ石田は、ファンとして、あるいはプロレス側からの解釈によって、その限定性を批判しようと意図しているのである。そこで、「戦争というものを引きずって見てはいない」という世代という変数が導入されている。敗戦コンプレックスの昇華や反米ナショナリズムとして常識化した理解からこぼれ落ちる力道山プロレスの意味を、石田は「あらゆる魅力の塊」と表現して、どうにかその意味を紡ぎだそうとしている。これら力道山理解に関する世代的差異の可能性、「あらゆる魅力の塊」との言説で紡ぎだそうとする常識論から脱臼する意味を、石田は感覚的に受容し、ファンとして、力道山常識論に異議申し立てしているのである。

この常識化した力道山プロレス論からこぼれ落ちる力道山プロレスの意味を、川村卓は力道山が「プロ・レスリングの迫力に大衆が動かされたこと」との発言を引用し、「案外『初もの（珍しさ）』『迫力』といった素朴かつ根源的な非日常性だったのではないだろうか」と指摘している。それゆえ、常識化した力道山論を相対化すべく、「力道山は『歴史的背景』から解放されるべきなのである」との主張へと川村の議論は導かれている（川村＝岡村編、二〇〇二）。

第二節　力道山体験と記憶

戦後史、特に大衆文化史において重要な登場人物としてあげられるのは、美空ひばり、石原裕次郎、長嶋茂雄、そして力道山である。特に力道山は「天皇の次に有名だった」人物である。しかし、力道山が大衆の目に留まり、戦後史の登場人物であったのは実質一〇年と短い。さらに岡村正史の指摘によれば、社会学の力道山への関心は街頭テレビとの関係に限定されているという。その意味では、力道山現象が日本社会で大きな関心を呼んでいたのは非常に短い期間にすぎないことになる。また、戦後風俗を振り返る企画においても、プロレスが社会現象として注目され取り上げられるのは、戦後が生々しく息づいていた数年間、つまり一九五七年ごろまでに限定される〔岡村、二〇〇八：一三四〕。

戦後日本社会において、力道山は重要な登場人物である。このことについては、プロレスがもつ周縁性に関わらず、社会一般に認知される事実である。しかし、着目すべきなのはどのように力道山が語られたとしても、それが実際に体験されたという事実と無関係では成り立ちえないこと、さらに街頭テレビというメディアがもつ力学とともにある体験であるという、力道山に関する言説の存立構造の方にある。

それゆえ、プロレス研究の第一人者であり、かつプロレスファンである岡村は力道山が日本社会のなかで歴史化されている状況に違和感を抱くのである。

しかし、五四年生まれで力道山の最初の明確な記憶が六一年に始まるような私にとっては、「そう言われてもなあ」という部分が残るのは偽りのない事実である。ある意味では、「そう言われてもなあ」という部分が突き動かしているとも言えるのだ。〔岡村、二〇〇八：一三四〕

一九五四年生まれの岡村が力道山を記憶するようになったのは一九六一年ごろであり、力道山が日本の歴史の一部であった時代、あるいは社会学の関心となる時代は記憶の外にある。岡村はこれとは異なる地点から力道山ファンになり、力道山死後現在に至ってもプロレスファンであり続けている。ここにある社会学の関心や社会のなかでの力道山の位置づけと岡村の記憶における距離感は、記憶の政治によって生じるものである。と同時に、それら記憶にメディアの影響がある可能性を視野に入れておく必要がある。それゆえ、「そう言われてもなあ」という違和感が生じるのである。

そして、このようなことを気にしてしまうこととは、逆説的にも力道山という体験がそういうものであったこ

日本テレビが提供した写真であり、数寄屋橋日劇前で一台の街頭テレビのプロレス中継を見ている群集。後方の人たちは、テレビ画面が見えたのだろうか？〔『Number』70号〕

とを意味している。つまり、一九五四年の対シャープ兄弟戦から五七年ごろまでのプロレス全盛時代こそが力道山の体験として社会的に強い意味をもったということである。ここでは実際に、このときの力道山の実体験こそが意味をもつのである。ここには実体験をしたという当事者性の政治学が横たわっているし、社会現象として重要性をもつのか否かという文化の政治学も組み込まれている。

さらに重要なのは、実体験の当事者性にもまた、記憶の政治がまとわりついていることが挙げられる。例えば、川村卓は力道山とブラッシーやデストロイヤーとの試合について、「それらが映された瞬間のテレビの前の家族の雰囲気までがありありと浮かび上がるほどだ」と力道山体験がもつ戦後日本社会の家族像との強烈なつながりに言及し、実体験のリアリティが強烈であることを示している。しかしながら、そのうえで、このような生々しい体験であったとしても、「不確かな記憶が事後的に補強、変形、粉飾、捏造されたり、あえてなにかを忘却することで記憶全体の枝ぶりが修正されたりもしただろう。いや、きっとされているはずなのだ」として、力道山体験を語る困難さを記憶の政治学から導きだしている。力道山体験にはリアルタイムで見たことの、つまりは当事者性の特権が横たわっているが、この特権性が力道山体験の真実を観察する地位を確保できるとはかぎらないのである〔川村＝岡村編、二〇〇二：四〇―四三〕。

しかし、プロレス全盛期が過ぎ、そして力道山が亡くなり、あるいは戦後数十年という時間的経過を抱えるとき、実体験を中心とした状況は、必ずしも不変的な解釈というわけではない。なぜなら、岡村がそうであるように、力道山の晩年にプロレスファンになった者、あるいは力道山のファイトをリアルタイムで見たことがない者も、力道山をビデオや書籍などで〝疑似〟体験したり、日本プロレスの創始者として幾度となく言及され、記憶にインプットされてきたからである。

このような記憶の政治学を考慮に入れると、プロレスに高い関与を示す者にとって――大抵はファンという主体になるだろう——力道山は社会学の関心となってきた時代以外にも記憶の内部で重要な存在でありうる。実体験は時間経過とともに消失し、入れ替わり「メディア体験」による力道山の記憶が前景化する。ただ、この前景化された記憶は一般社会とは地続きでありながらも、ある程度セグメント化された大衆に限定される。というのは、力道山を実体験した者たちの実体験は社会から失われていく。それと代わって、さまざまなメディアの媒介性によって立ち上がる集合的記憶としての力道山が前景化されるのであり、それをこそ考察の対象とせざるをえないのである。

村松友視は、社会学の関心となる日本の歴史の一部であった力道山を実体験している。しかし、岡村は体験していない。さらに、筆者自身は力道山が亡くなった翌年の生まれであり、リアルタイムで体験することはできなかった。別の世代が有する体験、そしてその記憶、あるいはその記憶を保存する記憶メディアを読む／見る体験。つまり、主体として実体験することのない、歴史上の出来事が——大衆文化という限定があるとの注釈を付けたくなるような領域にすぎないと指摘されるかもしれないのだが——われわれに否応なしに影響を与えている、そんな記憶として、力道山は存在している。繰り返すが、もちろんこのようなメディアや記憶に影響を与えられる主体は、大衆やファンということになる。あるいは、当のプロレス業界に生きる者たちや、プロレス業界と関係性を繋いでいる者たちも含まれる。

村松が中学生時代に体験したリアルタイムの力道山を『力道山がいた』（朝日新聞社、二〇〇〇年）に記している。そこにある書く行為とは、この著作の帯のコピーが示すように、「誰でも知っている力道山　誰も知らなかった力道山」という体験を記述することを目的とする。そこには「誰も知らなかった」という体験の固有性から、力道山常識論とは異なる体験の豊穣さを明らかにしようという作者の意図があるように思われる。つまり、「誰も知らなかった」というコピーは力道山をどのように書き記すかという問題意識に貫かれていることを意味する。

それと比して、岡村の『力道山』（ミネルヴァ書房、二〇〇八年）は異なる問題意識に貫かれていると思われる。特に社会学の関心となる力道山全盛期を実体験していないゆえ、信用できる資料をもとに、忠実に歴史を再構成しようとする。この方法論自体は村松にも共有されているのだが、岡村においては残された諸テクストをいかに読むべきかという問題意識に貫かれている。そこには忠実な資料主義がある。それに加えて、プロレス的な虚実の境界を判断するプロレス的感性によって資料を読み解いていく方法論がある。この作業によって、力道山という歴史を再現しようとしているのだが、村松とは異なり、そこには実体験の記述ではなく、資料による記録や記憶を読むという作業が媒介され、その作業が中心となってしまう。岡村の著作には資料を元にした事実の忠実な再現という客観的記述という印象があるのだが、その客観性こそが記録や記憶をいかに読むかという方法意識に貫かれているのである。

要約すれば、村松においては力道山全盛時代の体験を「どのように書くか」という問題からの記述であり、岡村においては力道山全盛時代の記録や記憶を「いかに読むのか」という問題によって構成されているのである。このようなメディア論的方法論のちがいが両者にはあると考えられる。付言しておくと、岡村の『力道山』はその客観性の志向と同時に、当時の新聞を中心としたメディアにおけるプロレス観をすくい上げる作業を行っており、それらの作業がメディアのイデオロギー抽出へと導かれている。それゆえ、ファン的な感性を抑えつつ、知識社会学的な分析を行う禁欲主義的な文体になっている。本書では、この二つの優れた力道山論を拠りどころとして、議論を展開していくことになる。

このような体験から記憶へという問題意識を抱えた領域は、「記憶の社会学」において議論されており、特にその対象となるのは戦争や従軍慰安婦、あるいは広島と長崎の体験、アウシュビッツといった歴史的に重要な問題、とりわけ人類における否定的経験を対象領域とする傾向をもつ。

ここで確認しておきたいのは、実体験をした当事者が時間経過とともに消失していくことこそが、このような方法論的意識を胚胎させたという背景があることである。これらの体験は人類における貴重な遺産である。それゆえ、体験の記憶、そしてそれを記録するメディアは認識論的な水準にちがいがあるにしても、体験の〝正統〟な後継者でもある。それゆえ翻って、「いかに読むか」という認識論的、あるいはメディア論的方法論を意識化しなければならない。体験したことを伝えること、体験したことが外部化されメディアに保存されていることをさらに伝えること、それぞれは「どのように書くか」と「いかに読むのか」に対応している。そのうえで、「いかに読むのか」は、その後「いかに書くのか」という問題へと回帰していく。

現在のわれわれにとって、力道山という体験は、すでに記憶や記録という水準で経験するしかない。村松はギリギリのところで、体験それ自体を記述したのだが、それを読む読者、あるいはプロレスファンの大半はその体験の疑似体験を享受するしかない。つまり、現在の地点で力道山を問題視することは、力道山体験ではなく、力道山の記憶こそを問題とすることになる。このような力道山体験から力道山の記憶へと理解の枠組みが変化したのは、力道山という対象を成立させる社会性や物理的条件、そしてメディアの変容が下敷きになっているという問題意識を呼び寄せる。

この理解の枠組みに変化があるからといって、力道山体験を軽視してよいなどということではない。書籍や映像に保存されている力道山を自由に、さらに〝勝手〟に解釈してよいという先鋭的なテクスト論の立場ではなく、これらの記憶や記録を日本人の、あるいはプロレスファンの遺産としてどのように保持し、いかに共有していくのかということを主眼とする意識をこそ重要視しなければならないからである。素朴な表現をするなら、力道山という遺産を失ってはならないのである。とすれば、力道山の記憶は力道山体験と地続きであることによって遺産の正統な相続を可能とするのである。

インターナショナル選手権のベルトを巻き、笑顔でポージングする力道山〔東京スポーツ、2010年12月17日〕

このような意識からすると、力道山常識論は不十分な理解なのではないかという疑問に行き当たる。なぜなら、力道山体験において、力道山常識論がわれわれの記憶を一元化して、体験における固有性と多様性を喪失させてしまう可能性があるからである。その意味で、力道山常識論はイデオロギー化した知識の集積にすぎないかもしれない。

そこに、大衆やファンという主体に着目する意義がある。通常、戦後日本社会における力道山は日本人という集合に享受されたと理解される。ここに日本人なるものが繰り返され、戦後日本社会を代表する場面として記憶されている。この日本人なるものは、それほど自明な存在であろうか。ここには、日本人が「われわれ」であることが前提とされていることが隠されている。このような集合的記憶を対象とする社会学は、この記憶を共有している主体をこそ問題とすることによって、集合的記憶が一元化することを回避することができる。もちろん、この一元化された集合的記憶、つまりドミナントストーリーの強固な構造性を甘く見積もるわけにはいかないことも付言しておく必要があるだろう。ちなみに、ドミナントストーリーとは心理学における物語療法で使用される概念で、「人々の体験と行為をその人も気づかぬうちに型にはめてしまう物語」〔浅野、二〇〇一：二四〕である。

つまり、日本人が、力道山体験や記憶を受け取る自明な存在なのではない。そうではなくて、集合的記憶である物語が継承され、共有されていくプロセスにおいて、そこに日本人なるものが抽出されてしまうのである。集合的記憶こそが社会集団を構築する力をもつのである〔ハッキング、一九八八〕。

こうした記憶をめぐる政治学の議論を力道山論へ代入するならば、体験がもつであろう多様な意味世界が、日本人として位置づけられるドミナントストーリーに回収されてしまう可能性を危惧せざるをえない。それゆえ、先に引用した村松の「誰も知らなかった力道山」、岡村の「そう言われてもなあ」という実感の方に、回収されてはいない意味世界の可能性を垣間見ることができる。村松や岡村を単純にプロレスファンと規定することにはいささか問題があるように思われるのだが、彼ら力道山やプロレスに深い関与や愛着を示した者たちの共通性を抽出し、それに暫定的な命名をするならば、ファンという主体性になるであろう。

少しばかり、個人的な経験を記させてもらう。私自身がプロレスファンであるのだが、もう二〇年以上前に、当時初老の男性とプロレス会場で臨席になったことがある。おそらく六〇歳くらいのかたであった。私からすれば、プロレスファンの〝大先輩〟ということになる。私の記憶が正確だとはいい切れないが、確か両国国技館での新日本プロレスの興行、「サマー・ナイト・フィーバー・イン・両国国技館」であったと思う。とすれば、一九八七年八月一九日である。この初老の男性は私に話しかけてきて、その日の試合の感想を語ったりしていたのだが、意気投合し、試合後、近くの居酒屋でプロレス談義に花を咲かせることになった。確か仲間四人だったと思うのだが、この男性から力道山の話を聞かせていただいた。その話のなかで印象的だったのは、力道山あるいは力道山プロレスの魅力についてであった。当時からプロレスにはショー的要素があって、娯楽として楽しむという側面があったと感じていたというのだが、力道山の試合だけは文字どおり〝死闘〟、つまり本当に試合が死に至るのではないかと感じることがあったという。特に印象的だったのは、確かボボ・ブラジル戦で花道に向かう力道山の目があまりに恐ろしくて、凍り付いたことがあると語っていたことである。このような体験から、〝大先輩〟は、プロレスを八百長とかショーと割り切ることに違和感を感じるようになり、プロレスを見続けているのだと語っていた。さらにおぼろげな記憶なのだが、本書でいうところの力道山常識論についてたずねた記憶もある。〝大先輩〟はアメリカに対するコンプレックスの昇華なる物語性を否定はしなかったように思うのだが、プロレスの本質は「あの力道山の目」であると強調していた。私自身には、このような〝大先輩〟の話に感嘆した記憶が残っている。

いまとなっては、このような〝大先輩〟のような力道山論を数多くサンプリングすることは難しいように思われる。一つには、力道山体験を語る言説として、力道山常識論がまず想定されてしまうこと。二つ目には、力道山を語りうる存在が少なくなってしまったこと。その意味で、村松の力道山論には価値がある。三つ目には、プロレス自体が、当初から「八百長」「ショー」という視角から理解されるため、これらのモードとは異なる意味世界を遮断してしまうためである。プロレスの本質を「あの力道山の目」として表現するのと同じような力道山体験は、そもそも表現困難な体験であった可能性を視野に入れておく必要がある。

第三節　力道山と「想像の共同体」

本節と次節では、本書の分析の前提となる社会学的な理論を要約的に述べる。少しばかりこみいった話となるので、関心のないかたは飛ばして、三六ページの「本書の構成」へと進んでいただきたい。

人間の記憶は、過去をある特定の時点から、その特定の時点での価値意識を組み込みながら、素材を組み合わせるようにして書き換えられるものである。例えば、伊藤守はテレビと公共的な記憶の関係を考察するにあたって、このような記憶の書き換え／（再）構築という問題を文化の政治として位置づけ議論している。一九五三年のテレビ本放送開始から、国民的な規模で受容された一九五九年の「皇太子殿下・美智子様の御成婚パレード」、一九六四年の東京オリンピック、これらの国民的イベントを媒介するメディアの中心にテレビが据えられるようになったことは、テレビ受像機が一般家庭に浸透していくこととともに、よく知られるところである。伊藤によれば、テレビによる公共の記憶はハーバーマスのいう公共圏において構築されるようなものではなく、「むしろ権力や利害関心に基づく特定の記憶や歴史像のヘゲモニックな調整のプロセスである」（伊藤、二〇〇五：一一二）。

伊藤はテレビというメディアが公共の記憶を構築する力をもつとともに、それ以前のメディアとは異なる歴史に対する独自の「語り」とイメージを産出する点を強調している。NHKで放映された『プロジェクトX～挑戦者たち～』（二〇〇〇～二〇〇五年）を分析する作業から、テレビは戦後日本社会の歴史を肯定的に表現する映像や言説を肥大化させ、他方で否定的に表現する映像や言説は顕在化しにくいようなメディア内部における不可視の力学を構築し、記憶のエコノミーに資するように編成していると指摘されている。

このような伊藤のテレビと集合的記憶の関係に関する知見からすれば、力道山もまた、戦後日本社会において重要な登場人物であることと併せながら、戦後の日本社会の歴史を肯定するような論理において取り上げられてきた可能性がある。例えば、力道山常識論とはその典型であったといえるだろう。

このような集合的記憶が書き換え可能であるとの知見や、集合的記憶の編成に重要な役割を果たすメディアの内容に選別と排除があるという知見には耳を傾ける必要がある。特に伊藤のようなスタンスからメディアの権力作用を可視化する作業は、これからも続けられなければならない。と同時に危惧してしまうのは、われわれの記憶には矛盾した内容が組み込まれてしまうなど、ある一定程度の厚みがあるという点を軽視してはいけないということである。つまり、集合的記憶には書き換えやメディアによる選別と排除との相関があるにしても、それらの作用によって薄っぺらな層を作っているのではなく、歴史的、社会的な構築物であるゆえに重層性を抱えている。

例えば、アルヴァックスが集合的記憶を個的でもあり集合的でもあると位置づけしたのは、本来個的であると信じられている記憶が、実際は共同性の質を携えているという歴史性や社会性の次元をすくい上げるためである。

このアルヴァックスの視角は、社会学における古典的な問題の継承である。それは、デュルケームが近代以降の社会において、「秩序ある社会」と「自由な個人」といった一見すると矛盾であることが、いかに同時に可能なのかという問題を、記憶という水準で継承しているのである。つまり、デュルケームの集合表象概念とは、このような文脈上でのキー概念なのである。このデュルケーム的な現実的二律背反問題は、個的であることと連帯的（共同的）であることを理論的に橋渡しすることの困難であった。しかし、記憶という問題系を導入することによって、個人の記憶が喪失することを個人のなかに存在する情報が喪失したというだけではなく、人間関係の喪失として理解することに開かれる。このような意味で、集合的記憶は人々のつながりを構築するメディアなのである。

つまり、「個人は（個的でもあり集合的でもある）二種類の記憶に参加するのである」。この二種類の記憶こそが集合的記憶における厚みや重層性の源泉である。それゆえ、集合的記憶の分析がイデオロギー分析に限定されてはいけないのである。というより、イデオロギー分析の前提として、集合的記憶が共有されている範囲やその内実の変容をしっかり記述することが重要なのである〔アルヴァックス、一九九九〕。

なぜ、ここで集合的記憶を取り上げ、その厚みや重層性を確認するのか。それは、力道山常識論が力道山の記憶としての厚みや重層性を十分に表現しているとは考えられないからである。日本人と力道山、あるいは街頭テレビという新しいメディアとの大いなる関係性の絡まりあいを含めて集合的記憶の実際を考察するうえで、理論的方法論的な手続きとして、このような議論をしておく必要がある。もちろん、日本人という主体もまた厚みや重層性をもっている。

このような社会学上の議論として取り上げられる一つの典型が、アンダーソンの「想像の共同体」を引用する研究になるだろう。それらの研究は、文化の政治を観察するなかで、多くの歴史社会学的研究を生み出しつつ、ある社会性によってある特定の観念が共有伝達されることによって、「国民」や「歴史」が形成されたことを証明してきた。そして、この観念が集合的記憶として機能することがナショナル・アイデンティティとなってきたとした。これらの研究のなかには、集合的記憶の厚みや重層性を看過し、ナショナル・ヒストリーとナショナル・アイデンティティの相関を指摘することに終始するものがある。そのため、文化の政治を議論していながら、還元論的色彩を帯びたり、平板な議論に陥る可能性がある。例えば、あるメディアテクストを分析することによって、そこで表象されている日本人なるものが「想像の共同体」として構築されたイデオロギーであるとか、虚構であると指摘するような批判がある。あるいはホブズボウムら〔一九九二〕が提唱した概念「創られた伝統」に依拠した議論にも、国民国家における伝統や儀礼の虚構性を発見するという色彩が強いように思われる。

しかし、イデオロギーや虚構性の暴露自体が問題なのではない。重要なのは、このような「想像」を可能にする種々の条件を理解すること、そして「想像」によって生じている観念と共同性との関係性、それを構築するうえで重要な役割をするテクノロジーの位置取りである。もちろんこのテクノロジーとして重要な地位を占めるのがメディアである。

アンダーソンは新聞を中心とした活字メディアが、虚構としての国民やナショナリズムを構築したとただ指摘しているわけではない。その指摘に触れるために、ここで、少しアンダーソンの簡単な要約をしておこう。毎朝新聞を読むことによって、人々は出会ったことがないにも関わらず、〝なにがしか〟の結びつきを感じてしまう。出版資本主義を背景として、新聞を読むという行為は、新聞と同一言語（国語であり出版語）というメディアを媒介として、それを読んでいるであろう者たちと〝なにがしか〟を共有する感覚を構築する儀礼になる。アンダーソンは近代人にとって、新聞が朝の礼拝代わりになったとのヘーゲルの言葉を引いて、新聞を読む行為とは見知らぬ者たちに共同体意識を構築するマス・セレモニーであるとする。この儀礼行為によって、人々は自分の生きる意味世界を理解し、過去や歴史という感覚を抱くことになる。これらが〝なにがしか〟なのであるが、ここで短絡してはいけないのは、各人が生きる意味世界、過去や歴史の内実が一致するとはかぎらないことだ。ゆえに、あえて〝なにがしか〟として要約したのである。

アンダーソンはここで重要な指摘をしている。一つは、共同性の形式の変化である。新聞以前に人々を結びつけるもっとも重要なメディアは『聖書』であった。かつて礼拝堂で聖職者を媒介にして『聖書』に触れていた人々は、活版印刷の力により、個人としても享受可能となった。その意味で、最初のマスメディアは『聖書』であり、神の存在を民衆が共有するメディアでもあったのである。彼らは『聖書』を読むことを通じて、神との結びつきを実感し、同時に『聖書』を読む他者を同胞として結びついていると実感できたにちがいなかった。ここには、宗教的な共同性が観察できる。しかし、新聞を読むことを儀礼とすることで具体化する共同性は必ずしも宗教的なものではない。ここで共同性の形式として国家が具体化していく様相が観察できるのである。つまり、アンダーソンが指摘している重要な論点は、共同性の形式が宗教的なものから国家的なものへと変動したという事実認定にある。

二つ目には、メディアの特性の変化である。ここでも『聖書』と新聞を比較することができる。『聖書』は神の存在と結びつくメディアである。それゆえ、『聖書』には他の書物や出版物とは異なる特別な感覚が生じてしまう。宗教から縁遠いと信じがちな現代人であったとしても、『聖書』を簡単に捨てることはできないはずだ。どこかに聖性を感じているからである。とすれば、近代初頭の『聖書』は書物に希少性があったという以上に、聖性を感じる普遍的なメディアであったのだ。しかしながら、新聞は印刷の翌日に古紙になるという捨て去ることを前提としたメディアという性格をもっている。

この初期の大量生産商品は、その意味で、奇妙なほどに、時間のたつにつれ陳腐化していくという近代的消費材の属性を予示するものであったが（略）我々は、ある特定の朝刊や夕刊が圧倒的に、あの日ではなくこの日の、何時から何時までのあいだに、消費されるだろうことを知っている。〔アンダーソン、一九九七：六二〕

このように新聞を位置づけつつ、さらに「砂糖は悪くなることはあっても、時代遅れになることはない」と指摘し、新聞というメディアはモノがもつ価値とは異なる価値を有していることを指摘してもいる。つまり、「時代遅れになる」新聞はモノではなく情報という局面からの理解が必要なメディアなのである。ここでの情報というのは、その構成が時間性を重要な要素として組み込んでいるという意味である。聖書が普遍的なメディアであったとすれば、その時間性は文字どおり普遍であり、それゆえ時間性を意識する必要のないメディアであった。新聞はスピードが重要な「近代的消費材」なのである。

このように、「想像」を構築してしまう共同性の形式やメディアの質のちがいもまた、アンダーソンは重要視しているのである。このようなアンダーソンの理論的成果を引き受けるなら、力道山プロレスによって一元的に日本人が対米コンプレックスを解消させたとの力道山常識論に再考を促すことには意味がある。まず、一つには力道山プロレスに人々はなにを感じ読み込んでいたのか、その意味内容の厚みや重層性を視野に入れること。二つ目には、共同性のあり方を日本人という主体性に一元化することが正当な理解となっているのかを再考すること。三つ目には、テレビというメディアと力道山の親和性を再考し、特に街頭テレビを中心としたメディア状況を視野に入れつつ、そこにあるメディアの質、そしてそれが可能にする共同性の形式に注意を促しつつ、資料を観察することである。それぞれの視角は相互に絡まり合うのだが、特に二つ目と三つ目の視角は緊密に絡まり合っており、分析する際にはこの絡まり合いを解いていくという「メディア論的センス」とでもいう姿勢が必要になると思われる。簡潔に述べるなら、ここでいう「メディア論的センス」とは、メディアにおける媒介性と共同性の形式との関係を問うことである。

しかしそれでもなお、力道山常識論がもつ強度が想像された共同体としての国民国家に寄与するものであったとの結論を繰り返したり、あるいは日本人を一元化したイメージに縮減してしまっているという結論に導かれることがあるかもしれない。なぜなら、本書における考察もまた、力道山体験や記憶をさらに文字化するという点で、理論的な縮減可能性がないとはいいがたいからである。それゆえ、力道山常識論やあるいはその周囲にある体験や記憶を記録する言説を自明視するのではなく、「メディア論的センス」を意識していく必要がある。仮に、力道山常識論こそが力道山現象の真相であるならば、力道山常識論の状況を「メディア論的センス」から再考し、位置づけ直していく作業が必要になるだろう。

なぜ、これほどまでに力道山常識論との距離感を意識し、あるいはその距離感のもつ意義を理論的に説明するために「メディア論的センス」などをもちだすのかといえば、力道山体験という出来事はある種全体化の力学を有しているからである。ここでいう全体化の具体的な言説が力道山常識論というわけである。これは力道山を語るとき、力道山という出来事があったそのときも、あるいは戦後五〇年という節目であっても、必ずもちだされる説得力をもっていると信憑されている。それは、おそらくは戦争という出来事がもつ全体化への負荷が、力道山プロレスに強烈に影を落としてしまうからでもある。日本テレビを創始した正力松太郎が「力道山のプロレスは、日本人に勇気と自信を与える」と考えたのは、戦後日本の復興と再建、勇気と自信を低下させた日本国民の士気高揚という日本人全体を覆う社会的雰囲気を背景にしていた。(3) このように戦後日本社会が一致団結し復興を目指すという全体化の圧力は、力道山プロレスへと投影され、このような神話を構成し共有する条件であるメディアの媒介性を透明化したものとしてしまう。結果的に、われわれの戦争体験、そして戦後社会と力道山体験が平板なイメージとして繰り返されるのである。

よって、本書で注意しなければならないのは、現在の地点から力道山体験やその記憶をテクストとして自由に解釈してよいなどというものではなく、またどのように受け取るべきなのか、どのように継承すべきなのかということを問う以前に、どのような条件下で力道山体験や記憶が反復されてきたのかを意識しておく必要がある。その条件を考察する視角が「メディア論的センス」でもある。この作業ののちに、多様な主体性のありようによって捉え方に偏差が生じるにしても、力道山プロレスをどのように受け止めるべきなのかを問題とすることが建設的なのである。

第四節　力道山の解釈学的方法

力道山が日本社会のなかで輝いていた期間は、日本プロレスを創設し、命を落とすまでのおおよそ一〇年程度でしかない。この一〇年があるからこそ、日本プロレス創設以前の生活史が振り返られ、死後も語り続けられ、メディアで特集が組まれるなどしてきたのである。この力道山体験あるいは記憶を社会学的に検討するには、どのような方法が適しているのであろうか。すでに、これまでの議論に組み込まれているのだが、考察の対象と本書の目的から、その方法は導かれる。それは言説分析ということになるだろう。

かつて文学研究は作品論や作家論の限界の自覚からテクスト論へと、その方法論の軸が移動した。これは文学をテクストと見て、自由な解釈をしようというものではもちろんない。文学的言説もまた、他の同時代的な社会的、歴史的な言説から切り離すことはできないのである。文学的言説が他の言説とは異なる特権性を有しているという社会意識があるなら、この社会意識こそ権力作用によって構築された言説であるという問題意識から文学を研究する必要が生じる。つまり、文学を研究するには文学に限定しないトータルな言説の研究が要請されるのである。このような文学研究の方向性は広く文化研究に応用されてきた(4)。

この文学研究の方向転換には、事実を事実ならしめている言説の秩序／権力性への着目がある。一方、こうした問題意識、あるいはそこから発する方法論もまたある種の歴史性を帯びざるをえないというパラドクスを抱えてもいる。それは言語を対象とする方法に必然的に伴うアポリアでもある。

例えば、本書で取り上げる力道山に関してならば、力道山常識論は戦後日本社会における国民国家の形成と展開という問題系と関わっている。それは力道山常識論への違和感であるにしてもだ。なぜなら、力道山を対象とすること、そして、力道山常識論が国民国家との共犯関係をもっていることを明らかにするような研究や議論を対象／問題にする意識とは、まさに戦後日本社会がときを重ねるなかで胚胎させた歴史的意識であるからである。つまり、力道山が歴史的存在であるのと同様、本書もまた歴史的存在であるという自己言及的な関係性に絡み付かれている。それは言語を対象とする方法論であるからでもある。歴史的世界を言語的現象として捉えるという方法意識から言説を分析対象とする場合、言語の「メディア性」を意識しなければならない。言語の「メディア性」とは言語というメディアが物質的基盤をもつこと、そして言語もまた記述において歴史性を帯びているということである。つまり、言語は現実を媒介するとき、透明な道具ではないということであり、このメディアが誘発する力学こそが、世界を認識させてくれるのである。このような「メディア性」は当然言語にのみ限定されるのではなく、新聞やテレビなど他メディアにも該当する。(5)

言説分析という方法では、対象となる言語と、その対象である言語を分析する言語との間に生じる関係性に意識を払わざるをえないのである。それゆえ、実証主義からははみだす論理性を有していることになる。ここではあえて単純化するが、実証主義であるならば、ある客観的事実が存在することを前提とし、ある資料がその証拠であることによって、その客観的事実が証明される。このような客観的事実というのは、対象の境界と実証の方法手続きの境界を厳格化する操作において可能なのであるが、言説分析ではこれら境界を厳格化せず、むしろ言説分析という作業を実践するなかで、方法に対する注意を記述のなかに組み込んでいくことになる。佐藤俊樹によれば、「言説分析があるというよりも、より言説分析的な考え方・書き方があるといった方がわかりやすい」〔佐藤＝佐藤／友枝編、二〇〇六：一七〕のであり、言説分析は客観的事実やその意味内実を前提とすることからもっとも遠いという。それゆえ、先に述べたように、このような方法は文学研究のそれに近いように思われる。そのうえで、言語の働きを焦点として、方法論上の問題として少なくとも傍らにおくとき、言説分析がもっとも誠意ある有効な方法であると見なしていいだろう。(6)

このような方法論的議論を下敷きにすると、力道山体験がきわめて言語的に構成された現象であることを改めて問わなければならないのではないだろうか。とすれば、繰り返しになるが、力道山常識論が力道山体験やその記憶において特権的な地位を占めてきたという経緯は、言語的な環境において現象化した言説であったのである。と同時に、その言説を媒介した諸メディアの「メディア性」との絡まり合いにおける現象なのであった。ゆえに、力道山体験の解釈である力道山常識論は、人々の体験を透明な媒介性によって媒介された意味世界を構成しているのではなく、実は言語なる論理的な操作によって〝事後的に〟構成された意味世界である可能性もあると考えておく必要がある。さらに言説分析であれば、力道山常識論を否定するのではなく、力道山体験を理解する他の言説がどのような歴史性や集合性に由来するのかという議論を組み込みながら、同時進行的に考察していくことが必要であるとの方法論的結論に導かれることになる。

ところで、赤川学はデータ対話型理論（グラウンデッド・セオリー）が社会学における言説分析の援軍になると指摘している。いわゆる誇大理論から演繹的にデータを位置づける「天下り式理論」ではなく、データ対話型理論ではデータに密着した分析から、統合的に構成された説明を行う「たたき上げ式理論」が可能であるという。この方法からすれば、データに密着することによって、一定の論理的必然性を伴って、それらデータを概念化することができると考えられる。このとき、データが概念へと浮上すると表現されている。ここでいう概念は、したがって経験的世界を理解する道具となるのである。まず、その概念を生成するには、資史料などのデータによって経験的世界をできるだけ正確に構成し直す必要がある。このような作業が必然的に概念を浮上させることを成功させる要件でもある。このようなデータ重視の方法論は、しかしながら、決して史料（資料）至上主義というわけではない。

資史料やデータの背後に存在する、隠れた説明変数を推理するところに、歴史学や社会学の妙味があることは否定できない。ただしその場合には、そうした説明変数の存在を仮定することによって、それまできちんと説明できなかった事象、矛盾していた事象が矛盾なく説明できることが最低限の必要条件になるだろう。

〔赤川、一九九九：三九〕

このような解釈の埋め込みは、データが概念へと浮上する場面で随時発見できる。データの概念化とは、データ間の関係について、問題意識を中心とした方法意識から、いろいろと問いを立てて、暫定的な答えを生成することであり、つまり、データの解釈なのである。資史料やデータとの対話というプロセスが解釈なのである〔グレイザー&ストラウス、一九九六〕。

本書の問題意識からすれば、力道山体験が綴られている資料と対話しつつ、力道山体験における意味を読み取っていくことが方法論的意識となる。ここでいう問題意識というのは、戦後日本社会における力道山体験とはなんであったのか、そして、それは通常その体験を理解したとされる力道山常識論への違和感を組み込むことになる。このような問題意識は、データ対話型理論では理論的サンプリングという水準で実践される。(7)

そこですべての力道山体験を対象とするのではなく、先の問題意識から理論的に必然化するデータをサンプリングするのである。特に戦後日本社会において、力道山は特別な存在として人々の前に現れた。これは力道山が日本人にとって「超越性」を有する存在として受容されたことを意味する。例えば、あるプロレスファンは力道山を以下のように表現する。

> 生い立ちから死、いやその死後までも、伝説が伝説を生み、ナゾがナゾを呼ぶという、伝説とナゾに包まれ、多くの人々の心の中に永遠に生き続ける、プロレス界が生んだ戦後最大のスーパーヒーロー、これこそが〝力道山の真実〟なのではないでしょうか。
> 〔石田、二〇〇五：一二〕

このプロレスファンが「伝説」「ナゾ」「永遠に生き続ける」「スーパーヒーロー」と表現するのは、力道山が常人とは異なる水準にいた存在として受容されていることを意味している。力道山が表象するのは、プロレスラーという常人離れした身体性、プロレスという闘争であるがゆえにもたらせられる対抗関係、端的にいえば国家をめぐる物語など多くの作用を有しているだろう。これらの表象と絡まり合いながら、現実にある個人や社会を超越するようなものとして受容され、人々は魅了されたのである。あるいはその反作用として嫌悪感を抱かせたということもあるかもしれない。

すべての表象を対象としては、それこそ森羅万象となってしまう。そこで、力道山プロレスにおいてどのような「超越性」が表現されてきたのか、あるいは受容されてきたのかという点に絞って、データ対話型理論でいう理論的サンプリングを行っていきたい。そもそも人間はなにがしかの「超越性」とコミュニケーションしている存在だと考えるからであり、本書では、一九五四年の街頭テレビの力道山プロレスから、歴史の各地点でどのような「超越性」が生成されてきたのか、あるいはプロレスが「超越性」を生成不能となったのかを追いかけていく作業を行っていきたい。つまり、この「超越性」から力道山体験を詳細に記述していくことを目論んでいる。

そこで、プロレスによって表象される「超越性」から、力道山の常識論的理解、そしてそれを相対化する主張の両面を描いていこうと思う。このような視角からえられる知見は、必ずしも常識論的な理解に閉じたものでもなく、それを相対化した理解を本質化することなく、社会とプロレスの関係性と非対称性を問いただすという意義をもつはずである。「日本の対米コンプレックスを吹っ飛ばした」（常識論）、「プロレスの根源的な魅力」（本質論）のどちらかを主張するのでもなく、プロレスなるポピュラー（大衆）文化の表象、またはそれらを作り上げるプロレスラーやテレビ放送に関わる者たち、そしてそれを観戦する者、視聴する者、あるいはファンといったアクターが受容しているプロレスの「超越性」を内在的に探求し、特定の文脈でのプロレスのありようを捉え直していくことが必要なのである。

力道山の墓に手を合わせるアントニオ猪木〔東京スポーツ、2010年12月17日〕

そのうえで、力道山プロレスの歴史を描きつつ、プロレスに関する知見や理論を組み込んでいくことにする。当然、それは力道山の「超越性」を時系列的に追いかけていくうえで必要な作業である。と同時に、読者に臨場感を与えるうえで必要な作業であると考えることができる。かつて、マリノフスキはエスノグラフィの方法論を重視し、読者に臨場感を与えるために、マリノフスキ自身の心情や旅行記的な風景描写を織り交ぜた。このような方法論によって、読者はフィールドに誘われるような効果を発揮するとした〔マリノフスキ、二〇一〇〕。そこで、力道山プロレスの歴史を追うことによって、読者を力道山プロレスの世界に誘いながら、この歴史に埋め込まれている力道山および力道山プロレスが表象する「超越性」を考察していくことにしたい。

また、プロレスは近代スポーツから逸脱したスポーツである。この特異なスポーツを理解するために、プロレスに関する知見を織り込んでいこうと思う。特にプロレスが真剣勝負か否かという議論は、プロレス自体の社会的位置づけに関わり、「超越性」を構成する重要な要件でもある。そもそもプロレスに関する社会学的議論、そこで用いられた概念や理論はすでにプロレスをある程度理解するのに成功している。これらの概念や理論は、本書で分析を施す言説とは理論的な水準では異なってはいる。しかし、これら言説群もまた概念として浮上し、既存の概念や理論と対話可能な水準へと押し上げられるはずである。それゆえ、本書では力道山やプロレスの理解に役立ってきた諸概念や理論を組み込みながら議論を行っていくことにする。すでに力道山が死去してから四七年も経過しており、力道山を歴史とするのに十分な時間的隔たりがある。その隔たりを埋めるためにも、このような作業は必要であると思われる。

本書の構成

本書の構成は時系列にしたがう。第一章は、力道山の簡単な略歴、相撲時代のエピソードと廃業、そしてプロレスラーとしてデビューする経緯を記述しながら、一九五四年二月一九日の力道山・木村政彦対シャープ兄弟戦までを対象とする。新聞によるプロレス紹介記事の内容を検討しながら、街頭テレビでのはじめての力道山体験に関して考察する。ここでは、メディア言説を分析しながら、プロレスの受容モードを設定していく。受容モード設定の基軸は、プロレスにつきまとう真剣勝負か八百長かという問題である。さらに、突如として現れた力道山の「超越性」の内実と、意外にも冷静な受容もあったこと、つまり当初から「超越性」の形骸化された受容があったことを確認していくことになる。

第二章では、日本全土を席巻する力道山人気を追いながら、対木村政彦戦に関する八百長論と暴力論が「超越性」にどのような影を落としていったのか分析する。その後、横綱東富士《あずまふじ》のプロレス転向により、力道山の地位に危機が生じながらも、東富士を乗り越えた「強さ」を獲得し、実質的に日本一という表象を獲得した時期までを追う。一九五四年末から五五年までの時期である。

第三章では、一九五六年の動向を追いながら、階級別で行われた日本選手権を取り上げ、プロレスにおける真剣勝負と八百長の間にある多層性に関して考察する。そして、力道山が世界チャンピオンを目指し、ルー・テーズと世界選手権（一九五七年）を賭けて闘う時期を扱う。テーズ戦こそは力道山のプロレスキャリアにおける頂点であり、「世界」に最接近した力道山と、実質的な最後の街頭テレビと人々の集合性の関係について考察する。

第四章は、少し足早になるが、一九五八年から六二年の時期までを扱う。五八年になると、プロレスは特別番組枠から定期放送枠へと変化する。このテレビの変化、またその他のプロレスを報道する活字メディアの変化を追いながら、力道山プロレスの変容と「超越性」の広がりの変化について議論する。街頭から家庭へとテレビの位置が変化することに伴う、番組内容の変化を「テレビ・プロレス」として記述していく。そこでは、シャープ兄弟戦で経験したようなプロレスと日本社会が強烈に結びついていた姿は過去のものになっている。むしろ、高度経済成長を実感することができる時代の進展とともに、プロレスは大衆やファンに受容されるサブカルチャー的様相を強めるようになる。

第五章は、前章で位置づけた「テレビ・プロレス」の発展について分析する。力道山プロレスの変化に着目しながら、特に社会から大きな非難を浴びた「老人ショック死事件」を起こした試合こそが、実は大衆、あるいは視聴者からの支持をえていたことをメディア言説から導くことになる。と同時に、これら「テレビ・プロレス」からは、力道山常識論的論理が後退していることを確認する。さらに、一九六三年の力道山死去に関するメディア言説を分析し、力道山が放っていた「超越性」の綻びを指摘する。

終章では、力道山死後、現在まで続く力道山報道にも言及しつつ、力道山体験の意味について、力道山常識論との距離感を確かめ、〝力道山の真実〟と日本社会における受容の実態を再構成していくこととしたい。特に力道山の放つ「超越性」は多様な色合いをもちながらも、意味を確定しようとすると、そこからスルリと滑り落ちてしまう不可思議な様相を見せることになる。また、街頭テレビとその前に集合した群衆が組み合わさった時に生じたユニークな力学について、有名性と群衆に関する理論を援用しつつ、力道山と街頭プロレスの体験について、社会学的に位置づけていく。

ガダマーは『真理と方法』（法政大学出版局、二〇〇八年）において、歴史的出来事の真相を理解するために、その歴史的出来事と現在の間に存在する「時間の隔たり」から生じる知見に歴史的出来事の真相理解の可能性を求めた。この時間が生み出す差異は先入観を叩き台として、現在解釈する私たちの解釈学的状況を生み出すのである。歴史的出来事と現在は解釈を媒介として、現在の地点からの歴史の存在意義を発見することが可能となるのである。かつてあった力道山という戦後日本社会の出来事は、プロレスというジャンルにおいてでさえ、現在強烈な結びつきを失っているように思われる。しかしながら、力道山体験なる歴史的出来事は、力道山常識論を叩き台として、現在の地点から力道山の意味を発掘することが可能なのであり、歴史的出来事として意味を探求するには、いま現在「語ること」「書くこと」が必要であると、筆者は考える。

第一章

力道山プロレスの胎動

第一節　相撲時代のアメリカ的豊かさ

力道山は一九二四年一一月一四日、現在の北朝鮮（朝鮮民主主義人民共和国）で生まれた。父は金錫泰《キムソクテ》、母は田己《チョンギ》、三男三女の六人兄弟の末っ子で、本名は金信済《シンラク》である。年齢はサバを読んでいたともいわれ、生年月日が正確なものかは疑問が残る。信済は長兄の恒洛《ハンラク》とともに朝鮮相撲「シルム」の大会で活躍しており、大会を見物していた日本人警部補の小方寅一《おがたとらいち》とその義父百田巳之助《ももたみのすけ》にスカウトされた。力道山が朝鮮半島出身であったことは、彼がプロレスラーとして活躍していたころは、タブー扱いであった。

百田巳之助は日本で興行師をしていた相撲ファンで、長崎県大村出身の玉ノ海の後援会幹事を務めていた人物である。家族の反対もあったようだが、父の死をきっかけに、一九四〇年の冬、力道山は当時日本の植民地であった朝鮮半島から一旗揚げに日本の地に足を踏み入れたのである。ちなみに日本に向かう直前、母親の勧めで結婚している。つまり、花嫁を置いたまま日本にやってきたことになる。創氏改名では金村姓を使用し、朝鮮籍であった。

一九四〇年二月、二所ノ関部屋入りし、五月には新弟子検査に合格、翌年一月には序の口デビュー、好成績をあげ順調に番付を昇っていった。戦時中、大相撲一行は「皇軍慰問」と称する巡業で朝鮮半島を訪れているが、おそらく、このときに力道山は帰郷し、長女を授かったと推察される。四六年一一月入幕、四九年五月には優勝決定戦に駒を進めた実績から、関脇昇進を果たす。

ちょうど相撲で一人前となる時期に終戦を迎えている。朝鮮出身の「戦勝国民」となるなかで、「戦争中はもっとも〝愛国的日本人〟であった力道山が、相撲界のだれよりも先に自分の生活に『アメリカ』を取り入れた」〔岡村、二〇〇八：九一―一〇〕という。日本にとっての終戦、植民地にとっての勝利は、力道山の心境に大きな変化をもたらしたようである。実際、その行動は一変したといわれる。

力道山のライフヒストリーの実態に迫る李淳馹《リスンイル》のノンフィクション『もう一人の力道山』（小学館、一九九六年）では、横綱を目指し日本人になりきろうと努力した力道山と、「戦勝国民」となった朝鮮人である力道山という分裂したアイデンティティに着目している。「嘆きと、悲しみと、そして一部の歓喜が入り乱れる混乱の始まる」終戦を境に、力道山はアイデンティティ危機のただなかで混乱し、行動を変化させていく。玉ノ海親方（元関脇玉ノ海）は「入門から敗戦までの力道山は、とても素直でいい子で、けいこ熱心だった。だが、敗戦後は気持ちが変わったのか性格も一変した」と当時を振り返っている〔李、一九九六：六三〕。

例えば、一九四八年ごろには、スーツを着たまげの人物がインディアン号なる赤いバイクを乗りまわし、市中でしばし目撃されている。それだけではない。両国国技館や相撲部屋にも当然のように〝出没〟した。もちろん、この人物は力道山である。

戦勝国民としての勇気がそうさせたのか、颯爽と混乱の戦後を走った。時にアロハシャツをはおり、時に革ジャンで身をつつみ、ちょんまげ頭の力道山は愛車インディアンを操った。敗戦の悲しみが癒えない人々にとって、その姿はあまりに強烈であったに違いない。〔李、一九九六：六七〕

赤いインディアン号はアメリカ的な生活を象徴する。力道山は相撲という伝統的社会にいわば逸脱的に、あるいは先進的にアメリカ的なものを持ち込んでいたのである。しかし、それには反発が生じる。なぜなら伝統社会へのアメリカ的なものの浸食はいわば暴力的な意味を担うからである。バイクは暴力性と親和的な道具でもあったろう。それゆえ、部屋付きの枝川親方（九代目、元前頭海光山《かいこうざん》）から力道山は注意を受けるのだが、力道山はそのバイクで枝川親方を部屋のなかまで追い回す乱暴を働いたという。

ただ、このような否定的な反応だけではない。まったくその反対に、「かっこよかったんだよ、リキさんは。それにお洒落なんだね」と後輩の芳の里は回顧する。一九六三年に力道山と結婚する田中敬子は、力道山のオートバイ姿に「相撲関係のお偉方は、おそらく顔をしかめたと思います」としながらも、「ユニークというか、カッコイイと思った」と述べている（田中、二〇〇三：五一）。田中がこのような感想を抱くのは、結婚時の一九六三年以降ではあるが、芳の里の反応を考慮に入れれば、「お偉方」との世代のちがいが、肯定的な反応をもたらした可能性がある。

これら両義的な反応は、アメリカ的なものに対する日本人の両義的な反応と重なっている。力道山の身体性や行為は日本と朝鮮、そしてアメリカを重層的に組み合わせた混沌とした様相を呈している。それゆえ、力道山と接する者は自らの立ち位置から判断するために、力道山は両義的な評価を受ける存在となっていく。

「戦勝国民」である力道山は、朝鮮人としての特権を与かってもいた。朝鮮学生同盟を愛車でしばし訪れ、朝鮮人のなかで力道山は有名性を獲得していく。また、横綱でさえも滅多に飲酒できない社会経済状況であるにもかかわらず、自由に酒を享受できる立場にあったようで、生活もままならない日本人像からは逸脱した存在となっていく。二所ノ関部屋の弟子であった若乃花（初代）は、「やっぱりいまから思えばリキ関一人だけパリッとしていたね。あの頃は気になんかならなかったけど、言われてみるとリキ関は一人だけほかの力士と違っていたな」（田中、二〇〇三：七二）と、この時代の力道山の特異性に言及している。

また進駐軍の軍属のジェームス・ボハネギーと手を組み、力道山はアメリカ製の電気製品や家具、自動車などを日本メーカーに売り込むブローカー業を行っていたという噂もあった。これが事実かどうかは判断できないところだが、戦後数年しか経ていない時期、日本人がアメリカ人と心理的距離感を抱くころ、力道山はアメリカ人と懇意な関係になっていたことは事実である。

のちに力道山の秘書となる吉村義男とはこのころ知り合っている。吉村はアトランティック商事という会社でアメリカ車をアメリカ人に売る仕事をしていた。吉村の回想によれば、力道山はすでに米軍関係者と交遊があったようで、アメリカ人が出入りするホテルやレストランを利用していた。

この戦後混乱期の力道山の行動を概観するだけで、力道山が多くの日本人とは異なる形でアメリカなるものと接し、アメリカ的な生活様式や価値観を受容していたことが理解できる。その意味で、力道山は相撲という伝統社会に属しながら、ナショナリズムに関わるアイデンティティ危機を経験しつつ、戦後日本の物質第一主義と消費主義を先駆する存在になっていたのである。

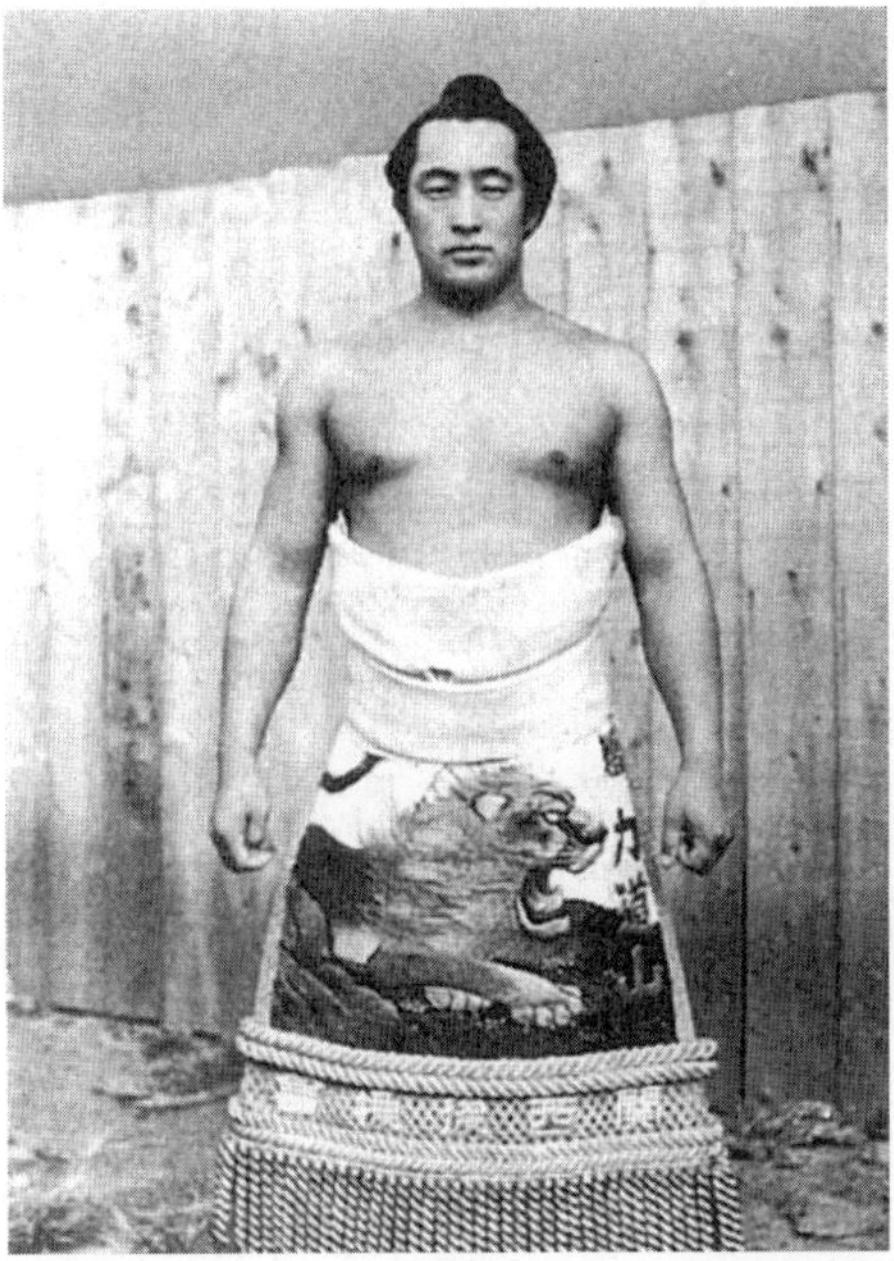
力士時代の力道山〔田中、2008〕

一九四九（昭和二四）年一月場所、小結力道山は勝ち越して関脇昇進を果たすが、二月に肺ジストマを患い、次の五月場所に無理を押して出場するも、三勝一二敗と大きく負け越す。結果番付は前頭二枚目まで転落するが、一〇月場所で好成績をあげ、翌一月場所に小結に、そして五月場所では関脇に返り咲く。肺ジストマを患ったときは、新聞では休場報道があり、医者からも休場勧告を受けていたが、ジストマの特効薬エストマを一日五本注射しながらの強行出場を果たしていた。この特効薬はハワイ在中の人物から取り寄せている。

ところが、大関の期待がかかるこの時期、力道山は突然自宅でまげを切ってしまう。力道山の手記によれば、八月二五日夜更けの出来事とあるが、状況からすると、九月一一日のようである。力士廃業の理由は、朝鮮人差別による出世の困難、玉ノ海親方との軋轢、相撲協会への不満などが取り上げられてきたが、真相は藪のなかである。晩年に至っても力道山は、廃業理由について問われととたんに不機嫌になり「これは死んでも言わねえ」との拒絶反応を示していたほどであった[1]〔岡村、二〇〇八：一四〕。

ただ状況からすると、玉ノ海親方との関係はかなり悪化していたようである。相撲社会での師弟関係は強固なものであり、親子関係同然とされるが、入院中の力道山に親方や部屋の人間が見舞いに行くことはなかったというのである。戦後混乱時、部屋再建に力道山がどこからか物資を仕入れ尽力していたにもかかわらず、真っ赤なインディアン号に乗り、背広を着るちょんまげ姿の力道山に親方はかなりの不快感を示していたのである。

まげを切る前日には、巡業先の東神奈川で金銭問題から両者は激しい口論をしている。力道山の相撲廃業の直接的原因は、力道山の口から伝え聞くことはなかっただけに断定はできないが、日本社会の構造的変化が間接的に影響を与えていたと考えることは可能である。つまり、それは戦後アメリカ的なものを受容せざるをえない社会状況において、力道山と親方の社会的立場のちがいから推察できるものである。力道山は赤いインディアン号に乗り、背広を着て、病気になれば、アメリカから薬を調達し、アメリカ人が利用するホテルに出入りし、そこで分厚いステーキを食べるなど、アメリカ社会の豊かさを先取りしている。玉ノ海親方は力道山からその恩恵を受けていながらも、両者にある断絶を無意識的にではあっても感じてしまう。いまだアメリカを受容しきれない精神性をもつ者にとって、力道山の「パリッとした」アメリカ的なものは目を背けたいものであったのかもしれ

愛車インンディアン号にまたがる力道山〔梶原、1996〕

ない。と同時に、敗戦は、否、力道山にとっての戦争勝利は、彼の複雑なアイデンティティを意識させる装置でもあった。

日常生活と力士生活が重なるなかで、力道山はアメリカ的なものを未来の先取りとして身につけている。一九五四年の街頭テレビのころになると、未来を先取りする行動力を示し、その輪郭を明確にしていく（本章七節）。アメリカ的なものは未来を先取りするという点で、一九四九年と五四年で同じ機能をもつように思われる。しかしながら、この五年の落差は大きい。街頭テレビという新種のメディアは未来を先取りし、未来が手元にあることを実感させる。しかし、一九四九年における日常生活には未来を先取りするメディアは出現していない。それゆえ、玉ノ海親方は手の届かない未来を手元に引き寄せる想像ができず、未来に自身を投企することができないのである。そこに未来を先取りする力道山に対する「冷たい態度」の原因があったのではないだろうか。

戦後日本社会のなかで、メディアの表面や公式的な言説という水準で、占領軍の存在感は意外にも希薄であった。しかし、日常生活での米兵の存在や米軍物資は貧しい日本のなかで圧倒的存在感を示していた。この不一致は占領に対する日本人の否定的心情へとつながる。それを象徴的に身にまとっていたのが米兵相手の街娼であった。彼女たちは当時の検閲のもとで、公式には米兵との性的交渉をもたない存在ではあるが、彼女たちのファッションや振る舞いがアメリカ的な豊かさをどのように手に入れているのかは明白であった。彼女たちは色鮮やかなドレスを着て、大型のハンドバッグをもち、そのなかにはチョコレートを入れていた。彼女たちは占領の暴力を見事に表象していた。それは特に日本の男たちにとって。と同時に、アメリカ的なセクシーさを身につけた彼女たちは、手の届かないアメリカ的な豊かさをも表現してしまっていた。この贅沢は日本人の標準的な生活とはあまりに距離を感じさせるものであったはずである。米兵と腕を組んで歩いている街娼たちは、日本人の誇りを傷つけ、特に日本の男に情けなさを感じさせた〔吉見、二〇〇七〕。

力道山は街娼のように否定的イメージをまとうことはなかったが、街娼が表象していたと同様のアメリカ的な豊かさを表象していた。と同時に、街娼に抱いた男の心情と同様に、玉ノ海親方は自身のことを情けないと感じていたということはなかっただろうか。

少しばかり穿った見方をすれば、日本人ではないという意識を心の片隅にもつ力道山がアメリカ的な豊かさを身につけ、部屋再建に成果を上げていたとすれば、玉ノ海親方の心情は民族的差別意識を傍らに、自らの無力に情けなさを感じていたのではなかっただろうか。それゆえ、力道山は相撲の外部に押しやられてしまったと推察することができる。それは、日本の家族秩序が立ち直ると同時に、街娼なるものが周縁化され、恐ろしい米兵の性暴力の被害者として表象されていくのと平行して進行した日本の伝統社会史の一面なのであった。と同時に、若乃花の反応は、玉ノ海親方との世代差を反映している。若乃花が戦後社会のアメリカに対する違和感をもっていなかったというわけではないにしても、力道山の「パリッとした」アメリカ性、あるいは未来の先取りの方に意識が向かってしまう。それは、現在の状況をもたらした過去に対する意識のこだわりのちがいであろう。

村松友視は力士時代の力道山に対する記憶を次のように振り返っている。

> オートバイで場所入りする写真が紹介され、千代ノ山を上突っ張りと張り手をまじえて翻弄する映像がニュース映像の大相撲特集で映し出されるなど、これまでにはないタイプの荒々しい力士としてのイメージは、相撲ファンのあいだにはたしかに浸透していたのだ。　〔村松、二〇〇〇：三〕

関脇まで昇進した力道山は、相撲ファンの間には知られた存在ではあった。ただ一般的知名度をもつというほどではなかったが、相撲の世界ではインパクトを与える存在ではあった。当時の力道山の知名度については、村松の言及が参考になる。

> 力士時代の最後の頃、ラジオで聴くNHKアナウンサー志村正順《しむらせいじゅん》氏の名調子によって語りだされる、やけに荒っぽい力道山像に惹かれていたからだ。ところが、やがてなぜか力道山の名がラジオから聞かれなくなると、私は相撲については吉葉山《よしばやま》ファンになっていた。　〔村松、二〇〇〇：七〕

力道山といえば街頭テレビである。しかし、相撲時代の力道山のイメージを世のなかに流布させたのは、映画というメディアであり、とりわけニュース映画であり、あるいはラジオであった。これらのメディアからイメージされた力道山は「荒々しく」かつ「新しいタイプ」という人間像であった。しかしながら、村松がいうように「ラジオから聞かれなくなると」忘れられてしまった程度の存在でしかなかった。

このような力士時代の力道山を振り返ると、相撲界において逸脱的であっただけではなく、日本社会においても逸脱的であったことがわかる。それは確かに、相撲廃業によって日本人の記憶から忘れさられる程度のものでしかなかった。しかしながら、その程度の広がりであっても、力道山の行動範囲内で、あるいはニュース映像というメディアを媒介として、この逸脱性は日本社会における「超越性」を表現してしまっていた。それはインディアンなる赤いオートバイ、「パリッとした」服装、どこからか仕入れてくる豊かな物資、ハワイから手に入れた薬など、いまだ日本には訪れていない消費主義的な豊かさである。また同時に、この消費主義的な豊かさはアメリカ人との交友関係と結びつき、アメリカという「超越性」を力道山は身につけていたのである。

日本人にとって、アメリカへの欲望は戦後急速に肥大化したわけではない。明治期、日本社会が近代化を目指すとき、アメリカを理想化し目標とする姿勢は一般的であった。また、アメリカと敵対する政治状況であったにしても、アメリカ産の「モダン文化」を受容する者たちが多くいたのも事実である。確かに戦争によりアメリカへの理想化が下火になることはあっても、「拝米」と「排米」の振り子運動のなかで、アメリカ文化を日本人は受容し続けてきたのである〔亀井、二〇〇〇〕。そもそもアメリカ的な豊かさを体現していたのは、進駐軍やその家族のアメリカ人自身であった。戦前からの裕福な社会層を除外すれば、進駐軍と接する日本人、つまり基地周辺で彼らに飲食や風俗などサービスを提供する者、進駐軍の施設建設にたずさわる者などが、一部アメリカ的な豊かさの恩恵を受けることはできただろう。そしてこの豊かさは戦後の日本人の理想へと昇華する。

しかしながら、力道山の力士時代、だれもがアメリカ的な豊かさを身にまとうことができたわけではない。力道山はこの時点で、未来に輪郭をあらわにする日本人の理想を潜在的に体現していたのである。潜在的であるため、その「超越性」は曖昧で、それゆえに逸脱として認識されてしまったのだ。

第二節　プロレス修行とトール・テール的世界

力道山が相撲を廃業した二カ月前、一九五〇年六月二五日に朝鮮戦争が勃発。一一月に力道山は就籍の手続きを行う。就籍とは戦後混乱時に戸籍の不備が数多く生じたため、戸籍を整備するための措置である。翌年二月一九日に力道山の戸籍は「本籍　長崎県大村市二百九十六番地　百田光浩」と〝整備〟された。ここに金信洛は戸籍上、百田光浩という日本人になる。

プロレスラーとして成功したのち、力道山は終生この戸籍を押し通し、公に朝鮮人であることを表明したことも、認めたこともなかった。力道山が日本国籍取得にこだわった理由を断定することはできないが、おそらくは相撲復帰を願い、横綱になるためには日本国籍が重要な要件であることからの行動であったと思われる。実際に力道山の周辺は相撲復帰に動いていたが、力士会の反発から失敗に終わっている。

力道山はタニマチの新田新作の建設会社で資材部長として働いていたが、不遇な状況に苛立ち、アメリカ人の友人ボハネギーを伴い、酒と喧嘩の日々を送っていた。ちなみに新田新作は戦前から博徒として名を馳せた人物であり、戦後はＧＨＱ（連合国軍最高司令官総司令部）とのつながりから巨万の富を得た実業家でもある。新田の成功は、戦中、アメリカ人捕虜の待遇の悪さを見兼ねて物品を提供したことから、戦後その恩を忘れなかった捕虜の一部が高級将校となり、東京下町の戦後復興工事を新田に請負わせるよう指示したことによる。この新田と

チキンウイング・フェースロック（http://www.showapuroresu.com/waza/chiken.htm）

のつながりにも、力道山とアメリカなるもののつながりが垣間見える。

力道山が酒と喧嘩に明け暮れていたころになるが、一九五一年九月、米軍慰問と身体障害者チャリティーを目的として、アメリカ人プロレスラー一行が来日した。GHQの主催である。そのなかの一人に日系人レスラー・ハロルド坂田がいた。銀座のナイトクラブ「銀馬車」で力道山と坂田は遭遇し、二人は喧嘩になる。連戦連勝であった力道山は坂田に得意の張り手を見舞うも、あっという間に逆関節をとられ、ねじ伏せられてしまう。原田《はらだ》久《く》仁《に》信《のぶ》は、このときの関節技をチキンウィング・フェースロックとしている〔原田、二〇〇三〕。力道山はプロレス技の凄さに驚かされるのである。

しかしながら、このエピソードはプロレス記者による作り話のようでもある〔岡村、二〇〇八：一八〕。おそらくは新田とGHQとのつながりから、力道山をプロレスラーとする既定路線が作られていた可能性が高い。日本人プロレスラーの存在は日本での興行成功のための最良のアイデアであるし、力道山は最適の人材でもあったはずである。

力道山はプロレスの練習を始め、同年一〇月二八日にボビー・ブランズと一〇分間のエキシビジョンを行い、プロレスデビューを果たしている。ちなみに新田はプロレスへの本格参戦には反対であったが、希代の興行師永田貞雄によって力道山のプロレス入りの既定路線が敷かれていくことになる。

翌年二月、政財界の大物が軒を連ねるなか、盛大な壮行会が行われる。この時点で、力道山を主役とした日本でのプロレス興行が計画されていたことになるが、壮行会列席者の顔ぶれを見ると、力道山の政治力と強運には眼を見張ってしまう。そして、力道山はプロレス修行のために渡米、ハワイからサンフランシスコを中心に

壮行会の主な出席者

酒井忠正（政治家・横綱審議委員会初代会長／後に日本プロレス協会会長）、**新田新作**、**永田貞雄**、**林弘高**（吉本興業社長）、**今里広記**（財界）、**太田耕三**（元文部大臣）、**出羽海秀光**（角界）、**永田雅一**（実業家）、**大麻唯男**（政界）、**辻寛一**（政界）、**楢橋渉**（政界）、**岩田専太郎**（画家）、**村上元三**（作家）、**古賀政男**（作曲家）、**東富士**（横綱）、**千代の山**（横綱）

三〇〇試合の経験を積むことになった。

　ところで、ハロルド坂田とのエピソードのように、プロレスの周辺にはこのようにドラマチックな虚飾が組み込まれ、神話が演出されていることが多い。この虚実織りまぜの物語、トール・テール（ホラ話）はプロレスの一つの特徴であるだけでなく、アメリカ的なものの特徴でもある。

　亀井俊介はアメリカが移住によって構築された国家であり、社会における「縁」の希薄さからアメリカン・ヒーローという理想像が求められることを指摘している。その特徴は「自然人」「たくましい建設者」「社会道徳を守る人」などである。このヒーローは事実によって構成されるのではなく、「みんなが空想を馳せ、その人物を伝説化し、神話化もして、みんなの望む人物に仕立て上げ、それに熱中し、崇拝」〔亀井、二〇〇〇：六三〕される存在である。つまり、実在の人物であれ、架空の人物であれ、上記三特徴を組み込みながら人物像やその物語が誇張されていくのである。

　例えば、桜の木の正直者ワシントン（米初代大統領）の話が作り話でありながら、この作り話が民衆の心に訴えかけ、民衆の要求するヒーロー像に適合していくことを思い出してもらいたい。このトール・テールに彩られたアメリカン・ヒーローは、神話のない国アメリカにとって、神話の代替物として人々の夢や願望を満たす役割を果たしてきたのである。

　アメリカ人は巨人伝説を好む傾向がある。例えば、デビィ・クロケットは実際は普通

アンドレ・ザ・ジャイアント〔門馬、2004〕

の身長であるにもかかわらず、彼の奥歯で暖炉を作ったというホラ話があるほどで、アメリカ人はこのようなトール・テールによって構成されたヒーロー像を愛してやまないのである。それゆえか、アンドレ・ザ・ジャイアントは日本ではその巨体から怪物扱いされ、アンドレ自身そのことで日本人嫌いであったと言われるが、アメリカでは善玉として愛されるキャラクターであった。

　また、アメリカ人が好むヒーロー像のなかに「自然人」というものがある。これは神が作ったままの無垢で自由な人間で、教養とは無縁、ただひたすら天真爛漫というキャラクターである。ちなみに、プロレスには「自然人」キャラクターが登場することがある。ときに日本人には理解しがたいキャラクターがプロレスに登場するが、アメリカ人が好むヒーロー像だったのである。例えば、WWWF〔現WWE〕にいた「自然人」ブッシュワーカーズもその典型である。その意味で、プロレスに登場するキャラクターもまたアメリカン・ヒーローであり、アメリカ的な神話を築く装置なのである。また、「社会道徳を守る人」なる要素はプロレスを典型的な道徳劇とする政治的無意識〔ジェイムソン、一九八九〕と共振している。それゆえ、伝統的ヒーローは人種的偏向をもたざるをえないのである。

　力道山もまた、トール・テール的な物語で彩られている。先のハロルド坂田とのエピソードはその一つである。

このエピソードでは、プロレスという未知の格闘技の「強さ」が強調される。また、力道山が友人に「おれ、あんとき、あいつに殺されちゃうんじゃないかと思ったよ」との話は、力道山の人柄がにじみでているかのようであり、日本人好みでもある〔大下、一九九一：五七〕。

必殺技空手チョップ誕生秘話では、八〇歳を超える空手の師範代から空手の極意を「心ですよ。手に心を込めることが大切なんですね」との忠告がなされ、「私は五千回叩きなさいと言うと、彼は黙って一万回も叩いていました。そんな男でしたよ、リキドウは。私はこの男ならやれると思いましたね」〔李、一九九六：一〇九〕と語られる。空手チョップは極意と鍛錬という日本人好みの物語をその下敷きにするのである。しかも、力道山なら本当に「一万回も叩いていた」というリアリティをわれわれに与えもする。

噂や都市伝説を扱うメディア論が指摘するとおり、人間コミュニケーションは事実によってのみ構成されるのではない。オルポートとポストマン〔一九五二〕が定式化したように、「流言の量は問題の重要性と状況の曖昧さの積に比例する」のである。

力道山にこの定式を当てはめるなら、戦後最大のヒーローという「重要性」と人物像や履歴などの「曖昧さ」を埋め合わせるために、そこに情報を穴埋めするエピソードが山積みしていく。特に穴埋めされる情報は人々が信じやすい世界観や価値観を反映したものとなる。ときに事実が提示されているにもかかわらず、人々が信じたいとする情報の方がリアリティをもって流通したり、事実が誇張されて流通するのである。

さらにプロレスというジャンルの特異性を加味するなら、人々の興味を引きつけるため、プロレスではあえてトール・テールを吹聴していく傾向が強い。噂や都市伝説とは事実に情報を付加したり削減することで、部分的な虚構化がなされるメディアであるが、プロレスはさらにトール・テールを組み込むことで二重の虚構化が組み込まれたメディアとなっている。先の力道山の「一万回叩く」空手チョップの鍛錬はこのような文脈を内包している。

それゆえ、この虚飾は単純に事実ではないと否定されるものではない。例えば、川村卓はアントニオ猪木の伝記を取り上げ、「その過剰なまでの主情的性格」から、その資料性の特徴を以下のように評価する。

プロレスを格闘技そのものとしての事実性ではなく、表現性において味わい楽しむわれわれ観戦者にとっては、虚実おりまぜ的なプロレスラーの〝自伝〟こそは、たとえば「猪木なるものが、なぜそう見えるのか」を自分自身に引きつけて知るための第一級の資料であり続けるだろう。　（川村、一九九八）

ここにプロレスが「虚実ないまぜの世界」、あるいは『週刊ファイト』の名物編集長であった故井上義啓《いのうえよしひろ》によって「底が丸見えの底なし沼」と評された特異性の一因がある。アメリカから輸入されたプロレスは、このトール・テールを組み込みつつ、独自の意味世界を構築していく。それゆえ、ある者にとっては豊穣だが、別の者にとっては陳腐な装いに見えてしまうジャンルとなっていく。それは力道山がプロレス輸入当初から八百長論として現象化するものとつながってもいる。

しかしながら、プロレスにおけるトール・テール的要素に関して重要なのは、トール・テールであるということが単に「偽」であるということを意味しないことである。アメリカのトール・テールに組み込まれているのはアメリカ人にとっての理想像であり、「超越性」であるように、日本のそれにも日本的な「超越性」が組み込まれているということである。先の力道山の「一万回叩く」空手チョップの鍛錬が真実か否かはわからない。しかしながら、この物語がトール・テールであるにしても、日本人が好む価値観、また一般の日本人では実現できない理想的な日本人像などの「超越性」が表現されているのである。ここには日本の伝統的価値基準や正しい精神と身体を示す〝手本〟のように、日本人のアイデンティティ強化に資するのである。それゆえ、このような物語はリアリティをもって多くの人々を魅了し、支持されるのである。

さて、ハワイからサンフランシスコへ移り、修行の場を変えた力道山はアメリカ社会に触れることになる。そこで、プロレスに留まらないアメリカを体験している。特に沖織名《おきしきな》など日系との交流、そして各地のアメリカ人プロモーターとの交渉は、アメリカ流のモノの見方や価値観と触れる異文化の体験であったはずである。しかしながら、すでに日本の生活のなかで「アメリカなるもの」を数多く体験してきた力道山からすれば、実際のアメリカ社会を理解するリテラシーをもっていたことになる。さらに付け加えるならば、朝鮮半島から日本に渡り、大相撲という特殊な世界に適合するべく努力をしてきた経験は、異文化受容リテラシーとでもいう能力を、高い水準で身に付けていたと思われる。このような重層的に構築されたアイデンティティが、木村政彦など同時代にプロレスを日本に導入しようとした者たち以上に有利に働いたと推測できる。

一九五三年三月の帰国時、力道山は選手として好成績をあげてきただけではなく、全米最大規模のＮＷＡ（全米レスリング協会）のプロモート権を獲得してきた。このＮＷＡとの関係重視という考えは、力道山が一介のプロレスラーとしてだけではなく、経営者的素養を併せもち、さらに日本のプロレスがアメリカのプロレスシステムとの連動を必要とすることを意識していたことを意味する。

ここにも木村たちとの大きなちがいがある。このようなプロレスラーとしての高待遇、そしてビジネスにおけるマネジメント成功の背景には、新しいプロレス市場である日本に関して、ハワイのプロモーターであるアル・カラシックやボビー・ブランズが大きな関心を示しており、協力したからでもある。おそらくは日本市場を勢力内に収めようとの戦略でもあったのだ。

また、キャデラック、ジャガー、クライスラーと外国車三台を持ち帰ってもいる。もちろん、これら外国の高級車は一般の日本人にとって夢のまた夢であり、力道山がアメリカ的な豊かさをさらに押し進めた水準で受容していたことの象徴でもある。また、相撲部屋とは異なる訓練によって獲得されたプロレスラーとしての肉体は、関取的な身体性とは異なる非日本的な身体性を表象していた。それは柔道家と異なる、プロレスラーというアメリカ性を組み込んだ身体性であった。

帰国後、新田新作は自社の資材置き場に力道山道場を建設し、永田貞雄は日本プロレスリング協会設立に尽力する。永田の慎重な姿勢もあって、力道山帰国後およそ一年かかり、力道山のプロレスは日本人の前で披露されるのである。ちょうどこの一年の間に力道山は再渡米し、招聘レスラーの交渉と、世界チャンピオンのルー・テーズとのはじめての対戦を行っている。初対戦ではテーズの必殺技バックドロップでの敗退記録が残っているが、プロレスの範疇を超える攻撃を力道山が仕掛け、いわゆるセメントマッチ（真剣勝負）の様相を呈したともいわれている。

第三節　戦後格闘技のグローバル化

日本初のプロレス興行は力道山によって開始されたと信じられているように思われる。しかしながら、突如として日本社会のなかにプロレスが出現したわけではない。欧米のレスリングやボクシングが日本に紹介されたのは、日本の近代化の端緒ともいえるペリー来航のころにまで遡ることができる。当時の錦絵には欧米のレスラーと日本の相撲取りとの試合が描かれているし、この試合が芝居として上演され、人気を博していたほどであった。

また日本や欧米を舞台として、プロレスラーと相撲取りや柔道家が幾度となく肌を合わせ、技術の融合がなされている。例えば一九一五年米国本土に巡業で訪れていた第二〇代横綱梅ヶ谷のもとに、プロレスラーのジョー・ステッカーから挑戦状が届いたという事件が起きている。挑戦状自体が本物かどうか疑わしいものでもあったようで、両者の対戦は実現しなかった。しかし、ステッカーは世界チャンピオンにもなっている超一流の実力者であり、格闘技好きにとって、日米両〝横綱〟の頂上決戦があと一歩で実現という夢のような話でもある。

コンデ・コマこと柔道家前田光世《まえだみつよ》は欧米から中南米にまで〝格闘武者修行〟を行っている。一九一七年にブラジルに帰化しているが、このとき彼が伝えた格闘技術がのちのグレイシー柔術[2]を生み出している。一九〇五年にはニューヨークでブッチャー・ボーイなるプロレスラーと試合を行うなど、多くのプロレスラーと交流をもっている。

一九二一年にはアド・サンテル一行が来日し、講道館に挑戦状を叩き付けている。アド・サンテルはルー・テーズに関節技を叩き込んだ実力者である。講道館はこの挑戦状を無視したが、破門覚悟の庄司彦男を中心とした四名が名乗りを上げ、東京九段の靖国神社相撲場で対戦している。日本側は勝利をあげることはできず、庄司はのちに渡米、日本にアマチュアスタイルのレスリングをもたらし、日本レスリング界を作った八田一郎へと継承されていくことになる。

力道山がプロレスを〝輸入〟する直前、すでに日本ではプロレス興行が行われてもいた。それ以前、いま述べたように、日本の力士や柔道家が外国に渡り、日本の格闘技を普及したり、各地の格闘技と交流したりもしていたし、日本に欧米のレスラーが来日し、日本の柔道家と試合を行ったりもしている。グローバリゼーションとは、「世界というシステムにおいて、通時的に、常に作動している駆動力である」〔遠藤、二〇〇九a：二〕である。格

前田光世のレスリング〔神山、1997〕

アド・サンテル〔テーズ、1995〕

闘技文化もまた、このようなグローバリゼーションの一現象として古くから変動してきたのである。この格闘技のグローバリゼーションのなかで、前田光代の格闘文化に対する多大なる貢献を評価できる。これらのいくつかのトピックを概観するだけでも、プロレスもまた近代における流動化現象の一つとして位置づけられる。近代に入り、地球規模での権力、資本、文化や労働の移動が加速化してきた。それらは一般的なマクロな社会変動の多様な側面である。格闘技術や、それを興行として上演する方法が、地球規模での相互依存関係を緊密化するグローバリゼーションの動きのなかで変動しつつ、ローカルな領域のなかで具体化していったのである。

力道山直前であれば、プロ柔道や柔拳なる興行が各地で行われている。柔拳とは柔道家と拳闘家による異種格闘技による興行である。柔拳出身者のなかにはプロレスに転向する者も現れる。のちに日本プロレスでプロレスラーとして活躍したあと、コミカルなレフリングで人気をえたユセフ・トルコはその代表である。

　ＧＨＱによる民主化政策のなかで、学校や公的施設での武道は禁止となっていた。それでも、アメリカ側に柔道の理解者が多いこともあり、講道館では牛島辰熊《うしじまたつくま》が外国人の指導に当たっていた。牛島は民衆の柔道への関心低下を憂いて、プロ柔道を興す。プロ柔道は一九五〇年四月に牛島辰熊八段を中心として誕生、主要選手として木村政彦や山口利夫、遠藤幸吉が所属していた。プロ柔道は成功しなかったが、プロ化の動向はやまず、彼らは渡米し、柔道スタイルのプロレスラーへと転向していく。そして、彼らはアメリカでの成果を日本で発揮すべく、日本でプロレスの興行を行うようになる。ちなみに空手の極真会館の創始者である大山倍達《おおやまますたつ》は、遠藤とともに渡米しプロレスを経験している。木村政彦はプロ柔道、柔拳、プロレスなどプロ格闘技を日本やアメリカ、そしてブラジルで行っている。

　山口率いる一団は一九五四年二月六日と七日の二日間にわたって「マナスル登山隊後援・日本‐在日米軍プロレスリング試合」を開催している。このとき、関西東海地方ではＮＨＫが試験放送としてテレビの実況中継を行っている。力道山のプロレス放送が約二週間後であるから、試験放送とはいえ、日本初のプロレス実況中継は山口らの活動の方が先であった。その後、彼らは全日本プロレスリング協会（一九五四―五八年）を設立している。

大山倍達〔『Number PLUS』2000年1月号〕

　プロ柔道や柔拳は日本の伝統的格闘技の再編であった。これは木村政彦の履歴を参照すると、その再編のプロセスが見えてくる。木村は牛島の秘蔵子であった。プロ柔道の場合、日本人柔道家同士の試合を中心とした興行であり、希代の柔道家である木村政彦を中心とした「強さ」や国内の「地域」を意識するような表象を生み出していたことは

わかりやすい。しかし、人気を獲得することはなく、興行的には行き詰まりとなる。それゆえ、木村は海外でのプロ格闘技に手を延ばし、そこでプロレスを経験している。帰国後、プロ格闘技の柔拳に参加する。ここでは柔道家の日本人とボクサーのアメリカ人の対戦が中心であり、「日本対外国」という「ナショナルなもの」が表象として前景化してくる。ちなみにボクサーは飛び入りのアメリカ軍人であったり、国籍としては日本人だが外見が外国人のトルコが〝演じた〟りなど、苦し紛れのアイデア商法であった。木村はその知名度を生かして、柔拳興行のメインイベントとして「適当な外国人を当ててプロレスをやってもらう」。一九五三年の札幌の興行では、「もの珍しさも手伝って、まさに異常な人気を呼び、二万人を超える観衆を集めている。ここでは、木村という「強さ」と「ナショナルなもの」に加わって、プロレスの「新奇性」が新たな表象として組み込まれている(3)。

これら格闘技者の動向は格闘技のプロ化の広がりであるとともに、文化のグローバリゼーションの一つの現れである。また、日本社会のアメリカ化に一定の役割を果たしてきたことも意味するだろう。この日本の格闘技のプロ化は、日本の国家アイデンティティの再構築に寄与する運動として理解することができるものでもある。すなわち、プロレスという米国文化と柔道という自国文化の融合が行われていた一磁場であったのである。ここに現代の視角におけるグローカリゼーションを発見できる。いわゆるローカリゼーションとしてのナショナリズムへの訴えと、グローバリゼーションとしての「アメリカなるもの」が接続しているのである。さらにその接続の接着剤としての役割を「強さ」と「新奇性」が果たしている。特に札幌での興行はその極点に位置する。しかしながら、興行側の不慣れもあって赤字となり、地方における瞬間的な話題に留まってしまい、柔拳は衰退する。それゆえ、木村は力道山の興行に組み込まれていく。仮にこの興行が成功し、日本全体に広がれば、木村が〝力道山〟になっていたのかもしれない。それは全日本プロレス協会を設立した山口も然りである。

しかしながら、アメリカ的なものを受容し身体化し、興行的、経営的にもアメリカ的なものを学んできた力道山が〝力道山〟になるのは、やはり必然というべきであろう。村松は両者のちがいを次のように見ていた。

力道山は、自分の生活や内面すべてをプロレスラーに改造して、プロレスという新ジャンルに取り組んだ。これは、チャンコを食べ四股を踏んで力士の体作りをする相撲の世界とどこか通じる取り組み方といえるだろう。それと対照的に、木村政彦や山口利夫は、柔道を引きずったままプロレスとの異種格闘技戦的なレベルに安住していたという観があった。

〔村松、二〇〇〇：四二〕

木村のプロレスに対する認識の〝軽さ〟は指摘されるところでもある。山口にしても、力道山から「山口君なんかはレスリングを根本から誤解して考えている人です」との指摘がなされている。また、力道山はアメリカでのプロレス修行の成果を幅広いメディアで報告し、プロレスというジャンルの魅力を宣伝するという努力を行っている。ここに力道山が〝力道山〟となり、戦後最大の英雄になった者と、そのチャンスを逃した者との意識のちがい、そしてその社会的な背景のちがいが浮き彫りになっていると思われる。

また、吉見俊哉は力道山プロレスと他のプロレスのちがいを以下のように要約している。

大阪や九州を地盤にした他の戦後のプロレスラーが、プロレスを格闘技以上のものとしては理解しなかったのに対し、力道山はプロレスがテレビの前に集合した数百万人の観衆に向けて演じられるナショナルな象徴劇であることを察知していた。彼は「アメリカ」への当時の日本人の屈折した気分に自身の演技を反響させることで大成功を勝ちとったのである。

〔吉見、二〇〇七：一七五―一七六〕

当時の宣伝チラシ〔石田、1995〕

昭和29年、毎日新聞に掲載されたシャープ兄弟、シュナベル＆ニューマンとの国際試合、日本選手権力道・木村戦での宣伝広告の数々

吉見が指摘するまでもなく、力道山のプロデューサー的資質がナショナルなものとテレビとの結びつきが絶大な効果を生み出すことを予想していたことは想像に難くない。これは力道山常識論の社会学的言説である。一方、力道山が成功し、木村政彦や山口利夫など他のプロレスラーが成功しなかった理由は、プロレスに対する彼らの理解力の低さにあったと思われる。彼らは、プロレスを格闘技以下のものとして理解していたのであった。

さらに重要なのは、力道山のディアスポラなアイデンティティにあった。木村や山口は柔道という日本的権威を体現するまさに日本人であった。それゆえ彼らのプロ格闘技は、当時の日本人が志向する感性や価値観の枠組みのなかで構成されていく。彼らと比して、力道山は単一的なアイデンティティに安住することができない人物である。なぜなら、もっとも〝愛国的日本人〟でありながら、朝鮮半島出身の戦勝国民でもあり、「誰よりも先に自分の生活に『アメリカ』を取り入れた」アメリカニズムの先取者でありながら、故郷朝鮮半島を南北に分断したアメリカに屈折した感情を抱く、矛盾したアイデンティティを生きざるをえなかったからである。日本、アメリカ、朝鮮それぞれに屈折した感情をもつ力道山であったからこそ、逆説的にそれぞれの文化を雑種的に混交することができる主体でもあったと考えることができるのではないだろうか。

このように力道山を見ると、彼は日本的なものを体現していながらも、日本人にとっての他者性をその身体やプロレスという文化的構築物にまとわせていたことになる。彼は日本人という究極的指示記号をプロレスという舞台で表象し続けるのだが、同時に抵抗や逸脱をかいま見せていたはずでもある。その意味で、力道山常識論は日本人が安住しやすいイデオロギーとして機能していたと、この時点で予測可能である。

第四節　プロレスの受容モード――真剣勝負と八百長

日本社会のなかで、プロレスは真剣勝負という立場を貫いてきた。また、ショーという見方にさえ反発してきたという経緯がある。しかし、力道山はアメリカ武者修行から帰国して間もなくの体験手記で、プロレスがショーでもあり、八百長もあることを認めている。また、当時の朝日や毎日の新聞記事では、プロレスの魅力をそのショー的要素や八百長の面白さにあると紹介している。

アメリカではプロ・レスの人気はたいしたもので宣伝なんか全然いらない。テレビでもよく放送するが、私の試合は興行収入に影響するせいか、プロモーターがテレビ放送させなかった。それからプロレスは一種のショウだから八百長もある。四十八州中三十三州（七割）がほとんど八百長をやっている始末で、北部は正々堂々と真剣にやるが、南部ときたらまるっきり八百長ばかりだ。とにかくアメリカでは八百長云々よりもショウとしてのオモシロさが第一らしい。

〔報知新聞、一九五四年二月四日〕

これは「アメリカ武者修行――プロ・レスラー力道山」なる体験手記的な記事である。このように八百長やショーを認めつつも、「プロ・レスの輸入にしても、八百長のない真面目なものを呼びたい」としている。特に日本人の気風から、真剣な試合を見せることを重視するとの発言をいくつかのメディアで行っている。

力道山がプロレス興行を行う以前でも、アメリカのプロレスの紹介記事が掲載されており、大きな見出しで「結局は八百長の面白さ」とプロレスの魅力が紹介されている。アメリカではボクシングとは異なる芝居がかった「スポーツ・ショウ」であると認知されているとして、以下のように記されている。

打つ、けるなどは普通のことで、マットの上から相手を客席に投げ出すことや乱暴なレスラーになると相手の眼の中へ指を突っ込んだり、鼻の穴に指を入れたり全然試合というよりけんかといった方が適当だ。ファンの方でもレスリング試合を見るのではなく、マットの上の喧嘩を見るためにいくので、八百長も誠に徹底的で、どの程度まで面白い八百長を見せるかを見に行くわけだ。〔毎日新聞、一九五三年三月一二日〕

実際にはアメリカの観衆がプロレスを八百長と認識して観戦しているとの主張には誇張があり、真剣勝負と信じて見ている観客層は常に一定程度存在している。それゆえ、ファンに階層構造が見いだされる。(4)

また、この記事では「婦人レスラー」の試合、つまり女子プロレスが紹介されており、「婦人レスラーに男のファン」が付き、会場は大盛況であると報告されている。しかし、力道山は週刊誌のインタビューに答えて、「小人のレスリング、女のレスリングがあってこれなんかまるきりのショウですよ」とこれらのレスリングを〝本来〟のレスリングから除外する。そこで、新聞記事におけるプロレス八百長論を意識しながら、力道山はプロレスを競技ともいえない、単純に八百長とも位置づけできない独特のジャンルであることを相撲と比較しながら位置づけている。

もちろんある程度の八百長もやらねば毎試合することなど出来る筈はない。日本の相撲にだって、地方巡業の時には楽な気持ちで、八百長じみたこともある。しかし本場所になると真剣にやる。それと同じで、プロ・レスも選手権を賭けた試合となると八百長はない。命懸けの真剣勝負だ。

〔『週刊サンケイ』一九五四年四月一一日号〕

この八百長の内実は不明である。事前に結果を決めて試合を行うことを意味するのか、それとも手抜きを八百長とするのか。さらに、日系レスラーがアメリカで行う「塩をまく」などの過剰なショーマンシップを「愛嬌」として認めながらも、常に真面目な試合を心がける必要があるとする。そして力道山は「いざ試合となったら、やはり八百長でも真に迫った八百長をやらぬと観客は怒ってしまう」と述べ、あけすけな八百長がプロレス人気の凋落を招くことをロサンジェルスのマット状況を引き合いに出し指摘している。ちなみに元『週刊ファイト』編集長の井上譲二は、「『真に迫った八百長』とは非常に本音に近い発言と思われる」と評している〔井上、二〇一〇：五七〕。

このような記事からすれば、力道山の言説はプロレスが少なくとも八百長的要素をもっていることを認めていることになる。しかし、「日本へ輸入したいと思っているのは本当にプロレスリングのルールのなかで真剣勝負をやるプロレスリング」と先の報知新聞の記事と同様の姿勢を貫いてもいる。力道山は日本にプロレスを〝輸入〟するために、アメリカニズムとしてのプロレスをそのまま模倣するのではなく、日本というローカルな社会意識に適合させるプロレスのあり方を模索していたことになる。そのローカルな社会意識は真剣勝負志向でありながらも、相撲のような「八百長じみたこと」を巧妙に含み込んだ相撲的文化意識ではなかったろうか。少なくともプロレスのオーディエンスに対して、そのようなジャンルとして提示することを意識していたことになる。

この『週刊サンケイ』の記事で対談した石黒敬七は、雑誌『丸』（潮書房）において、「本来のプロレスリングの本質が八百長なのだ。ただ普通の八百長とちがう所は、弱いものが勝つというのではなくして、実力をともなうショウであるという所にある」（石黒、一九五四）と位置づけている。

このように八百長と真剣勝負という観念が複雑に入り組んだ世界を称して、のちのプロレス・ジャーナリズムは「虚実皮膜世界としてのプロレス」という。ここで「真に迫った」方向にプロレスを位置づけていく方策として、小人プロレスや女子プロレスを〝本来〟のプロレスから外部化すること、鍛え上げた肉体や闘う高い技術という常人離れした「超越性」が要請されるのである。この「超越性」の一つのあり方を岡村は「筋骨隆々の男たちがぶつかり合うところから『プロレス』が立ち上がってくる瞬間の魅力」（岡村、二〇〇八：四二）と見ている。もちろんこのような魅力に限定されるわけではないだろう。格闘する技術の高さや、レスリングが本質的にもっている力くらべがもつ魅力に「超越性」が宿ることもある。

これまで論じてきたプロレスに対する言説を整理すると、プロレスの受容構造が予想できる。一つには、プロレスを八百長とする認識である。「偽装モード」と名付けておこう。「偽装モード」は、例えば毎日新聞のプロレス紹介記事を読み、プロレスに関する知識をえた者たちがその受容層に想定できる。つまり、毎日新聞のような正統メディアの受容層とある程度一致するだろう。その意味で、ある程度知的レベルの高い者たちである。[5]

二つ目には、プロレスには真剣勝負的要素が組み込まれているにしても、八百長であるという認識である。「半偽装モード」とする。ここで想定できる受容層は、『丸』のような雑誌メディアのなかにある言説に呼応している者たちである。ただ、『丸』であるというより、石黒的な言説であり、それを内包するメディアということになるだろう。しかし、実際には「実力」という「真剣」と「ショー」なる「偽装」を接合するような言説を構築するようなメディアは見当たらないというのが現実である。

プロレス受容モード

	偽装度	「虚実」の関係	メディア	社会層
偽装モード	完全偽装	「虚」	一般紙	知識人
半偽装モード	偽装	「実」＜「虚」	（総合誌）	（知識人）
半真剣モード	一部偽装	「実」＞「虚」	大衆雑誌	（活字的）大衆
真剣モード	（純）真剣	「実」	テレビ	（テレビ）大衆

三つ目には、プロレスには八百長もあり、ショー的要素をもっているにしても、真剣勝負であるという認識である。「半真剣モード」とする。「半真剣モード」は相撲文化を知る日本人にとっては受容しやすいものでもあったろう。興行のなかに花相撲的な要素が組み込まれながらも、勝負事であることが基本線になっているジャンルという認識である。これは『週刊サンケイ』や報知新聞などの大衆メディアの受容層と重なる。特に記事内の力道山のプロレス論に呼応した受容である。その意味で、ある程度の活字リテラシーをもつ大衆層を想定できる。

四つ目には、プロレスを真剣勝負と見なす受容層である。「真剣モード」とする。しかし、力道山がプロレスをいくつかのメディアを使い紹介宣伝しているときには、プロレスを純粋な真剣勝負として紹介する記事があるわけではない。ただスポーツと称するからには、競技であることが前提となるであろう。この素朴な認識がテレビという爆発的な威力をもつ感性的メディアとつながるのである。その意味で、活字メディアとの親和性の低い大衆を受容層と想定できる。

分析から導かれたこの受容構造は、力道山プロレス以前に想定したモデルでしかないが、本書ではこのモデルをプロレスの受容構造の分析に利用して、力道山以降続く人々のプロレスの理解度を探ることにする。つまり、このモデルを使って、「虚実皮膜」といわれるプロレスに対する、その「虚」と「実」の内実や、両者の「皮膜」＝境界の理解のあり方を具体的に記述することができるはずである。端的に位置づけておけば、「実」は真剣勝負や真実、「虚」は八百長や嘘であるが、その内実は単純化することができない錯綜した論理が根底に控えている。本書では、これらの四次元からプロレスの受容を組み込みながら議論を進めていくことにする。

力道山がプロレスを〝輸入〟する以前、プロレスがメディアで取り上げられ紹介されるときの論調は、「ショー」や「八百長の面白さ」であった。そして、力道山もまたその論調に大筋同意している。その一方、世界選手権は真剣勝負であり、日本ではプロレスを真剣勝負にするとも明言している。力道山が人々に提示したプロレス論とは、プロレスは上記四モードを含み、試合の格、地域のちがいによって、これら四モードを使い分けるジャンルであるということになる。そのうえで、日本では「真剣モード」を、あるいは少なくとも「半真剣モード」を志向することを〝輸入〟前に主張しているのである。そして、力道山は〝輸入〟以降、〝プロレスに「八百長があること」を認めることはなかったし、「真剣モード」あるいは「半真剣モード」であるという姿勢を崩すことはなかった。

そして、この「真剣」と「偽装」というカテゴリーからのプロレス理解は、リアリティという問題とつながっている。しかし、それは「真剣」であることがリアリティを担保することを意味しない。リアリティとは、「現実に対する支配的な感覚を再生産」することによって生じる感覚であり、「リアリズムとは、経験する現実に対するある種の忠実さといったレベルの問題ではなく、それによって現実的である（リアリティがある）という感覚が構成される言説的規約の問題である」〔フィスク、一九九六：三三〕。つまり、リアリティは真偽に関する問題なのではなく、「真実らしさ」の問題なのである。

バルトはリアリティが神話というメディアを媒介することに着目した。神話は自然として振る舞う。それは物語という形式にそって。つまり、現実を無媒介的にわれわれに伝達しているように偽装するのである。しかし実際は、リアリティ構築には支配的階級（バルトにおいては、プチブル階級）の価値観が反映している。バルトはこの偽装を嫌悪し、偽装の裏側にあるイデオロギーを暴露することを目論見、現代社会における神話研究の意義を強調した。このようにリアリティを言説的構築物としての神話作用と見なすとき、客観的で透明な形で表象される現実は少なからず非難される(6)〔バルト、一九六七〕。

この神話なる考えを力道山プロレスに当てはめるなら、力道山常識論は当時の日本人全体に適合可能な、まさに神話作用であり、ドミナント・ストーリーであった。当然、力道山常識論は日本人が共通して抱く定型物語であるという点から、日本人全般にリアリティを付与する機能をもつ。

しかしながら、このリアリティを生み出す神話が実は「偽装」モードによって構築された虚構であると人々に認知されるなら、そのリアリティは傷つく可能性がある。つまり、「真剣」「偽装」はリアリティそれ自体を構成するわけではないが、リアリティ構築の重要な要素なのである。特に二〇〇〇年代に入り、新日本プロレスのレフリーであったミスター高橋〔二〇〇二〕によって、プロレス界の現実が暴露され、また競技として総合格闘技が定着し、プロレスはリアリティ構築に苦戦しているのが現状である。

G・ストーンはプロレスがアメリカ道徳を表現する現代的受難劇（passion play）であると位置づけ、社会学的分析を行っているが、論文冒頭にプロレスのリアリティに関わるエピソードについて紹介している。ストーンは友人と駅の待合室にいた。そこではテレビでプロレスが放送されており、悪玉ロシア人コンビと地元の善玉アメリカ人コンビとの対戦が映っていたが、急にビールを飲んでいた男が声を荒げ、「インチキ（fake）だろうが関係ねえ。やつをやっちまえ！」と怒り始めたのである。このエピソードでは、男はプロレスが「偽装」であることを承知しているにもかかわらず、善玉アメリカ人が窮地に追い込まれているのにリアリティを感じたがゆえ、声を荒げたのである〔Stone, 1971〕。このように、「偽装」であることを知りながらもリアリティが構築されるという複雑な局面も存在する。つまり、プロレスは「偽装」であるとしても、リアリティを排除しているのではなく、独自のリアリティ産出方法を有し、それと相互作用するオーディエンスを必要としているのである。(7)

第五節　力道山プロレスのスタート――節合される相撲の「超越性」

力道山と木村政彦の「巌流島の決闘」は、プロレスというジャンルがいかなるものかを如実に示してしまう。これは次章にて議論するが、両者の対決は一九五三（昭和二八）年に企画されていた。それは力道山が日本プロレスを興してシャープ兄弟と対決する直前である。先に触れたように、日本ではプロ格闘技興行が各地で行われるようになっていた。北海道興行の目玉として両者の対戦を新田新作が安請け合いしたのである。しかし、その実態は、旧態依然とした〝どさ回り〟である。力道山は永田を通じて仁義を通し、この企画を回避している。

力道山はこのとき、遠征中のアメリカから永田に手紙をしたため、自身の考えを述べている。そこで、力道山は旧態依然とした興行から脱却し、新しいビジネスとしてプロレスを成功させるべく動いており、山口のプロレス興行とのちがいを主張している。一つには、マッチメイクに対する考え方であるが、プロレス特有のタッグマッチを目玉とすること。二つ目には、プロレスラーを重量級中心とするという考え方である。それゆえ、木村や山口でも「段がちがいすぎる」と主張している。そして、三つ目には、山口たちの田舎興行とはちがうビッグビジネスを目指すという考えである。そこにはプロレスが「客に満足させるのが商売の本位」というアメリカ産ショービジネスの考え方が据えられている。「野球、相撲より人気を出していくにはシンチョウに考えましょう」と提言する先鋭な力道山の意識からすれば、対木村戦はこの時点で商品価値として低く、山口の興行は目的意識の薄い田舎商売にすぎなかった〔猪瀬、一九九〇：二七九―二八二〕。

テレビの本放送がNHKによって開始されたのは、一九五三年二月一日、それからおよそ半年後、八月二八日に日本テレビが本放送を開始する。NHKと日本テレビはテレビ放送開始に当たって熾烈な競争を展開していた。両者はテレビ電波の標準方式に関して異なる技術を利用していたからである。NHKは日本独自の技術、日本テレビはアメリカからの輸入技術であった。「六メガ・七メガ論争」と呼ばれる。占領体制下にあった状況では、日本テレビが先行した。それゆえ、テレビの予備免許は日本テレビが先に獲得する。しかし、その翌日に占領体制が終了し、NHKは巻き返しをはかり、結果本放送を先に開始する。このテレビ放送開始の両者の争いにも、「親米」と「反米」が複雑に入り組んだ日本社会のありようが垣間見える。

力道山のプロレスが街頭テレビで放送されたのが一九五四（昭和二九）年二月一九日。テレビ本放送の開始からおよそ一年後、日本テレビ放送開始からは半年後である。大卒初任給が八〇〇〇円の時代、テレビ受像機一台は二〇万円。テレビは大衆には手の届かない高級品であった。プロレス放送までの期間、テレビは苦戦を強いられていた。実際テレビの成功に関して懐疑論があったほどである。吉見は力道山プロレスのメディア論的意義を巡って、街頭テレビに「テレビと大衆的想像力の固有の結びつき」を見いだしている〔吉見、二〇〇七：一七四〕。吉見の指摘するとおり、テレビは大衆と結びつく典型的なメディアになるのだが、力道山以前にそのような結びつきを構築してはいなかったのである。それゆえ、テレビ放送開始と力道山プロレスが同時であったかのような錯覚を起こさせ、日本人の集合的記憶にとって、テレビ放送開始から力道山プロレスまでの一年間は希薄なのである。

この流れのなかで、民間放送の成功戦略として、正力松太郎は街頭テレビの設置を行う。そのコンテンツとして、「見せるスポーツ」であるプロレスは非常に適していた。ニューヨークの殿堂MSGでのシャープ兄弟の映像に、正力が「おもしろそうじゃないか」と発言し、日本テレビはプロレス放送に踏み切るのである。まだ焼土の匂いが残り、アメリカ人に対してだけではなく、〝第三国人〟にさえ劣る〝四等国民〟と自嘲する社会的雰囲気が日本社会に色濃く残る時代であった。正力はプロ野球を作った目標をアメリカに勝つこととしたように、「戦争に負けた日本の大衆に、日本人の強さを見せてやろう」と、プロレスに「日本民族の志気振興の役割」を期待したのであった〔田鶴浜、一九八四：二一三〕。

力道山がシャープ兄弟のブッキングなどの仕事から帰国した羽田空港には、日本テレビのプロデューサー戸松信康が待っていた。毎日新聞がマナスル登山募金募集という名目から、プロレスをバックアップ、その紹介記事によって宣伝を行ってはいた。しかし、力道山には十分なものとは映ってはいなかった。永田はテレビ放送が会場集客を鈍らせるのではないかと心配したが、力道山はテレビ放送に固執した。力道山はアメリカの経験からテレビの宣伝力を理解していたのである。すでに興行当日まで一週間を切っていたこの時期、テレビ放送が決定する〔猪瀬、一九九〇：二七九―二八二〕。

一九五四年二月一九日、蔵前国技館において、ついに力道山プロレスが「マナスル登山基金募集・日米プロレス試合」と銘打って開催される。この試合は、蔵前国技館三連戦、そして地方巡業へと続く「プロレスリング・ワールドチャンピオン・シリーズ」の開幕戦でもあった。日本テレビの中継は一九時半から二一時まで、急遽放送を決めたＮＨＫは二〇時から二一時、メインは力道山・木村政彦対シャープ兄弟の六一分三本勝負であった。国技館の入りは六割程度であったというが、街頭テレビ設置場所は群衆で身動きができない状況となり、空手チョップがシャープ兄弟に炸裂する場面では、群衆は波をうち歓声は地鳴りとなっていた。翌二日目は、プロレス放送の時間が近づくと、東京都内の大通りからタクシーが消え、テレビのある喫茶店や電気屋は歩道まで人があふれる。警察が交通整理をしようにも、街頭テレビの前は人であふれるばかり、通行止めになってしまう。三日目は新橋駅前に二万人があつまり、ハッピを着た消防団「め組」が総出で警戒態勢を整えるも、けが人続出であった。力道山プロレスは空前の大成功を収めたのである。ちなみにＮＨＫは初日のみの放送であった。

リング上の勝負がひと息つくころ、画面に奇妙な写真が映し出され、アナウンサーが〝警告〟を発し始める。「上野公園で木に登ってテレビを見ているこの人、危険ですからすぐにおりてください！」

〔『Ｎｕｍｂｅｒ』七〇号：三九（傍点原文）〕

まだテレビがどのようなものかわかっていない時代に、街頭テレビを見ていた「この人」はどんな気持ちだったのだろうか。テレビの前に集まった群衆の大きなかけ声とどよめきとともに、なんとものどかなものが同居する空間。当時の街頭テレビの担当者は、テレビが日本の文化に影響を与えたとすれば、「力道山は日本を変えた」とまで評価する。また、力道山のプロレスブームがなければ、テレビの一般家庭への普及は遅れたとも評価する。新聞や雑誌記事によって一部知る者がいたにしても、それはあくまで活字にすぎない。プロデューサー戸松でさえも、実は一度も見たことがなかったほどである。ついに、この未知のスポーツが日本人にお披露目となるのである。試合結果は以下のとおりであった。

世界選手権争奪大試合　一九五四年二月一九日（金）東京蔵前国技館

タッグマッチ六一分三本勝負

力道山　　1―1　ベン・シャープ
木村政彦　　　　マイク・シャープ

①力道山（体固め、一四分一五秒）マイク
②マイク（反則勝ち、八分二〇秒）木村
③（時間切れ引き分け）

村松友視は次のように振り返っている。

私は、実のところこれから何を見ることができるのかを、全く想像できないでいた。〔村松、二〇〇〇：四〕

だが、プロレスとはいったい何であるかについては、波止場の電気屋へ向かって歩いているときも漠然としていた。そのリングにおける、力道山の姿かたちも、いっさい思い浮かべることができなかった。〔村松、二〇〇〇：七〕

力道山が日本人全般に大きな知名度をほこっていたわけではない。先に触れたように、映画のニュース映像で一部知られた存在にすぎない。力道山は突如として日本人の前に出現したのである。朝日新聞以下、プロレスの紹介記事はすでに多くの人々の眼に触れていたにしても、大衆一般、あるいは子どもを含めた日本人全般の眼に触れていたわけではなかった。

しかしながら、二七インチのテレビ画面のなかで躍動する力道山は特別な存在感を日本人に与えた。

昭和二十九年二月十九日の夜にテレビ画面から放たれた力道山像は、そんなレベルをはるかに超える強烈すぎるといってよい光をおびていたのだった。この夜のシャープ兄弟対力道山、木村政彦の試合は一瞬にして平均的日本人の心をつかんでしまった。

〔村松、二〇〇〇：三―四〕

「そんなレベル」というのは映画のニュース映像でみた力道山像である。これまで日本人の記憶の端にかかる程度であった力道山が、テレビという新しいメディアとともに人々の記憶のなかに刻み込まれる。そこにはプロレスという新しいスポーツに対する「新奇性」や魅力、と同時に力道山にも「新奇性」と魅力が感受されている。これらは既存の日本人の常識の外部から現れたという点で、力道山は「超越性」を有している。

このときのシャープ兄弟の印象はどのようなものだったろうか。


その巨大な躯に、蔵前国技館の観客がざわめいた。とくに、身長が一九九センチもある弟のマイク・シャープは赤鬼のごとき風貌で、いかにも獰猛な獣といったイメージだった。兄のベン・シャープは、荒々しい弟をたしなめる兄という風情。

〔村松、二〇〇〇：八〕

この試合では、シャープ兄弟は悪役というほどのイメージは出していなかった。ただ、自分たちのコーナーで次々とタッチをくり返して交替する試合ぶりが、〝あくどい〟というよりも〝ずるい〟と茶の間にいる人々の目に映った。

〔村松、二〇〇〇：一二〕

世界タッグ選手権者として来日し、プロレスブームの火付け役にもなったシャープ兄弟はアメリカ人を見事に表象していた。白人で一九〇センチを越える大きな身体、興奮すると真っ赤になる肌、これらは日本人がイメージするアメリカ人そのものであった。しかし、彼らはカナダ国籍であった。ここでアメリカが表象しているのは「大きさ」とともに「ずるさ」である。「大きさ」はその身体性でもあり、アメリカが大国であることを含意している。しかも、「ずるさ」は正々堂々闘うべきとの日本人的な信念と対比される。

力道山はこの一戦をしっかりと興行戦略として計算していたようである。

日本人は肩書きに弱いからな、世界チャンピオンと聞いただけで無批判にあこがれちゃうんだ。おまけに、相手は鬼畜米英を絵に描いたようなアメリカの大男だ。だから、あのとき、日本での第一戦によぶのは絶対にあの二人じゃなくちゃダメだったんだ。そのためにワシはファイトマネーもやつらがアメリカの本場で稼ぐ三倍も出したんだ。あとは賭けだ。根性だ。しかし毎日新聞が後援してくれることが決まって、テレビとの提携ができてからは、もう何も心配はしなかった。これで当たらなきゃおかしいと思ったからな。ワシはアメリカでテレビを見て、プロレスほどテレビにぴったりの番組はないと思ったんだ。あとは何ごとも努力だ。

〔百田、二〇〇三：二九〕

力道山は世界チャンピオンという肩書き、鬼畜米英の表現、そしてメディアによる宣伝戦略をしっかり見極めていたのである。日本人が「世界」なるものに弱い国民性をもつと指摘する力道山とは、日本人を客観化、相対化したまなざしを向ける存在でもある。このようなまなざしの政治を実践するところに、彼の複雑なアイデンティティを深読みしてもおかしくはないだろう。

序章冒頭で引用したはかまはシャープ兄弟を「アメリカ代表」として受容している。確かにシャープ兄弟は実際カナダ人であったにしても、「アメリカ代表」というイメージを発散していたのだろう。しかしながら、彼らは「アメリカ代表」という権利を有していたのであろうか。世界チャンピオンであることから、彼らを表象するのは「世界」でもいいはずである。とすれば、「アメリカ代表」との受容は、彼らが発していたイメージである以上に、日本人が当時の社会をコンテクストとして必然化する日本人側のイメージなのである。もちろん、占領からアメリカ的な豊かさを志向する日本社会であれば必然的な解釈ではあるのだが、はかまの言説には、この自明性の裏側にアメリカがイコール世界全体でもあるような当時の日本人の世界観が映し出されてもいる。

そして、「小柄な木村」は見事に日本人を表象している。戦争で大きなアメリカ／アメリカ人が、小さな日本／日本人を痛めつけるという物語が、戦争や現実の日本社会とは異なるプロレスなる新しい未知の空間で、拡大鏡に映すかのように上演されるのである。戦争や現実社会は、この新しい未知の空間の関係性の「戦争―レスリング」「アメリカ―日本」「アメリカ人―日本人」「大きい―小さい」という対立項を構成しながら、両者を必然的に節合している。もちろん、この未知の空間を構成する重要な要素はプロレスというスポーツ、あるいは見世物ということだけではなく、テレビというメディアによっても構成されている。

ここで表象されるアメリカ人に対峙する日本人は、対峙されるがゆえにその表象は一定の方向をもたなければならない。それは「ずるさ」に対する「正々堂々」なる闘いぶりであり、木村も力道山も試合では、その暗黙の了解のなかで闘わざるをえない。し

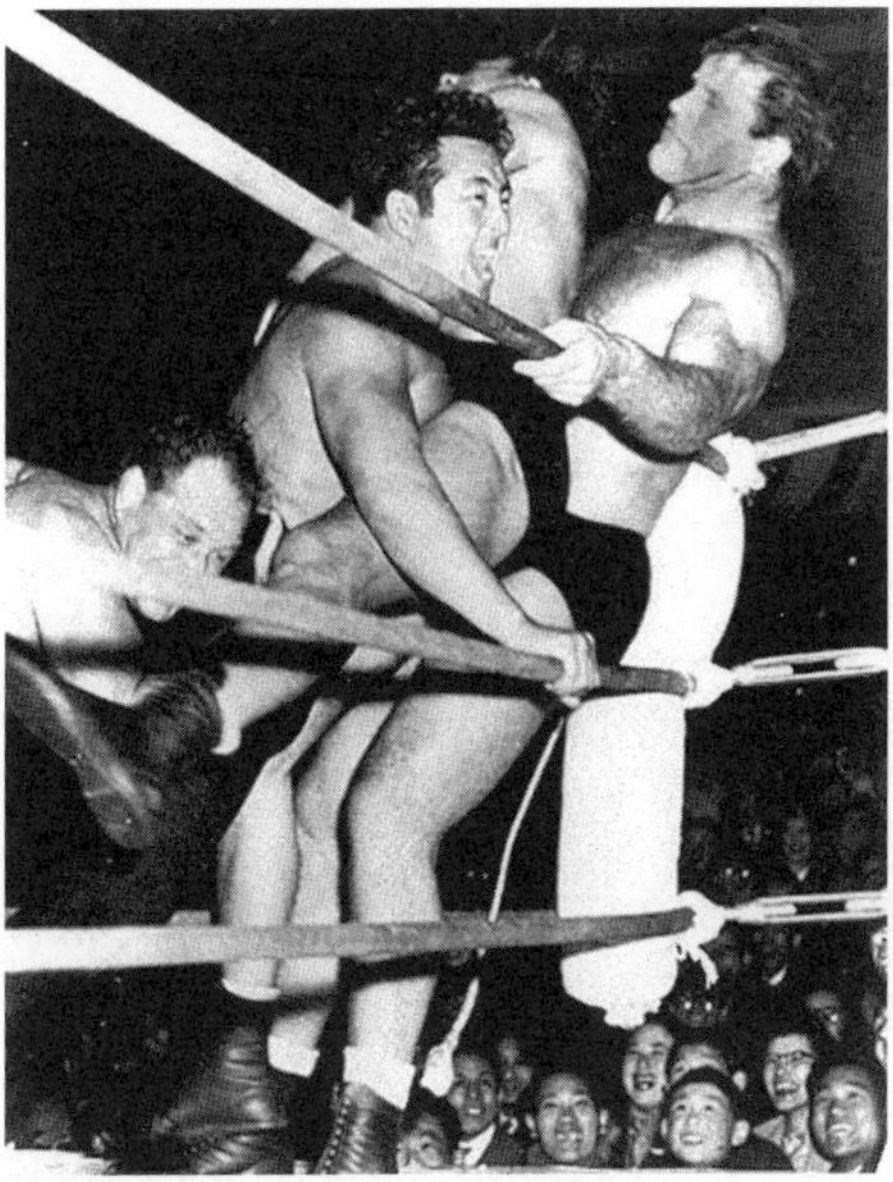

対シャープ兄弟戦〔百田、2003〕

かし、「大きさ」に対して、「正々堂々」では対抗する力になりえない。それゆえ、観衆にとって、力道山が使う技にはなにか特別な力が必要であった。当然、それは空手チョップであったのだが、それとは別に、プロレスの基本技ボディスラムもその象徴的な技であった。この当時、ボディスラムは〝抱え投げ〟とアナウンスされていた。

木村の一本背負いが純粋なワザであるのに対して、〝抱え投げ〟は特別な腕力を誇る者のみに可能な、特権的なワザという感じだった。したがって、シャープ兄弟が木村を投げるのは当然なのだが、シャープ兄弟を〝抱え投げ〟でマットに叩きつけた力道山には、驚嘆の声があがったものだった。

〔村松、二〇〇〇：一〇―一一〕

「やっぱり、相撲は違うんだな……」との想いを抱いた村松は、「柔道は日常的世界で、相撲は非日常的世界」という実感があったとしている。ここには相撲のもつ非日常性が、力道山の身体を媒介として、プロレスに見事に接続されたことが理解される。このように「大きさ」に対抗する神秘的力が見事にマッチングしていく。

実はそれだけではない。この非日常性は虚構性と節合され、ある視線からするとインチキと位置づけられる。プロレスのインチキ性、つまり「偽モード」は知識人層の蔑視を生みだしていく。それゆえ、朝日新聞など正統メディアはプロレス報道に対して一定の距離を保つようになる。しかし常識的に考えれば、「大きさ」に対抗することは困難である。一定の距離を保つ立場は、村松が力道山やプロレスに見た可能性を遮断する機能なのである。

村松が述べるところによると、一九五四（昭和二九）年のシャープ兄弟戦以前の相撲と柔道では、格闘技としてのイメージがまったく異なるものであったようだ。相撲の方は、テレビ放送以前という時代状況を背景として、NHKラジオのアナウンサーの名調子から実際の相撲を想像していたというのが実態であった。当時の一般の

空手チョップを見舞う力道山〔『週刊昭和』30号〕

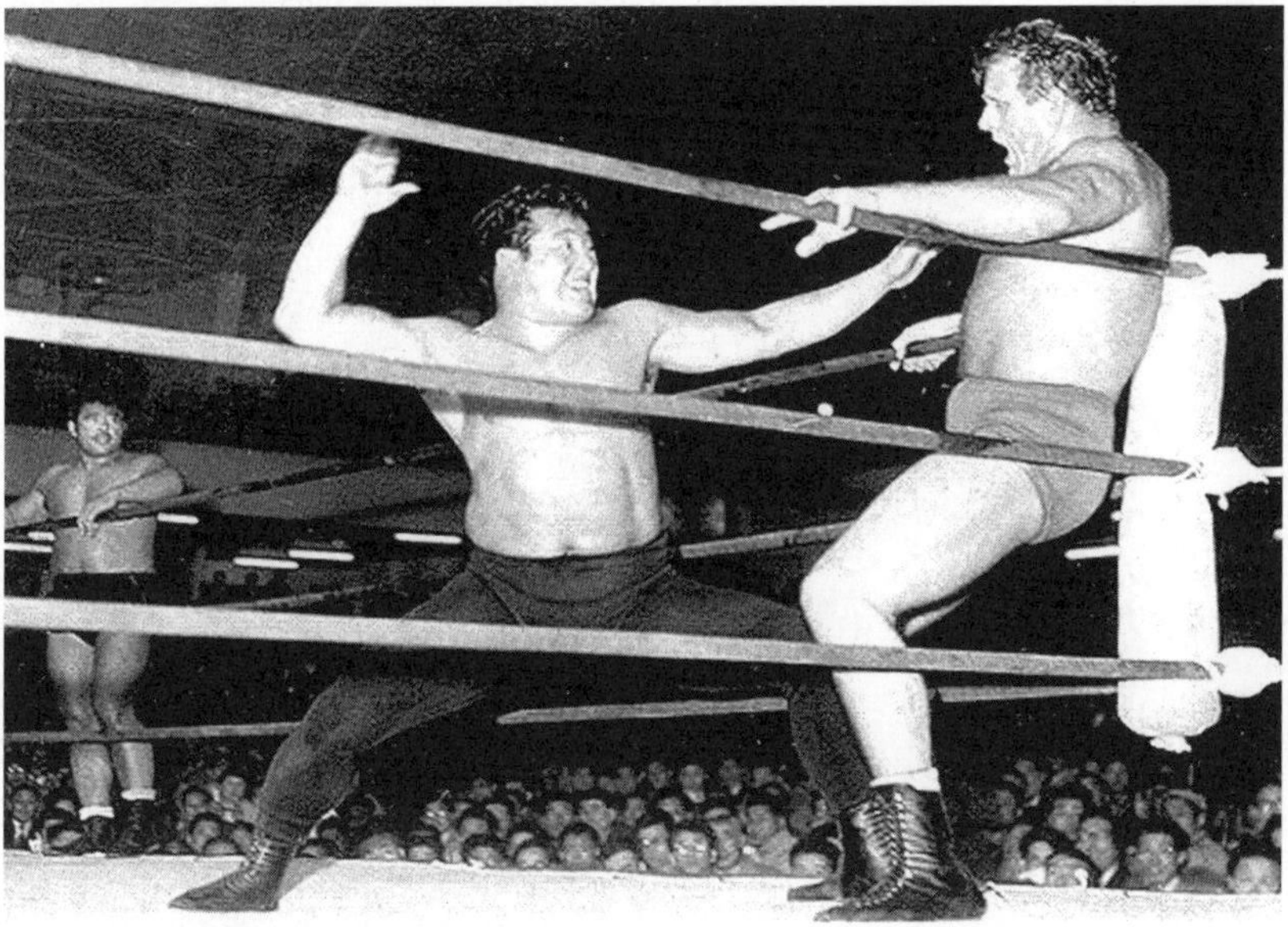

人々にとって、相撲にはある種の華やかさを感じることはできても、相撲の世界の具体的な様相はあまり知られるところではなかったのかもしれない。

一方、柔道は「さまざまなフィクションの神話」に彩られており、当時の人々に柔道神話は行き渡っていた。特に映画『姿三四郎』、漫画『イガグリくん』などの柔道を素材としたコンテンツは、人々の共通体験の一部であった。映画『姿三四郎』は富田常男の小説を原作として、何度も映画化されている。一九四三（昭和一八）年には黒澤明の初映画監督作品として上映された。テレビドラマとしても、一九五七（昭和三二）年に企画放送され、何度もリメイクされている。柔術を学ぶべく上京した主人公姿三四郎は柔道家矢野正五郎と知り合い師事する。そして、柔術家檜垣源之助とのライバル関係、マドンナ小夜との恋愛と苦悩を通じて、人間三四郎の成長を描く物語である。背景には明治以降の西洋文明の侵入により衰退していった柔術を、新しい柔道という近代的な形に完成させてきた嘉納治五郎をはじめとする講道館柔道がある。特に映画では、日本的なものを喪失していく世相のなか、柔道とは日本の心を失わなかった者たちの努力の賜物であるという考えが組み込まれている。このような『姿三四郎』は大衆的なメディアである講談に受け継がれ、演芸場で講道館四天王の物語は広く受容されていた。

それと比して、相撲の方はたしかに興行として一定程度の人気を博してはいたが、非日常的な彩りをもち、一般の人々との親近性という点では柔道のような位置づけにはなかった。また力道山プロレスの登場によって、大衆メディアの中心が映画からテレビへと移行する瞬間でもあった。

柔道が日本的なものの象徴であるとき、格闘技としての優越性とともに日本人の優越性が忍び込んでくる。一九六四（昭和三九）年、柔道がオリンピック種目として採用され、オランダのアントン・ヘーシンクやウィリアム・ルスカが登場すると、この優越性は綻びを見せ、柔道がもつ神話性は弱体化していくことになる。しかし、この時代、木村政彦はこの神話性を体現するに値する柔道家であった。それゆえ、当時の日本人には木村の方に加担する者も多かったのである。

シャープ兄弟を〝抱え投げ〟という特別な力をもつ技で叩き付けた力道山が、空手チョップを繰りだしたとき、マイク・シャープは朽ち木のように倒れマットに沈んでいく。このとき、力道山には特別な存在であると日本人は感知したのである。まだ空手チョップという名前は生まれていない。アナウンサーは「カラテ」と連呼していた。

第六節　「導火線」としての力道山

序章冒頭で取り上げたはかま満緒は、街頭テレビの力道山を見たあとの大衆の姿を以下のように記している。

> この頃の私はプロレスリングをショーではなく真剣勝負だと思っていた。ほとんどの人々が同じように思っていたと思う。中継中、お年寄りがショックで倒れる事件まで起きていた。（中略）
>
> この夜の中継放送が終わると誰もが爽やかに感想を述べていた。記憶に残るのは、おそらく軍隊経験者と思われるオトナが「観たか、肉弾戦で戦えば日本は負けなかった」と呟いたことで、面白可笑しく、悲しかったのを覚えている。やがて真っ白な一団は胸をはって三々五々、飲み屋街に吸い込まれていった。「白い一団」とは当時の夏はみんなが白いワイシャツ姿だったからだ。
>
> 〔『週刊昭和』二九号：五―六〕

このはかまの言説は力道山常識論である。ただ当時の対米コンプレックスという一元論的な見方に回収できない論理が組み込まれてもいる。「観たか、肉弾戦で戦えば日本は負けなかった」との「呟き」は、敗戦や対米コンプレックスであるだけではなく、本来ある日本の姿への想いが含意されている。この「呟き」には二重の意識が重ね合わされ、節合されている。一つは、戦前戦中に思い描いていた日本のあるべき姿である。もう一方は、戦後構築された敗戦がもたらした現状の日本の悲しむべき姿である。この時点では、敗戦による対米コンプレックスを強く意識しない太陽族のような〝戦後派〟はまだ社会現象として出現していない。それゆえ、この言説は力道山常識論の典型のようである。

しかしながら、本来ある日本の姿が未来に投影されたとしたら、コンプレックス解消という次元をいくばくか乗り越えることもありうる。なぜなら、「白いワイシャツ姿」の日本人は「胸をはって」いたからである。コンプレックスの解消と「胸をはっ」た意気軒昂な姿は等号では結ばれない。その可能性を信じるなら、この言説が力道山常識論に回収可能な言説とはいえないことになる。

事前の新聞報道などで「ショー」「八百長の面白さ」として紹介されていたにもかかわらず、はかまを含めた「ほとんどの人々」が「真剣モード」で受容していた。そもそも新聞雑誌などの活字メディアは「非同期」メディアである。ただ新聞は〝生〟の情報を毎日届け、同じような時間に読んでいるということはある。しかし、見たこともないプロレスであり、日本人の記憶の片隅にあるかどうかという力道山の記事である。重要な記事という位置づけは難しく、曖昧な情報受信に留まった可能性が高い。つまり、情報の発信と受容の間に時間差があり、受容の水準では曖昧な情報に甘んじていた可能性がある。さらに活字にはリテラシーが必要であり、ある一定程度の教育歴が必要である。その意味で当時の大衆層への広がりという点で、やはり大きな力をもっていたとはいいがたい。

新聞などの活字では、力道山プロレスが爆発的に広がることはなかっただろう。それはテレビというメディアの特性による効果であった。活字メディアと異なり、テレビはこのとき生放送であり、「同期」メディアとして、発信と受信の間に時間差が生じない。しかも、活字のようなリテラシーを必要としない映像をコンテンツとする。そのため、大衆が一斉に受容することが可能である。さらに付け加えるなら、街頭テレビという仕掛けは、家での家族や個人でテレビ視聴をする経験と大きなちがいをもつ。つまり街頭テレビで数千・数万の日本人が、日本人という集合性を一つの空間において具体化し、自らその一員として再確認する壮大な儀礼空間となっている。それは、飲食店や近所の家でのテレビ観戦である場合も、個人や家族という集合性より大きな集合性を構成しているということから、〝小さな街頭テレビ〟であった。

村松は最初のこの力道山の姿を以下のように記している。

力道山がリングに躍り込んでからは、わずか一分足らずの時間だった。大袈裟にいえば日本中の人々が、その光景のインパクトに陶然とし、力道山を神話の主人公として迎え入れようとする構えをつくった……それに要した時間は、信じられぬほどの短さだったのである。（中略）

中学一年生の私は、全身の血が逆流するような興奮を、電気屋の暗がりの中でじっと抑えながら、ブラウン管の青白い光を見つめていた。私が小学生であったなら、これほどの興奮をおぼえることもなく、無邪気にはしゃいでいるだけだったろう。もし高校生であったならば、いま少し冷静に画面をながめていたはずだ。中学一年生……このいかにも熱血のプロレス少年の世界にハマりやすい年齢で、一般的日本人の前に初めてお目見得したプロレスを、しかも電気屋の暗がりの中で見たことは、その後の私にも大きい影響を与えたにちがいなかった。

〔村松、二〇〇〇：一一―一二〕

「同期」メディアである街頭テレビは、わずか一分足らずで、力道山に「超越性」を与え、その「超越性」の受け手として日本全体を巻き込んでしまう。ベンヤミンは電子メディアにより芸術作品のアウラが「一回性」という体験の条件を無効化してしまったことを指摘した。写真や映画というメディアが複製技術であるがゆえに、「いま・ここ」という一回かぎりの場所における体験の〝質〟を奪い取ってしまったのである。ここに芸術の〝質〟が変化する〔ベンヤミン、一九六九〕。しかし、最初の力道山プロレスの体験は、あたかもアウラの体験のようである。遠藤薫はアウラをモノという位相から情報という位相において位置づけることによって再定義している。

アウラ的価値：その遭遇もしくは体験が、自己の存在論的問いを導くと同時に、それに何らかの解をあたえ、自己アイデンティティ（世界内存在としての自己確信）を根拠づける。

〔遠藤、二〇〇九b：六一〕

まず、このときの力道山は最初ということもあり、一回性をもち、テレビという「同期」的メディアの前に日本人全体が「その場一回かぎり」集っている。力道山なる「超越性」の体現者が、「いま・ここ」にあたかも現前しているという「一回性」によって日本人全体に受容される体験となっている。アウラの対象は唯一真性の存在であった。まさに力道山は、日本人にとっての唯一真性の存在と化していたのではなかったか。ここで重要なのは、「一回性」以上に、「自己の存在論的問いを導く」というアウラの本質である。これまで議論してきたように、戦後というコンテクストに限定されながらも、日本人なる存在が力道山という日本人の鏡像を媒介として、あるいはプロレスという「闘い」を媒介として、日本人がいかなるものなのであるのかがリング上で、あるいはテレビ画面上で上演されたのである。さらに、力道山がその一つの「解」として現れてもいる。存在論的には同一であっても、当時の日本社会の状況や世代という社会的変数が組み込まれることによって、解釈には差異が生じてしまうのである。さらに、テレビという大衆文化がもつ力学や「同期性」、そして街頭テレビに集う群衆に生じた臨場感は、この瞬間に力道山プロレスが同じ社会、つまり日本に生きる者たちが共有される世界であるという意味を構築してしまうのであった。ここに同じ世界に帰属している者たちの幸福感が生じる。解釈における差異を忘却させせながら。

また、この言説から二つの要素を導きだすことができる。村松は「大きい影響を与えたに違いなかった」と振り返り、将来の『私、プロレスの味方です――金曜午後八時の論理』(情報センター出版局、一九八〇年、のちにちくま文庫)というプロレス批評本の端緒をこの体験に見いだしながら、その理由として「初めてお目見得した」という新奇性をあげている点。そして、中学生という敏感な世代であるがゆえにプロレスにハマったとするプロレス熱と世代の関係に関する視点である。後者については、逆説的にプロレスに対する「熱血」や「ハマる」といった態度とは異なる者たちがいたことを示唆している。

そこで、村松は力道山を「導火線」としている。

その頃、日本人はまだ完全に敗戦のショックから立ち直っておらず、戦勝国たるアメリカに対するコンプレックスが、当時の人々の心の内でくすぶっていた。そんな日本人の鬱憤を晴らし、溜飲を下げ、壮快な気分にさせてくれたのが、力道山のカラテチョップだった。

また、子どもの心には、嘘のようなことを実現してくれる英雄として、力道山がいきなり棲みついた。力道山とともにシャープ兄弟とたたかった木村政彦に対して、子どもたちはそのような気持ちを抱かなかったのだから、ヒーローはやはり力道山だった。国技といわれる大相撲出身、東洋的神秘を感じさせるカラテチョップ、そしてガウンが似合う伊達男ぶりなどが、それまでのヒーロー像にくらべてあきらかに新鮮だった。大人たちのアメリカ観とは別に、子どもたちの中にはアメリカという存在に対する憧れがあったのだ。

〔『週刊昭和』三〇号：一四―一五〕

つまり、鬱積した日本人の「鬱憤を晴ら」すためにプロレスが「導火線」の役割を果たしたのと同時に、非現実的な出来事を起こしてしまう「英雄」がアメリカへの憧れとともに、多感な子どもたちの意識を構築する「導火線」となったのである。この「鬱憤を晴らす」という部分は力道山に関する常識論が立ち上がる瞬間でありながらも、この村松言説の後半部は力道山常識論に複雑な論理を組み込んでいる。つまり、アメリカに対するコンプレックスを解消することから、ナショナリズムを構築しようとするのではなく、力道山という日本人の身体に「アメリカという存在に対する憧れ」を組み込むことによって、ナショナリズムを構築しようとしているのである。

そして、もちろん力道山は現代に命脈を保つプロレスの「導火線」でもある。先に「小柄な木村」が日本人を見事に表象しているとしたが、このときの力道山はなにを表象していたのだろうか。それは木村がこれまでの日本人を表象していたのとは異なって、力道山は新しい未来を先駆ける日本人を想像的に表象していたのである。それゆえ、力道山は「スマート」に見えるのであり、「アメリカという存在」を組み込んでいるのである。ゆえに、「鬱憤を晴ら」すという力道山常識論に収まり切らない、日本人が未来への期待を力道山に発見、確認するような体験となっていたのである。おそらく、村松少年の「嘘のようなことを実現してくれる英雄」との実感は、未来への期待をテレビ画面を通して発見した未来の日本人像であったのである。もちろん、この未来への期待は「超越性」である。

井崎正敏は、メディア・リテラシーと公共性という問題意識から、テレビ放送開始時のプロレスの受容を「メディアの愚民コード」として以下のようにまとめてみせる。

> プロレスというアメリカのスポーツショーに敗戦国民のルサンチマンを流し込んだ戦後プロレスのコード設定のなかに、父親は見事にはまり込んでいたのである（もちろん私も）。（略）
>
> 「一家に一台」以前、すなわち近隣に一台の時代にはかくもナイーヴにメディアのコードが信じられていたのであった。いまでは信じられないが、ある時期までプロレスは一般紙のスポーツ欄に報道されていたのだから（力道山の空手チョップシーンが写真入りで『朝日新聞』に出ていたのだ）、新聞もぐるになっていたのか、八百長はあってもスポーツのうちと無理に捉えていたのか、当時の記者に聞いてみたいものである。
>
> 〔井崎、二〇〇六：二〇三〕

井崎は力道山プロレスが反米ナショナリズムというコードによって構成されており、視聴者の受容もまた同一コードであったと指摘する。この井崎の力道山に関する常識論的見解はメディア・リテラシーという観点からの光景である。メディア・リテラシーは支配的コードがもつ権力性に自覚的であるがゆえ、このような見解には一定の有効性がある。(8) しかし、この井崎の見方こそが「ナイーヴ」というものであろう。確かに敗戦を抱えた日本社会において反米ナショナリズムは支配的コードを構成してはいただろう。しかしながら、先に取り上げた川村が指摘するとおり、プロレスがもつ魅力や新奇性がその支配的コードとは異なる水準で受容されてもいたのである。それは、はかまや村松の言説からもうかがい知れる。村松からは「拝米」を日本に組み込んだナショナリズムを発見可能である。

実際、井崎自身が生活環境によるコードの変化を指摘している。この生活環境は階級や世代、ジェンダーなどさまざまな社会的主体性によって複雑な様相を呈するものである。テレビが日本社会に登場したのが実質的には力道山からであったとすれば、視聴者はメディアの力学やプロレスというジャンルをこれから学習するところなのである。そして、アメリカに対する想いは一様というわけではない。

また、先に取り上げたとおり、朝日新聞はプロレスという外来スポーツを競技スポーツとして紹介するのではなく、アメリカにおけるプロレスの社会的評価とともに、そのショーとしての魅力も喧伝《けんでん》していたのである。また、力道山がメディアに真剣勝負志向のプロレスを行うことを主張しており、正統メディアといっていい朝日新聞にとっても十分に報道価値があったことはまちがいない。朝日新聞の姿勢が明らかに変化するのは木村との巌流島の決戦以降である。

村松少年は超人的なイメージを喚起させるプロレス技の魅力や、力道山の「弾力ではちきれそうな肉体と映り、その黒タイツ姿に華やかさ」を感じ、シャープ兄弟というアメリカ人に引けを取らないカッコよさを感じている。

付け加えるなら、力道山の黒タイツはカッコよさと同時に「新奇性」という魅力を発していたはずである。(9)
こうして、これらさまざまな「超越性」が束となってアウラと化し、街頭テレビという感性的メディアの特性と「同期性」によって、力道山とプロレスが日本社会に突如出現したのである。

第七節　「声を発することもない」日本人

村松は「その後その人」なるインタビュー記事を引用している。そこにはアメリカナイズされた力道山の姿が紹介されている。力士の体形をプロレスラーのそれに見事なまでに改造したように、生活やその内面までもが変化しているかのようである。

記者を迎えた力道山は、「コールドパーマの頭髪、白線でエリをふちどった黒の半袖シャツ（ポロシャツ）にウス茶のギャバジンのズボン、赤いハデなクツ下など頭の先から足の先までオール・アメリカンスタイル」だったと書かれている。「変わったことですか？　何と言っても食事ですよ。毎日ステーキを三百匁は食いますね、そのほかチーズ、バターなど食って栄養をつけてます。主食は一日にパン二切れとメシを軽く二杯ぐらい、だから米がおかずに肉を食っているようなもんですよ」（略）

ともかく〝リキ〟のニックネームで呼ばれ、全米をうならせた彼であってみれば、「力道山は相当残したらしい」というウワサが飛び出すのも無理ないが、それをまた彼は否定もせずあからさまにこう説明する。「自動車が大好きになっちゃってキャデラック二台を持って帰り、一台は自分で使い、一台は長い間世話になっている新田社長に貸してあげました。洋服は十着だったかナ。いま建てている道場に数百万円かかるんで、なかなか楽じゃないんですよ」。だがすぐ裏を返すように「でもね、相撲とは段違い。悪いけどね」とニンマリ。

〔村松、二〇〇〇：四〇―四一〕

日本を占領したアメリカこそ、日本を超越する現実であり表象であった。しかし、日本人は敗戦を終戦と、英語で「occupied army（占領軍）」と表記しているものを、「進駐軍」と言い換え、アメリカの「超越性」を曖昧化していた。それは日本人がその本心を徹底的に探ろうとしない独特の心性から、自らを傷つけない身振りでもあったかもしれない。それ以上に、日本政府が国体を護持しようと、戦争を名誉ある終わりであると国民に印象づけようとした工夫を重ねたからでもあるだろう〔鶴見、一九八四：八―九〕。そこに、その「超越性」を消費主義的な豊かさの水準で身にまとった力道山がメディアに登場したのである。かつて、相撲時代にも力道山はアメリカ的な豊かさを身にまとってはいた。しかしながら、当時の力道山のアメリカ的な彩りの「超越性」は彼の周囲の者たちにしか受容されない程度でしかなかった。あるいは、先に触れたように周囲の者も明確に認識していなかったほどである。ここにきて、力道山がアメリカ的な「超越性」をまとっていることは、新聞雑誌などのメディアによって広く行き渡っていく。

しかし、あくまで活字メディアによる表象の広がりは限界がある。それゆえ、力道山のアメリカ性が後退した地点で、大衆はテレビを見ていたのである。

なにしろ、あの頃は一般的日本人のなかにアメリカ人に対するひけ目が、まだ尾をひいていた。戦後九年が経っていても、戦争でアメリカに負けたという劣等感に支配され、進駐軍への怯えにつつまれるという空気は、依然として生きていたのだ。日本人の酔っ払いが米兵に数寄屋橋から下の川に叩き込まれた……そういうたぐいの記事がいくつか出たりもした。そういう時代背景の中に、突如として出現した力道山という存在が、一夜にして英雄としての衣をまとってしまった。私は、その力道山を清水市の電気屋の暗がりで目撃した。そして同時に、おびただしい数の日本人が同じテレビ画面を、全国の電気屋や街頭テレビでながめ、

（力道山ならアメリカに勝てる……）

という気分に浸っていたのだった。私と同じ電気屋の暗がりの中で、口数少なくテレビ画面を見守っていた二人の老人もまた、その気分を抱きしめていたにちがいない。力道山がシャープ兄弟を打ちのめすたびに、二人の老人は声を発することもなく、ただうなずき合っていた。戦後の屈辱の時間の中で、二人の老人に向かって一条の光明がテレビ画面から放たれた。その光明の軌跡を読み取ったら、力道山という文字が見えた……二人の老人にとって、あれはそんな夜だったにちがいないのである。〔村松、二〇〇〇：三〕

テレビに映し出されたシャープ兄弟のやられっぷりは、日本人にとって、曖昧化していながらも厳然と存在するアメリカという「超越性」の地位を想像的に引きずりおろす表象であった。二人の老人もまた、〝本来〟の日本のあり方を力道山に見ていたのである。かつて実現するはずであった日本の勝利する姿が、いまリングのうえで、あるいはテレビ画面のなかで具体化しているのである。あたかも起きたまま夢を見ることができたのである。ましてや、起きていたのだから、そのリアリティが強烈であったことはまちがいない。ここに、力道山常識論を発見するのは容易い。しかしながら、本当に力道山常識論に回収可能な存在として「二人の老人」は「ただうなずき合っていた」のだろうか。

川村卓は力道山プロレスを分析する冒頭、戦時中、一九四五（昭和二〇）年四月に劇場公開された『桃太郎海の神兵』（松竹動画研究所）を紹介することから論をはじめている。敗戦濃厚なこの時期に戦意高揚を意図したこの映画において、神兵の桃太郎が鬼ヶ島に降下作戦を決行し、敵方に無条件降伏を迫り、その島国を解放するという内容は、大東亜共栄圏という当時の日本人の世界観を表現したものであった。川村は力道山の空手チョップに蹴散らされる外国人のやられっぷりが、映画のスクリーンのなかで逃げまどう白人兵の姿とオーバーラップすることを「デ・ジャブのような光景」と表現している（川村＝岡村編：二〇〇二）。

この「声を発することもなく、ただうなずき合っていた」二人の老人のエピソードは、鶴見俊輔が戦後裁判に対する日本人の心情を分析する素材とした武田泰淳の戯曲『ひかりごけ』（一九五四年）と重なる心情のように思われる。戯曲では、難破から生き残るために乗組員の肉を食べた船長が裁判にかけられ、裁判官から言い分を求められる。しかし、船長は「わたしは我慢しているんです、我慢しているんです」と低い声で述べ、黙っているだけである。鶴見はこの場面に「仏教に培われた、目標をもたぬ我慢の感情が流れている」と分析している（鶴見、一九八四：四一）。

つまり、戦争裁判に対する不信の念と、それを受容するしかない諦観こそが、日本人の戦争直後の心情であったというのである。注意したいのは、この場合の日本人とは権力や地位をもたない民衆である。村松が体験した二人の老人もまた無名の民衆であったろう。敗戦とアメリカによる占領という現実を受容せざるをえない二人は、「目標をもたぬ我慢の感情」のただなかにあり、力道山によって、この感情を静かに融解させていたのではないか。そして、この一九五四（昭和二九）年という地点から、過去に〝本来〟あるべきと信じていた「日本はアメリカに勝つ」という「回顧」を「力道山ならアメリカに勝てる……」という目の前のリングに投影したのである。おそらくは、このときの力道山は現実の日本の光景を映像化したのではない。現実に見える光景ではなく、そう見えねばならない／見えねばならなかった日本の光景が映像化されているのである。同時に、失われようとしている日本人の思いを力道山は演じきった。しかしながら、この二人の老人はいまだ我慢／諦観のただなかに滞留しており、未来を指向する「期待」へと一歩進むことができないと見なすこともできる。ただ、目に見える変化ではなく、なにがしかを納得し滞留しているときが、微妙に動き出そうという瞬間と見ることもできる。

より詳細に分析するなら、この「回顧」は二つの水準をもっている。つまり戦時中の「回顧」と占領下の「回顧」である。二人の老人は戦時中の理念を体現する象徴として力道山を画面のなかに見ていただけではない。同時に、占領下、日本人の前に突如上位の存在としてたち現れたアメリカ人に対して、我慢するしかない境遇を生きざるをえない日本人が想像的に現状を打破する姿を見たのである。当時の日本では、一部の占領軍の傍若無人な振る舞いを前に、我慢するしかない状況があったのである。あるいは日本人女性をアメリカ兵に奪われたという被害者意識があったのも事実であった。

当時の政府は国体を護持し、アメリカとの戦争を名誉あるものと大衆に印象づけようと意図していた。先に触れたように、日本の大衆向けの報道では終戦と表現することによって、敗戦という否定的意味を曖昧化し、占領を進駐と表現した。また、当初占領期間は明示されておらず、第二次世界大戦がかぎりなく続くような思いを抱いたように、占領と不景気がかぎりなく続くのではないかという感覚もあったはずである。

超越的なるものが顕現する場所としてメディアが重要な地位を占めるのが、現代社会のありようである。特にテレビというメディアはそのメディアの特性から、日本人全体を巻き込んでいく。特に、日本人の基盤が揺らぎ、その揺らぎを乗り越え新たな基盤を構築しなければならない時代に、力道山は日本人の誇りを取り戻すことを目標として、プロレスを〝輸入〟した。つまり、それは日本人という存在に、至上の価値をおく欲望に他ならなかった。と同時に、アメリカという強力な国家との関係性から、新たな日本人の基盤を構築することを必要とする。とすれば、新たな日本人の基盤の構成要素は日本とアメリカであった。力道山プロレスは、この二つの構成要素が象徴的な形でリング上で闘争している。なおかつ、プロレスが闘争の形式を有しているゆえ当然のことでもあるが、「強さ」「新奇性」、あるいはプロレス自体の魅力が重ね合わされている。よって、戦後の日本人は、リングの象徴的な闘争を核として、新しいテレビという聖なるメディアを通じてえられる、大衆的でありながらも、日本人にもっとも普遍的な価値観の上演を目撃したのである。

しかしながら、日本人の力道山受容が一様であったわけではない。テレビが瞬間的に力道山プロレスにアウラを顕現させたにもかかわらず、そのような受容からは逸脱する受容の仕方が、このはじめてのプロレス体験において生じていたのである。村松は以下のように振り返っている。

私は、そのとき自分の興奮と隣家の親戚の子のあいだに、かなりの落差があることに気づいた。そういえば、昨夜プロレスをテレビ観戦した席でも、ロープへ逃れようとする木村が、もう少しでロープをつかもうとした瞬間にぐいとリング中央へ引き戻されたりすると、暗がりの中の大人から失笑が起きていた。自分やあの老人たちとくらべて、かなり冷静に見ている目もあるらしい……私は、すべての人が自分と同じ興奮を、あの画面から受けているのではないことを、頭の中にインプットした。私の中に、プロレスを密かに楽しもうという感覚が生じたのは、そのときだったかもしれない。
〔村松、二〇〇〇：一九〕

正確にいえば、はじめてではなく、二度目のプロレス体験であったが、同じ社会状況において力道山プロレスの受容が一様であったわけではない。村松が振り返るように、日本初お目見得の時点で、熱中と冷静な受容という異なる水準があった。「大人からの失笑」には、あきらかに「虚」と親和する受容が組み込まれている。これは大衆と知識人という二分された人間像、あるいは世代という要因に対応した受容モードがあったことの証拠でもある。さらに先の「声を発さない」老人における受容も、老人という世代を変数とした独自の受容モードが存在していたとも考えられる。

一日目の純粋な興奮から一日経ち、二日目には一日目の受容を相対化する者がいた。どうして彼らが受容モードを変化させたのか、その要因を探り当てるのは困難ではある。しかし、事前の新聞報道でのプロレス論、つまり「偽装モード」「半偽装モード」でのプロレス理解が口コミで伝達されていたということを想像することもできるのではないだろうか。

第二章

「日本一」としての力道山伝説の諸相

第一節　真剣勝負というアングル

力道山の最初の興行「プロレスリング・ワールドチャンピオン・シリーズ」は大成功に終わり、日本列島にプロレス・ブームが巻き起こる。この流れに乗って、一九五四（昭和二九）年四月、山口利夫は大阪に全日本プロレスリング協会を設立し、清美川《きよみがわ》、吉村道明、長沢日一《ながさわかいち》（のちに秀幸と改名）が参加。五月には、木村政彦によって熊本に国際プロレス団が結成され、大坪清隆、立ノ海《たつうみ》らが参加。力道山の日本プロレスリング協会は遠藤幸吉と駿河海が所属し、プロレス団体が乱立する。八月四日には、太平洋タッグチャンピオンのハンス・シュナーベル、ルー・ニューマンを招いた「太平洋沿岸タッグ選手権シリーズ」が開幕、各地で熱闘が繰り広げられ、力道山・遠藤組が太平洋沿岸タッグ選手権を獲得する。また日本プロレスリング協会にはユヤフ・トルコ、金子武雄、田中米太郎《たなかよねたろう》など新たなレスラー陣が加わって充実し、他団体の地盤でも興行を成功させ、その勢力のちがいが浮きぼりになる。

このシリーズにおいて、シュナーベル、ニューマンはシャープ兄弟以上の悪役ぶりを見せる。巨大な体躯のアメリカ人が卑劣な攻撃を行い、それに我慢を重ね、我慢の限界で力道山の空手チョップが炸裂するという、いまから見れば〝お決まり〟の試合展開に、観衆は熱狂した。

先のシャープ兄弟との闘いで、力道山はアメリカ人を倒すことによって、「超越性」を獲得していったわけだが、このシリーズによって、その「超越性」を日本中に知らしめていく。しかも、敵のアメリカ人はシャープ兄弟以上に明確な悪を演じる。このパフォーマンスによって、よりわかりやすい否定的イメージをアメリカにまとわせることに成功する。この大衆化した表現方法が、力道山プロレスの典型的イメージとなっていった。

村松の叔父は毎日新聞に勤めるインテリであった。当時毎日新聞は日本プロレスを後援しており、その関係からチケットを入手したという。プロレスは〝輸入〟当初、だれもが真剣勝負であるなどと信じていたわけではなかったが、毎日新聞は後援している関係から、プロレスを好意的に取り上げていた。それと比して、朝日新聞の態度は、プロレスをスポーツであるか否かという観点から取り上げるなど、決して肯定的な扱いはしていない。村松の叔父のプロレスに対する態度は否定的なものであった。ここに大衆と知識人という二分された世界が見られる。

喜びいさんで試合を見に行った私と裏腹に、チケットをくれた叔父はプロレスには冷ややかだった。インテリたる叔父にとって、プロレスは〝ゲテモノ〟であり、スポーツを見るのと同じ素直な目を向ける気はないようだったのだ。〔村松、二〇〇〇：六五〕

一章で論じたように、力道山はプロレス〝輸入〟当初、プロレスのショー的な側面を語るだけではなく、八百長が存在することを新聞紙上でも認めている。しかし、プロレスが大きな人気を獲得したのち、八百長論を封じた態度に変化している。

このシリーズでは、日本組の敗戦に怒った観客が暴動騒ぎを起こすという事態が生じた。この暴動騒ぎを受けて、毎日新聞の投稿欄にプロレスに対する二つの批判的見解が寄せられた。一つは、ショーにすぎないプロレスに喧嘩騒ぎを起こした観客を「ショーの何たるをしらぬバカ者」と批判するものである。もう一つのほうは、ショーであるにしても限界があり、観客をバカにした結果を批判し、「肝心の時にはやはり勝敗をきちんと決めるように願ってやまない」（『毎日新聞』一九五四年八月一一日）と勝敗の重要性を指摘するものである。

前者の見解から見いだすことができるプロレス受容モードは、投書者においては「偽モード」であり、批判される観客はそれを理解しない「真剣モード」である。後者では、投書者の受容モードは明確に位置づけしがたいが、プロレスのあり方として、少なくとも「半真剣モード」である必要があると考えている。この二つの投書から推測されるプロレス受容は、まずプロレスを八百長あるいはショーと位置づける理解とプロレスが勝敗を重視するもの、あるいは重視する必要のあるものと位置づける理解に分化していることである。

このようなプロレス八百長論議がもちあがるなか、木村政彦から力道山に対してあるコメントが発せられた。

対シャープ戦で、損な役回りは、いつも自分だったが、ショーでない実力の真剣勝負なら絶対に力道山に負けない。（田鶴浜、一九八四：四三）

このように新聞紙上を通じて、木村から力道山に挑戦状が叩き付けられたというのがプロレス史上の〝正史〟となっている。日本国民の注目を浴びた対シャープ兄弟戦は「ゼスチャーの多いショー」にすぎず、ショーではない真剣勝負のプロレスで雌雄を決したいとの趣旨の木村のコメントは一九五四年一一月一日付けの朝日新聞に載せられているとされるが、岡村はこの記事を確認できないという（岡村、二〇〇八：五四）。なお、筆者も確認できていない[1]。ただ、この木村発言を受けて、一一月四日の毎日新聞紙上で、力道山は挑戦に応じるとの構えを見せ、日本選手権にしたい旨を伝えている。

実はこのような新聞紙上を通じた二人の舌戦は、あらかじめ両者の相談によって段取りが決められていた可能性が高い。このようなプロレスにおけるやらせをプロレス業界内でアングル[2]という。木村は当時を振り返って、以下のように語っている。

それは二人で事前に、いっぺんやってみようか、そして金もうけしようじゃないか、という話を交わしたことがあります。いつごろやるか、だいたいの月日と、段取りを決めての話なんです。これはお互いに公表しないで、やるときにはパッと新聞にだそうじゃないか、という相談づくでやったことなんですね。

〔『Ｎｕｍｂｅｒ』七〇号：二八〕

おそらくは力道山主導で作られたアングルであったと思われる。ここで着目したいのは、プロレスの根幹に関わり、興行に大きな影響を与える八百長論議までも、興味を引くための強力な味付けになっていることである。「真剣勝負か八百長か」という問題に対して、日本に〝輸入〟された当初から、プロレスというジャンルは自己言及的に組み込んでいくのである。と同時に、プロレスにとって真剣勝負は「超越性」として対峙する地位を宿してもいる。

現在からすれば、力道山の威光の大きさゆえ、大抵の日本人が力道山に肩入れしたかのような印象が残っている。しかし、この一戦は「柔道か相撲か」と日本人を二分させる。特に日本古来の伝統武術を継承する柔道がもつ「強さ」は、日本人の精神に対して訴求力をもっており、実際は木村に肩入れする者の方が多かった。特にプロレスを八百長と見なす「偽装モード」「半偽装モード」からすれば、木村寄りとなるのは必然でもある。すでにインテリ層のなかには、プロレスを〝非スポーツ〟と見なし、アレルギー反応を示す者も生じていた。それゆえ、真剣勝負を喧伝するこの一戦に対して、プロレスの象徴である力道山に対して肩入れしがたい〝空気〟が生じていた〔村松、二〇〇〇：七五〕。当然、力道山も木村もプロレスラーであるのだが、社会的には木村は柔道家であり、力道山がプロレスを代表する人物として位置づけられているのである。

ところで、実は戦後初のプロレス興行は一九五三年七月一八日、大阪府立体育会館での相撲出身の清美川と柔道出身の山口利夫の対決であった。結果は山口のフォール勝ちである。このとき、ポスターには「相撲が勝つか、柔道が勝つか」というコピーが使用されていた。日本のプロレスの創始者はプロレス〝正史〟では力道山とされることから、この事実はプロレスファンのなかでもあまり知られていない。ここは筆者の想像にすぎないが、力道山は木村との一戦を企画するとき、山口と清見川の一戦を参考にしたのではないだろうか。なぜなら、「柔道か相撲か」というアングルは、日本人にとってもっとも興味をそそられる対立図式であり、この大阪の興行は成功していたからでもある〔『Gスピリッツ』一五号：六〇―六二〕。

と同時に言及しておきたいのは、木村のプロレスに対する認識の軽さである。木村はインタビューで、勝敗の約束に関して以下のような発言をしている。

そう、最初は引き分け。次はジャンケンポンで勝った方が勝つ。その次は反対、またその次は引き分けにもっていく、というようなことを継続して、日本国中を回ろうじゃないか、という口約束だったんですね。〔『Ｎｕｍｂｅｒ』七〇号：一八〕

日本を二分し、今後のプロレスラーとしての地位を決定しかねない一戦の勝敗を「ジャンケンポン」で決めてよしとするその意識は、プロレスというジャンルが日本で大きなビジネスになること、あるいはプロレスラーとして、格闘家としての社会的評価を決定してしまう局面になることを十分に理解していないことの証左である。木村自身も言及するように、プロレスにおける勝敗はプロモーターにその決定権があるとはいえ、大衆に対して大きな訴求力をもつプロレスというジャンルの特性を考慮すれば、その勝敗は大きな意味をもつ。[3]

筆者は木村政彦が柔道家として、格闘家として類いまれな実力を有していたことを認めるものである。しかしながら、この一戦が真剣勝負をアングルとして組み込み、日本人に真剣勝負として受容されるとすれば、木村のそれは安易な認識としかいえず、力道山にこのような意識の間隙を突かれるというのは、わかりやすい構図でもある。プロレスは、ダブルクロス（裏切り）[4]を巧妙に組み込んだサバイバルゲームという様相を有してもいるのである。

両者の一戦が直前に迫るころ、『週刊読売』（一九五四年一二月一九日号）が「真剣勝負か否か」という観点からその真相に迫ろうとの記事を載せている。力道山と木村両者のプロレス歴を紹介し、木村がシャープ兄弟戦で脇役に回ったことを本意ではないとし、そして真剣勝負に対する自信から、名古屋での興行で力道山と言い争いとなり、両者に遺恨が生じたと紹介している。このような言い争いが事実かどうかは他資料では発見できず、事実と確定できるのかは疑問が残る。真剣勝負に対する自信というのは、柔道での実績である。そして、ブラジルでのグラッシとの真剣勝負からの評価であり、木村は「木村ロック」と賞賛されることになる腕がらみで勝利している。ちなみにグラッシとは、グレイシー柔術の始祖エリオ・グレイシーのことである。記事では、さらに山口が勝者への挑戦を表明し、日本選手権へとつながっていくと紹介しつつ、これら一連のもめごとや真剣勝負と謳うことが「巧みな宣伝」になったと分析を施している。

そのうえで、「プロ・レスのテを全部用いてよいことにするまったくの真剣勝負」（「真剣モード」）、「危険なテを封じた上での真剣勝負」（「真剣モード」）、「純然たるショー」（偽装モード）それぞれの可能性があるにしても、熊本で孤立している木村の状況から、木村に相当の報酬を与えたうえで、「純然たるショー、力道の勝」が有力説であると結論づけている。

握手する力道山と木村〔門、1985〕

また、この記事ではプロレスが古代ギリシャのパンクラチオンを「祖先」としており、現在のプロレスで真剣勝負が行われた場合の危険に言及しつつ、真剣勝負であれば、全日本柔道選手権者である木村優位は動かないとの論調が含まれている。ちなみに、「危険なテを封じた上での真剣勝負」とは近代スポーツにおける競技概念[5]に非常に近い位置にある。

その後、『週刊読売』（一九五四年一二月二六日号）に力道山からの抗議が紹介される。趣旨としては、真剣勝負であったとしても木村には負けるとは思わないこと、「純然たるショー、力道の勝」という有力説に対して不本意であるとの主張であった。編集部はこの力道山の主張を掲載するも、この主張に対する見解を述べることはなかった。『週刊読売』はプロレスを「偽装モード」として位置づけていく。さらに、それに対峙するのは「真剣モード」であり、プロレスの理解は両モードによる二元論で構成されている。このような二元論的理解が『週刊読売』以下、一般誌紙を中心とした活字メディアの理解になっていく。

力道山と木村政彦の〝巌流島の決闘〟の調印式が大船にある松竹撮影所の会議室で行われる。村松はこのときの様子を次のように振り返っている。

> 力道山が愛用のキャデラックで乗り込んだのに対し、木村政彦は東京から湘南電車で大船へ、というのがいかにも両者のコントラストを示している。さらに、派手なポロシャツにチェックの上衣という力道山と、ネクタイを締めた地味な背広姿という木村政彦の姿も、二人が放つ色合いの相違を際立てている。

〔村松、二〇〇〇、七〇〕

「二人が放つ色合いの相違」とは、スターとして絶大な人気と経済力を一躍獲得した力道山と、引き立て役に回り損な役柄を演じ、傍目から見れば〝都落ち〟のように、故郷熊本で国際プロレス団の興行を主催する木村との間に敷かれてしまった名声や地位の差である。

しかし、それだけではない。ここで村松が読み取ったのは、「キャデラック」や「派手なポロシャツ」に代表されるアメリカ的な豊かさの表象と、いまだ「高度成長」する前の日本人の表象との「相違」でもある。木村の地味な姿は、街頭テレビの前の「黒山の人だかり」を構成するサラリーマンの姿となんら代わり映えしないのである。その姿はアメリカ的な豊かさを志向する直前の、つまりは戦後の混乱のなかで耐え忍ぶ日本人の姿のようである。この試合に関しては木村サイドに肩入れした報道がなされたが、その理由の一つとして推測できるのは、朝日新聞などの正統メディアは残存する柔道の神話とアメリカ的なものを否定する心理が重層したからではなかったろうか。

第二節　「巌流島の決闘」と暴力論

力道山と木村の一戦は「プロレス巌流島の決闘」と喧伝され、日本選手権を制定するために「日本プロ・レスリング・コミッション」が設立される。試合前日には、政界の実力者である酒井忠正が初代コミッショナーに決まる。ちなみに酒井は大相撲横綱審議委員会初代委員長であった。一九五四年一二月二二日、超満員の蔵前国技館に一万三千人を越える観客を集め、ついに両者の対戦は実現する。六一分三本勝負で行われた一戦は、一本目を張り手の連打と顔面への蹴りで木村がKOされ、力道山が一五分四九秒に先取、二本目は木村の戦意喪失でドクター・ストップ、力道山は初代日本選手権者となる。

日本選手権試合　一九五四年一二月二二日（水）東京・蔵前国技館
六一分三本勝負
力道山　2―0　木村政彦
（空手打、打倒によるドクターストップ　一五分四九秒）（観衆一万三千人）

村松はリングにあがった木村政彦に「ちょいとばかり興を殺がれた」という。「木村の前に木村なし、木村の後に木村なし」、「柔道の鬼」などとアナウンサーが盛り上げるのに反して、「場慣れした感じがただよい」、「光り輝く感じ」をもつことができなかったという。さらに、木村がなにを羽織って入場したか記憶に残っていないという。つまり、非常に希薄な存在感でしかなかったのである。

一方、力道山はどうだったのだろうか。

駆け足気味に登場してきた力道山に、中学生の私は目をみはった。黒っぽい丈長のガウンを羽織り、タオルを首の当たりにあしらったその姿には、これまで一度も目にしたことのない日本人のかっこよさがあったのだ。髪はオールバック、やる気をあらわしながらの笑みは、木村の場慣れした感じとは違い、これから凄いことが始まるんだぜ……という観客に対する構えが、肉体の内側からこぼれ出ているような表情だった。

〔村松、二〇〇〇：九〕

シャープ兄弟戦でも、木村が先発したにもかかわらず、村松は力道山の雄姿、特にはじめて見る黒タイツのコスチュームに目を奪われた。村松少年にとって、木村は「光り輝く感じ」はなく、力道山には「光り輝く感じ」があったということだが、「超越性」の内実をうまく表現できないにしても、力道山にはなにがしか人々を魅了する「超越性」を体現する存在として受容されていたことになる。それゆえ、村松少年は「これまで一度も目にしたことのない日本人のかっこよさ」「これから凄いことが始まるんだぜ」と期待するのである。このとき、力道山の身体とは期待のメディアである。

試合は非常に穏やかな展開であったが、木村が繰り出した蹴りが力道山の股間に触れたところから一変する。一瞬間が空き、力道山が右ストレートを繰り出し、木村をそのままロープ際に追いつめながら張り手を繰り出す。木村は難を逃れようと胴タックルから脚を取りにいくが、そこでロープ・ブレイク。力道山は即座に突きといってもいいような張り手と前蹴りを繰り出し、両手を開いてなにごとかをアピール、木村がダウンしたところでフロント・ネックロック、決まらないとみると、顔面への蹴りを繰り出し、距離を測りながら木村をリング中央に引きずり、木村の頭部を抑えながら再度顔面に蹴りと張り手を見舞う。木村が後方に引くとレフリーが顔面をチェック、試合続行を促す。力道山が張り手を左・右・左と三連発したところで、木村は前のめりにダウン。レフリーはテン・カウントを数え、力道山の手が上げられた。

この壮絶な試合は新聞紙上で議論を呼ぶことになる。翌日の毎日新聞に力道山と木村両者のコメントが載せられているのだが、このコメントから、三つの問題点が指摘されている。一つはリング上で木村が「引き分けでいこう」と言ったこと。二つ目は、木村の急所蹴りが危険なファイトを誘発したこと。三つ目は、力道山に反則行為があったのかということである。両者の言い分は食いちがっているが、レフリーのハロルド登喜は「引き分けでいこう」との発言は聞いていない、木村の急所蹴りと力道山のゲンコツでの攻撃だけが反則で、他はフェアな攻撃であったという主張であった。なお、木村は「引き分けでいこう」という発言を完全否定している。

問題となった金的攻撃 (http://www.youtube.com/watch?v=wtwqmU2eV6M)

木村のタックルを抑える力道山〔『Number』70号〕

二四日になると、朝日新聞が早大講師の大西鉄之祐《おおにしてつのすけ》の批評を載せている。この批評からは、朝日新聞、あるいは早大講師によって表象される知識人層の受容がいかなるものかを読み取ることができる。大西はプロレスという新興のショーがどのような雰囲気で行われるのかに関心があり「見守った」という。つまり、大西は「相撲か柔道か」といった日本の伝統的武術の優劣や、どちらが強いのかといった勝敗に関心をもっていないのである。それはプロレスを鳥瞰した位置から「見守る」ことができる地位を獲得した者の必然的論理でもある。つまり、プロレスは「偽装モード」と看破されている。そのうえで、彼は力道山と木村の一戦を「野獣の闘争」として、いまだ「社会的価値を有するものとはなり得ない」と評価する。

それは既にショウでもなく、スポーツでもなく、血にうえた野獣の本能そのものであった。力道の目は後退を許されない戦場の兵士の目であり、名誉と金銭というかこいで隔絶された闘犬のまなこであった。試合は一瞬にして決まった。リングの上には戦闘直後の殺したものと殺されたものだけが味わうせいさんな空虚がただよった。

〔朝日新聞、一九五四年一二月二四日〕

プロレスはショーであるからショーマンシップがその根底になければならない。それにも関わらず、「野獣の闘争」に結実した。このような暴力性に対して、大西は「権力が絶対権力から解放された近代社会下に再びくりかえされ」たとして批判する。確かに近代社会は暴力を排除することを是とする社会である。その意味で、大西の見解は近代社会や理性を根拠とする社会観からすれば、当然の見解である。しかしながら、近代社会は暴力を排除することにより、暴力に魅了される社会でもある。

メディアのなかに暴力が組み込まれる状況を見るのは、通常安逸のなかである。メディアは見る者を出来事から遠く安全な場所に保ってくれる。そのような安逸の機能をメディアは果たしている。特に現在のテレビはそのような機能を果たしており、スペクタクルを消費する都合のよいメディアとされてもいる。しかし、この時点で、テレビは家族団欒のなかや個室で見るほどの日常性を獲得していないメディアでもある。

さらに、力道山と木村の試合は日本中を巻き込む大きなイベントである。現在のようにテレビが日常化した時代にあっても、サッカーのワールドカップのような大きなイベントはわれわれを非日常的感覚に巻き込む。そのようなとき、テレビは非日常を媒介する文化装置になる。しかしながら、二〇〇一年の九・一一アメリカ同時多発テロ事件のように、メディアのなかの暴力はわれわれが安逸である状況を揺さぶることがありうる。

のちに議論するが、この試合はテレビ放送されてはいないが、プロレスは当時もっとも人気を獲得していたテレビ番組である。プロレスが剥き出しの「野獣の闘争」であるとすれば、テレビにとって不都合なコンテンツになってしまう。

岡村はこの試合を「見てはいけないものを見てしまった」と表現するのだが、実は二つの水準で「見てはいけないもの」だったのである。一つは、プロレスというジャンルの根幹に関わることである。つまり、プロレスというスポーツが「野獣の闘争」となってしまう性格をもつこと。プロレス的な表現をすれば、試合がシュートに変じてしまったことである。シュートとは、事前の打ち合わせや暗黙の了解が破られて真剣勝負や喧嘩状態になってしまうことである。そうすると、通常、観客の見ている試合が「野獣の闘争」とならないのは、そこに人為的な制限が組み込まれていると、逆説的に発見されてしまうことになる。このような認識に立てば、プロレスは『偽装モード」か「半偽装モード」として人々に広まってしまう。もう一方は、暴力という近代社会で忌避される現象を「見てしまった」という問題である。街の片隅で喧嘩はあったろう。しかし、衆人環視のなかでの暴力は公的に受容しがたい。

ここで、近代社会における暴力の位置づけを確認することによって、力道山と木村の「巌流島の決闘」が「野獣の闘争」の暴力として結実するものなのか議論することにしよう。

よく知られるように、エリアスは文明化を人間の感情や行動の自己規制が強化、あるいは細分化されていくプロセスとして捉え、国家によって物理的暴力が独占化あるいは集権化されることであると指摘した。社会は複数の生きた個人が絶えずコミュニケーションを繰り返し、フィギュア（figulation）を形成していく。そこで人々の相互依存的な関係性を維持するために必要なのが、安定した暴力独占をもつ社会なのである。それゆえ、文明化の過程は他者の身体を侵害してはならぬとのメタ・メッセージをもつことになる。つまり、日常生活における暴力への否定的感情の強化が生じる。これが近代社会を暴力という側面から捉えた姿である。

エリアスは近代社会と比較するために、古代ギリシャの暴力観を取り上げている。アテナイのような古代都市において、身体的暴力に対する制度的な独占や、個人に対する制御はほとんど進んではいなかったし、巷に暴力は溢れていた。それゆえ、当時の祭司競技の観戦者は暴力に反発を感じなかった。その典型が、プラトンが「不完全なボクシングと不完全なレスリングを合わせた」と評した、古代オリンピアの格闘技であるパンクラチオンである。先に『週刊読売』が力道山と木村の戦前予想をしていたときに取り上げていた競技でもある。時間無制限で噛みつきと目を抉ること以外あらゆる攻撃が許された競技で、ときとして死人もでた。パンクラチオンで対戦相手を殺したとしても、社会的制裁は特にない。

これに対して、現代のスポーツは、競技者に重傷を負わせるような暴力行為をできるだけ排除しようとの意図からルール整備が行われる。プロレスの祖先がパンクラチオンであるという『週刊読売』の見解は、プロレスが近代スポーツではないとの選別を無意識的に行っていたのかもしれない。

このような暴力をルールによって排除することを「スポーツ化」という。例えば「スポーツ化」される前のフットボールは、きわめて暴力的で、本物の喧嘩のような行為が組み込まれていた。民衆はボールをゴールに運ぶために、それを阻止しようという敵対者に当たり前のように暴力を加えていた。フットボールが「スポーツ化」されるのは、英国の一九世紀を通じたパブリック・スクールでの「紳士」教育を待たなければならない。このような歴史的プロセスを概観すると、一九世紀以前のフットボールは「スポーツではないもの」だったのである。

しかしながら、近代スポーツが暴力を排除できたわけではない。そもそもスポーツは競争的であり、その行為には必然的に暴力性を喚起するものがある。われわれはルールで許容されている行為が暴力的であるにもかかわらず、暴力ではないと位置づけているのである。それゆえ、エリアスは近代スポーツの暴力性を「暗い領域」としたのである〔エリアス、一九七七〕。

このようなエリアスの文明化の過程論を参考にすれば、明らかに「野獣の闘争」は暴力性を露にした近代社会における「暗い領域」である。特にボクシングなどの闘争的スポーツは、近代社会における暴力が是認される「飛び地」であり、否定的感情を抱かれやすいジャンルである。

しかしながら、スポーツにおける暴力が、「現実の暴力」であると見なされたことは実際にはない。つまり、スポーツと「現実」はわれわれが生きる異なる領域であるとの共通認識が成立しており、仮に試合中のルール違反によって選手生命が絶たれたとしても、試合の一部として容認してきたのである。さらに、観衆はプロレスにかぎらず、「現実」において犯罪行為となることに対して、スポーツのなかでは悦びとして受容する。例えば、プロ野球の乱闘シーンのように。スポーツは近代社会における「逸脱の場所」なのである(6)〔根上、一九八七：一五三―一七〇〕。

よって、スポーツのなかの暴力は「現実」世界とは異なる論理、観戦者受容における悦び、「興奮なき社会における興奮(7)」から「聖化」される。このような局面は、スポーツにおける暴力の効用として、カタルシスが生じることを肯定する。ただ、カタルシスという概念では、孤立し脆弱になってしまった現代人にとって、個人の夢や希望を代理的に実現してくれる代償行為という意味に偏ってしまうかもしれない。このような大衆蔑視につながる見解には限界があると思われる。例えば、力道山プロレスが、戦後日本社会に充満する抑圧に対するカタルシスであるという意見は一面的であろう。とにかく、近代において、暴力は社会のなかで禁止されている。しかし、スポーツはその禁止を侵犯する社会的装置なのである。

このように暴力の社会学的位置づけを概観してくると、力道山対木村における暴力もまた、社会の外部であるスポーツあるいは興行世界という「逸脱の場所」「飛び地」での出来事である。しかも、日本中が注目をする特別な出来事性をもっていた。敗戦から高度経済成長へと転じるまさに前夜であり、古い世界から新しい世界へと移行する期待と、いまだ過去を引きずる者たちの忍従が錯綜している。それは柔道からプロレスという格闘技の流れ、木村政彦の地味な風情から力道山のアメリカ的な豊かさという時代の流れと交錯する。もちろん、両者のプロレスに対する姿勢のちがいとともに、プロレスに対する理解が始まったばかりでもあった。また、なんといってもテレビというメディアが人々の共同性を新たな形式に変容させようという過渡期であった。これらの変化は、彼らの試合があたかも社会の外部において行われていたかのような意識を構築していくのに十分な条件ではなかったか。それゆえ、「現実」とは異なる「逸脱の場所」に異質な暴力が存在していたのである。

朝日新聞の批判的な言説は、「逸脱の場所」であることを認識し損なっているのである。それゆえに「野獣の闘争」なる表現になったのである。特に近代スポーツが構造的にメディア化され、商業主義化が進んだ現在とちがって、一九五四年当時ではスポーツの暴力性を肯定化する言説自体は前景化されてはいなかった。現在であれば、メディアのなかの暴力は容認されるだけではなく、先述のプロ野球の乱闘のように望まれさえする。ときに暴力の主体が、逸脱した役割の成功からヒーロー視されもする。のちにさまざまなメディア言説を考察していくことになるが、当時のメディアは「巌流島の決闘」を語りうる十分な言説のストックをもっていなかったのである。異質な暴力を顕現させるプロレスを語る言説は、この時点では構築すらされていなかった。

さらにもう一点加えておくことがある。メディアが語るべき言説資源をもたないにしても、「野獣の闘争」なる否定的な表現へとなぜ収斂してしまったのかという問題が残る。これもまた、近代社会における暴力の位置づけによる。近代社会では、社会が安定したあと、暴力は不要になるだけではなく、社会を脅かすものである。先に議論してきたとおり、そもそも暴力こそが社会の安定の根拠なのである。それゆえ、根拠は完全に排除できないが、抑圧されるのである。(8) つまり、この抑圧を言説化したものが「野獣の闘争」との表現なのである。

しかし、だれもが「野獣の闘争」として否定的感情を抱いたわけではない。大衆は勝者力道山を英雄として受容していく。それは戦後日本社会に突如現れた特殊な儀礼空間に現れたのである。この儀礼空間は善悪の判断、既存の価値観とそれに反する価値観、これらが混淆したコミュニタスな状況を作り出す。特にプロレスという新しい文化は社会のなかで、あるいは大衆のなかでの位置づけがいまだ不十分な領域として存在している。それゆえ、よりコミュニタスな状況を生成しやすかったのである。伝統社会において、祝祭のなかで暴力は露にされることによって、社会的にコントロールされた。〝輸入〟直後のプロレスはあたかも伝統社会の祝祭の役割を果たしてしまったのではないだろうか。このような祝祭空間の成立は、テレビなどの電子メディアが新しい部族社会をもたらすというマクルーハン〔一九八七〕の議論を思い出させるものである。それゆえ、大衆は祝祭空間のなかで乱反射する諸価値から、肯定的な価値観を力道山に反射させていたのである。村松の「光り輝く感じ」という受容は、このようなコンテクストにあったわけだ。

第三節　真剣勝負の多様性

のちに日本プロレスのコミッションの事務局長を務めた門茂男《かどしげお》は、「巌流島の決闘」当時、内外タイムスの記者であった。内外タイムスは朝日・毎日・読売の三大紙に対し、観光・毎夕と並ぶ裏三紙と呼ばれる夕刊紙であった。門によれば、「決闘」を直前にして、編集局内が格闘技ファン以上に熱くなったと振り返っている。特に門自身は柔道経験者であり、神格化されていた木村の勝利を信じていた。また、格闘技関係者は木村に対して心情的にも加担する者が多かった（門：一九八五）。

門の記述によれば、木村は朝日新聞記者に心情を伝えている。その心情を要約すると、勝敗が事前に決まっているプロレスで負け役をやったことを気にするのは大人げないことだが、木村自身を信奉する者の手前、負け役専門のままでいるわけにはいかない。そこで、力道山と真剣勝負を行い、真の強者を決めたいと。木村の「大人げない」との発言はそのままプロレスに対する意識を示している。

門は一九五四年一二月二日、力道山に初取材を行っているが、木村のプロレスに対する意識を力道山も認識していたように思われる。この取材のなかで、力道山は木村を「あんなプロレスのしきたりをまるで知らず、また自分たちのオマンマの糧にしているプロレスのことを頭から小馬鹿にしている」と批判している。あくまでシャープ兄弟戦で起用したのは、彼の知名度を利用した集客作戦であり、力道山にとって「臨時雇いのレスラー」でしかないとの評価でもあった。また、自ら真剣勝負を宣言しながら、「彼はプロレスの世界を甘く見ているから、自分の下車駅がすぐ目の前にきているのも知らずに、大口叩いて、大酒を呑んでいる……」という状況認識を示していた。[9] これらの言説から汲み取れる木村のプロレスに対する意識は「偽装モード」である。それゆえ、プロレスを柔道、あるいは木村が考える真剣勝負の下位に位置するジャンルとして認識しているのである。木村からすれば、プロレスは「超越性」を見いだせないジャンルであった。そもそも木村にとってプロレスへの転向は不本意なものでしかなかった。

この門との取材のなかで、力道山は「真剣勝負の内容はどの程度なんだ」「真剣勝負にもやり方がいくつもあるのだが、当たり前じゃあないか」と真剣勝負に多様な側面があると発言している。門自身は「真剣勝負の内容に段階があるみたいに聞こえるが」と戸惑いを感じているようである。そのうえで、木村が真剣勝負を望んでくるのか力道山は疑問を投げかけてもいる。力道山は真剣勝負の多様な側面を、だれもいないところでの決闘、プロフェッショナルとして観客から高い木戸銭をもらってやる真剣勝負などの例をあげつつ説明を施している。また、観客を集めて行う真剣勝負が、観客の満足につながらない可能性に言及してもいる（門、一九八五：六―四五）。

力道山の真剣勝負観を示すエピソードがある。のちに噛み付きで老人ショック死事件を起こしたとされるフレッド・ブラッシーは、試合中、血まみれになった力道山が「これから五分間セメントでいこうか」とにやりと笑ったと回顧している。また、力道山は「プロレスか！　つまるところは強いやつが勝つ。いや、勝たねばならん稼業なのだ。一口で言えば、プロレスは真剣勝負とショーマンシップの谷間に咲く血の色をした花だよ」と考えていた（門、一九八七：二七〇）。ただ、このような「半真剣モード」的な言説自体がプロレス的トール・テールではないかとの疑問も生じる。その場合、当然「偽装モード」「半偽装モード」からプロレスを観察していることになる。

先の木村戦に関する真剣勝負論、そしてこれらのエピソードからすれば、力道山はプロレスに真剣勝負がなんらかの形で組み込まれたり、影響を与えるジャンルであると考えている。木村が「偽装モード」として認識していたプロレスは、力道山にとって純粋な「真剣モード」ではないとしても、プロレスは真剣勝負の多様な様相と影響関係をもつ「半真剣モード」や「半偽装モード」としての位置づけを有するジャンルである。力道山が人生を賭けた職業であるという強い意識を有していたこととあわせるなら、力道山にとってのプロレスには、必然的に「超越性」が組み込まれていたと考えられる。

そして、同時に力道山はプロレスが「偽装モード」と受容されることを非常に恐れていた。一二月二四日、内外タイムスは木村が力道山に渡した八百長試合の確約書を力道山自身の手によって暴露するという形式で記事を載せる。この記事は門の取材によって構成されたものだが、実力日本一決定戦が実は八百長崩れであったとの記事が出た場合、そもそも胡散臭い目で見られているプロレスが、すべて八百長と見なされ、その認識が日本国中に広まってしまう。力道山はこのような事態を恐れていた。のちに力道山は毎日新聞に木村戦に関するコメントを載せ、「反則をやり、八百長を申し入れたのは木村で、私ではない」、「プロレスは見せるショウでありながらも、結局は実力で勝負が決まるものだ」と自身の正当性と、「偽装モード」を否定し、プロレスのイメージを守ろうとした。

この確約書に関する両者のやり取りを整理しておこう。

そもそも試合翌日の毎日新聞（一九五四年一二月二三日）では、木村がリング上で「引き分けでいこう」と言ったと力道山が述べている。しかし、木村はスポーツマンシップに反するとその発言を否定している。つまり、木村は当初八百長を否定していたのである。ただ、木村は力道山の一方的な反則により試合が壊れたので、再戦を申し入れる旨の発言をしていた。

翌二四日、内外タイムスが力道山の取材をもとに両者の対戦が八百長であったとセンセーショナルな記事を載

木村が書いた確約書〔門、1985〕

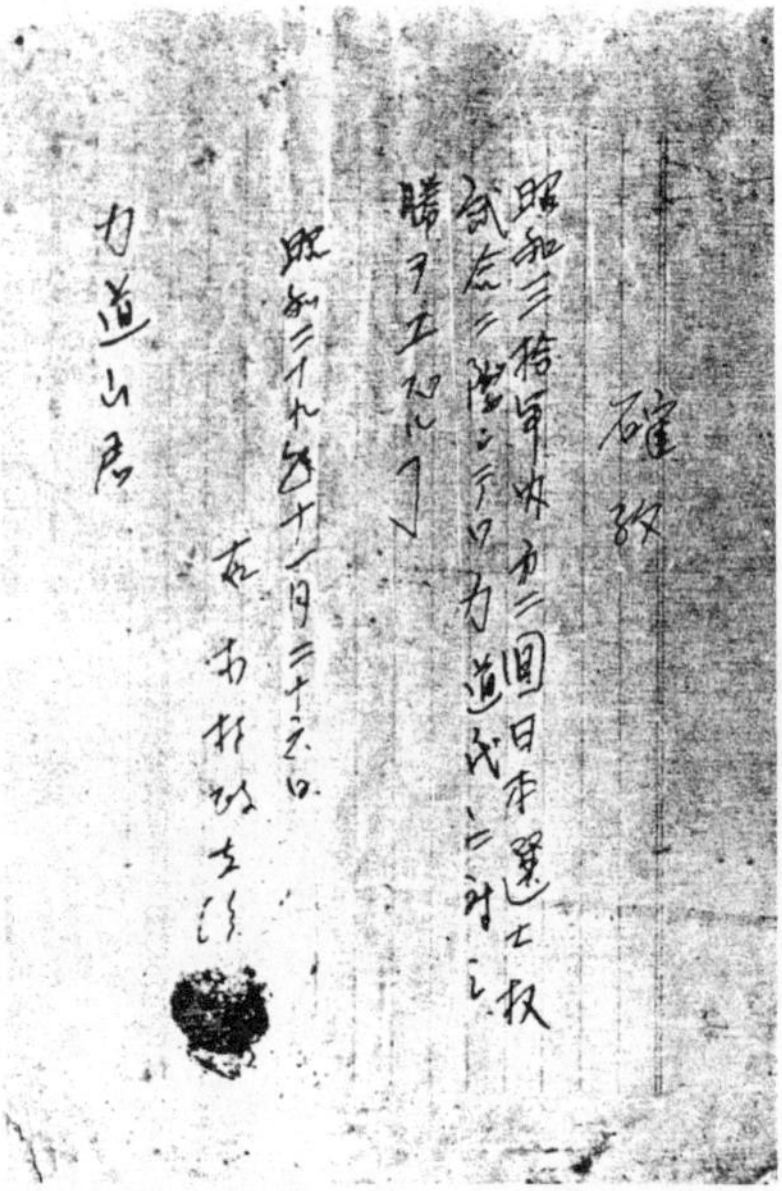

せ、木村が力道山に八百長を申し入れた証拠として確約書の文面が暴露される。門は力道山に取材する前に木村にも取材しており、「八百長崩れであった」との言質《げんち》をえていた。そのことを力道山にぶつけたところで、出てきたのが確約書であった。

内容としては、両者の最初の対戦は一本目は力道山、二本目は木村が取り、三本目は時間切れで引き分け。二回目の対戦では力道山が勝利。木村の拇印が押されているという代物であった。門の『力道山の真実』（角川文庫、一九八五年）では、木村から八百長の申し込みがあり、木村が確約書を制作、力道山は確約書を受け取るもサインあるいは拇印せず、曖昧な態度を見せた。力道山側からの確約書は制作されなかったことになる。しかしながら、木村はこの確約が有効であると信じ込んでいたようであるが、力道山自身は確約を拒否したと両者の認識にズレが生み出されている。それは試合中に「引き分けでいこう」と木村がささやいたとき、力道山は「ノー」と返答したことで、力道山は試合中にそのズレに気づいたというのである。しかし、いったん「ノー」という態度を力道山が示したあとは、木村の試合態度も変化したと振り返られている。

その後、朝日新聞は木村から力道山に確約書を渡した事実はないとの調査結果を内外タイムス社に連絡、抗議したという動きもあった。また、この試合に憤慨して、空手の大山倍達と忍術使いの藤田《ふじた》西湖《せいこ》が力道山を付けねらったという。また、力道山は木村のうしろ盾であった山口組の襲撃を恐れ、試合後数日間、配下に猟銃をもたせたまま自宅に籠っていたという。

翌五五（昭和三〇）年二月に力道山と木村は和解する。おそらくは裏社会が事態収拾を図ったようである。結局、再戦は実現せず、木村はメキシコやフランスに渡りプロレスを続ける。ブラジルではバーリ・トゥードの試合を行ってもいる。帰国後は、故郷熊本でキャバレー経営を行い、日本のプロ格闘技シーンからはフェイドアウトし、のちに母校拓殖大学の柔道部監督として、柔道の世界に帰還する。(10)

これまで、本章ではかなり確証が高いと思われる資料によって、〝巌流島の決闘〟の真相に接近しようと試みてきた。また、真相に接近しようとする試みはこれまでも数多く存在する。ここで、一つの推測を述べておく。木村はシャープ兄弟戦以降、たびたびプロレスの「しきたり」を破り、内幕を暴露していた。それはおそらく身内だけではなく、柔道の後援をし、木村とも懇意であった朝日新聞などのメディアにまで漏らしており、その事実は力道山の耳にも届いていた。プロレスを日本社会に定着させ、ビッグビジネスとして成功させるには、木村の不用意な発言は力道山にとって危機感を募らせるものであった。そこで、力道山は病気の妻の治療費が必要な木村に二人の対戦をビジネスとしてもちかける。二人は相談し、シャープ兄弟戦の木村の負け役専門を遺恨としてアングルにする。と同時に、メディアでの八百長議論を利用し、真剣勝負を強調するアングルを組み立てる。対戦直前に確約書を制作しようとするが、力道山は自ら確約書を制作せず、口約束のまま曖昧な状況をつくり、あとの言い訳に利用する算段を採る。木村は力道山を信じたのであろう。実際、十分な練習を積まずリングに上がっていたようであり、しかもアルコールの匂いまでしていたとの話もある。

試合は前半オーソドックスな静かな展開になった。木村の金的攻撃は力道山にとって、好都合なアクシデントであった。喧嘩まがいの攻撃をする言い訳になるからである。おそらくは、試合でシュートを仕掛け、ダブルクロスする機会を窺っていたのである。力道山の思惑どおり、セメント攻撃は木村をKOすることに成功する。おそらくレフリーは力道山側に付いており、すべては力道山の計画だったのではないだろうか。世間に真剣勝負と宣伝していたとおり、力道山は真剣勝負をアイロニカルな表現で実践したのである。これもまた、プロレスというジャンルでは起こりうる出来事である。

プロレスは単純に八百長であると割り切ることができないジャンルである。それゆえ、本書ではプロレス受容モードを設定して、プロレス理解の具体的な様相を記述しようと試みているわけである。岡村正史がこの試合に触れて、以下のように指摘している。「何回も言うが『裏切り』もプロレスの一部なのである。すべて予定調和で事が足りると考えていた木村が甘かったのだ」（岡村、二〇〇八：七五）と。岡村のいう「裏切り」（ダブルクロス）は希少な出来事ではある。しかし、プロレスは「裏切り」を内包した独特のシステムを有しており、業界内の人間は「裏切り」に対する業界感覚を身につける必要がある。と同時に、業界論理に精通したファンは「裏切り」を意識しながらプロレスの解釈学的実践を行う者もいるのである。それゆえ、この試合を八百長崩れとしてのみ理解しては、プロレスの論理を見逃すことになる。

この筆者の推測は、プロレス解釈の実践の一例にすぎない。村松のこの試合への理解を参照しておこう。

事前に木村から〝引き分け〟の申し出があったかという点についても、真相はやはり藪のなかだろう。この件に関するコメントは、試合のあとポツリ、ポツリと両者の側からだされているが、いまだに何が本当であったかというたしかな感触は得られていない。プロレス・ファン独特の、面白い謎は謎のままにして楽しもう……というセンスが、野暮な解明を防いでいるという面もあるかもしれない。力道山と木村政彦の二人しか真相は知らぬという可能性があり、いまは両者とも鬼籍に入ってしまい、謎は本当に謎になってしまった。

筆者もこの村松の見解に同意する。筆者の推測は推測にすぎない。〔村松、二〇〇〇：一〇二〕

木村政彦を破り、日本選手権を獲得した力道山は、翌一九五五年一月二六日、大阪府立体育会館で全日本プロレス協会の山口利夫の挑戦を受ける。一本目を四三分五九秒、逆エビ固めで先取した力道山は二本目もリングアウト勝ち、あっさりと日本選手権を防衛する。これで、力道山は名実ともにプロレス日本一となる。

プロレスファンの福田一也による力道山プロレスにおける「強さ」に対する意見をここで参考にしよう。

木村がシャープ兄弟に攻撃を受け、なす術なく、観客のフラストレーションがたまりにたまったとき、力道山がリングに躍り出て、空手チョップを爆発させる。このような試合展開がもたらしたのは、

結果として「木村も強いが外国人はもっと強い、その外国人をやっつけた力道山は世界一強い」ではなく、「力道山は世界一強い」だけが強烈に胸に刻まれてしまった。パートナーは誰でもよかったのである。これでは木村の立場はない。木村は弱いとは思われなかっただろうが、力道山の強さだけが目立ち脳裏にしっかりと焼き付けられてしまった。（略）

今でも、本気でやれば誰が一番強いとか、あいつとあいつがセメントでやるのを見たいとよく言われる。これは昭和二十九年プロレスが本格的に始まった年に、

「本気でやればワシの方が強い」

と木村政彦が発言したからである。〔福田、一九九六：二〇一二一〕

つまり、昭和二九年（一九五四年）の時点で、プロレスというジャンルにおいて「強さ」という「超越性」が問われるジャンルとなり、「強さ」という超越性の具体的表象の地位に力道山が座したということを意味する。この福田の見解を読み解くと、「強さ」が二重構造になっていると受け手側が認識していることを理解できる。つまりプロレス内での「強さ」という水準と、「本気でやればワシの方が強い」というプロレス外での「強さ」という水準が共存していることが見て取れる。

さらに付け加えるなら、二つの水準を掛け合わせたところで「強さ」を観察しつつ、両水準を弁別しつつプロレスを理解しようという複雑な解釈が成立することになる。朝日新聞など正統メディアでは、プロレスを「偽装モード」と見なすことから、このような複雑な解釈に向かう実践は抜け落ちてしまう。なぜなら、プロレスを八百長、あるいはショーであると割り切ることによって、「強さ」を問うことをナンセンスとしてしまうからである。しかしながら、福田のような受容は、仮にリング上でのパフォーマンスが「偽装」であるとしても、この「偽装」のメタレベルに「真剣」／「偽装」の判別が待ちかまえている。オブジェクトレベルでの「真剣」／「偽装」とメタレベルのそれが包摂されたり、相反したりと複雑な様相を呈することになる。そこには、「強さ」を問うことからの退却があるわけではない。このような「プロレスリテラシー」はプロレスを見る悦びでもあるのだ。

第四節　「巌流島の決闘」のメディア状況

ここで、当時のメディア状況を整理しておこう。特に重要なのは、力道山と木村の試合がテレビ放送されていなかったという事実である。もちろん、当日は午後八時から一時間の放送があった。しかし、前座試合が長引き、メイン・イベントのゴングが鳴ったのは九時一九分であった。そのため、放送局と興行側でトラブルがもち上がりもした。岡村はこのような事態を以下のように解釈する。

> 穿《うが》った見方をすると、木村に対する「裏切り」を実行に移そうとしていた力道山にすれば、そのようなシーンはテレビでオンエアされない方がプラスなわけで、そのため前座試合を長引かせていたとすら考えられるのだ。
> 〔岡村、二〇〇八：七三〕

「そのようなシーン」というのは、のちに朝日新聞が「野獣の闘争」と評した暴力性が露になるシーンである。実際に前座試合を人為的に引き延ばしたのか、力道山が特別な意図をもっていたのかは、いまとなっては知りようがない。しかし、「野獣の闘争」が映像によって日本人に伝達されることは、プロレスの弱点でもある暴力性を直接的に刺激することになる。特に映像メディアによって伝達される情報は印象的であり刺激的である場合に、多分に社会的評価に影響を与えることになる。結果的にはそのような事態を回避することができたのだ。特に日本人全体を巻き込むほどのイベントでありながら、一般大衆にこのようなイメージが映像を媒介にして広がったわけではなかったこと、この事実は確認しておく必要がある。つまり、テレビは力道山と木村の「野獣の闘争」の様子や不可解な背景に関して、結果的になんら関係をもたないメディアになっていたのである。しかし、テレビの前には多くの人々が集まり、大きな期待のなか待ち受けていたことも忘れてはいけない。テレビは実際に力道山対木村戦を放送しなかったにも関わらず、日本人の関心を一点に集中させる。この時点で、テレビは社会生活の構造に組み込まれていたのであり、テレビの力を無視することはできなかった。

この試合の映像は映画館におけるニュース映像によって、はじめて伝えられることになる。人々がニュース映像でこの試合に接したときには、すでに新聞紙上で試合に関する情報を知っていたことになる。とすれば、映像による情報の再検証というスタンスになる。しかし、実際に流された映像は試合全体ではなく、ダイジェストであり、力道山が木村の顔面に蹴りを入れるシーンはカットされている。木村の急所蹴りから、その攻撃に怒った力道山が怒濤の攻撃に移り、空手チョップを振る舞うという構成になっている。この構成は、「力道、怒りました」とアナウンサーが叫び、我慢の限界を超えた力道山が突如として空手チョップをふるい、反撃に転じる力道山スタイルの基本である。悪玉のあくどい手口に我慢し、ついには制裁を加える正義の日本人。力道山のもっとも一般的な表象が踏襲されているといっていい。この表象の物語に当てはめるなら、木村は悪玉外国人と同様の地位にある。

メディアは現実を再現するのではない。事実を断片化しながら、それらの断片を記号化し再構成し、現実を構築していくのである。このようなメディア観からすれば、映像によって力道山と木村の試合を見た大衆は、力道山のもっとも一般的な表象性や物語性において、この試合の意味を理解していくことになる。そもそも、この試合は木村に肩入れしていた者の方が多かったと思われる。しかし、試合後の映像による物語性は力道山寄りの構成になっており、多くの大衆はその物語性を受容していくことになる。事後的な物語性の方が、大衆にとって、より訴求力を有していたのだった。

では、活字メディアはどうであったのか。

試合翌々日、朝日新聞が「野獣の闘争」と評しているが、あからさまに八百長という表現をするのではなく、暴力性を問題視している。そもそも朝日新聞はプロレスを「偽装モード」として紹介しており、さらに暴力性という反市民的傾向に対して批判的立場をとる。その後、プロレスを取り上げるときはプロレスの暴力性の問題、子供への悪影響、真似による事故など社会問題としての見方をとるようになり、プロレス報道自体は取り上げられなくなる。

一方、プロレスを後援する毎日新聞は翌日に試合展開を淡々と記述し、力道山、木村、レフリー三者のコメントを載せ、木村が試合中「引き分けでいこう」と発言したことに触れているが、木村はその発言を否定するという内容になっている。その後、力道山から内幕の混乱に対するお詫びと、先に引用した「プロレスは見せるショウでありながら、結局は実力で勝負が決まるものだ」とのプロレス理解を求める記事が載せられている。あくまで、力道山の立場からの報道を行い、「偽装モード」であるという立場を読者に見せるようなことはなかった。

では、三大紙の残り、読売新聞はどうであったのか。

『読売』は「なぜあんなすごい試合があったのに、結果しか載せないのか」というファンの疑問に「プロレスはショーだから」という回答を繰り返した。つまり、プロレスはスポーツ扱いしないけれども、あまりにもすごい人気なので結果ぐらいは載せますよ、と大衆に一定の気を遣っている感じがする。

〔岡村、二〇〇八：七三〕

つまり、読売新聞はプロレスを「偽装モード」として位置づけ、そのスタンスを維持しているのである。とすれば、この試合の内幕や八百長議論、あるいは暴力性の問題に関して言及することはなかったのである。

また、岡村によれば、読売新聞は大衆を視野に入れた編集方針であることから、以降もプロレスの結果を載せていくことになる。それと比して、朝日新聞は読売ほど大衆に配慮するわけではない。それゆえ、先に触れたようにプロレス報道を行わなくなる。力道山と木村の巌流島の決闘に関するプロレス八百長議論という問題については、これら両紙の報道内容において、読者の目に触れることのない問題にすぎないのである。

この両紙のプロレスに対する方針は重要な意味をもつ。一部朝日新聞の冷静な報道はあったものの、力道山プロレスはシャープ兄弟戦で日本人全体を巻き込んでいた。しかし、この木村戦を境に、朝日新聞は暴力という反社会性を問題とし、読売新聞は大衆に気を遣う程度の扱いで結果のみを載せ、報道を控えることになる。

つまり、これらメディアの動向からすれば、すでに日本人全体を巻き込むなどという力学をプロレスは喪失しているのである。特に朝日新聞受容層として想定される知識人、また大衆を受容層としているにしても、読売新聞受容層として想定されるリテラシーの高い者たちにとって、プロレスは彼らの関心外になっていく。ときに社会現象としてプロレスが紙面を賑わすとき、一時的にプロレスに関心が戻ることはあるが、プロレスが日本人全体を巻き込むほどの力学を誇っていたのは、シャープ兄弟戦から巌流島の決闘までという非常に短い期間、実は一九五四（昭和二九）年に留まる出来事だったのである。

プロレス八百長論、そして暴力論が問題となった力道山と木村の試合以降、知識人層やリテラシーの高い者たち、そして木村に肩入れしていた伝統的保守的な意識をもつ者は、プロレス受容層の外部になっていく。付言しておくと、この外部こそが日本の中心なのである。

他メディア、例えばスポーツ新聞や週刊誌なども力道山と木村の試合の内幕を伝えてはいた。しかし、その真相は結局不透明なものと受容され、それでも力道山勝利という事実が動くわけではない。ましてや、先に触れたようにテレビで放送されなかったし、映画館で見る試合映像は試合の内幕とは関係性が薄い、力道山寄りの構成でもあった。

と同時に、特にプロレスに関心をもつ受容層を対象としたメディアが出現する。プロレス専門誌『月刊ファイト』

（月刊ファイト社）である。のちの『週刊ファイト』（新大阪新聞社）とは別である。『月刊ファイト』は、プロレス評論の先駆けであり第一人者であった田鶴浜弘《たづはまひろし》が主催した日本初のプロレス専門誌である。発刊の発端は力道山・木村戦で、日本テレビの案内スポット代理店業務取り扱いを兼ねるという体裁であった。創刊号は一二月の押し迫ったころ、日本テレビのはからいで日本テレビ街頭受像機設置場所に委託しての販売から、当時の鉄道弘済会駅売店を中心として、全国書店で取り扱われた。第一号は「僅か一二頁のパンフレットみたいなもの」であったと田鶴浜は振り返っている。第二号では力道山対木村の特集記事が組まれている。田鶴浜はその記事内容を振り返り、『日本プロレス30年史』（日本テレビ放送網、一九八四年）のなかで「座談会の要点筆記から」として要約している。そこから、一部抜粋してみよう。

真剣勝負を挑んだ当の本人でありながら、試合直前に力道山と二人きりで取引のための会見を求め、そのため試合開始がおくれたという。その申し入れは結局、決裂に終わり、あとで事情を力道山が暴露するなどという結果になった。（略）

木村の本心は、また他の一説では、試合前の木村の申し入れを力道山が承知したものと独り決めし、信じきっていたというか安心していたに違いない。だからマット上の取り口に如何のまずい点ができたんだろうというのだが、もしそうだとすると、なぜ、力道山を逆上させた股間の急所蹴りをやったか、これまた解らなくなってしまう。

〔田鶴浜、一九八四：四四―四五〕

このように、『月刊ファイト』の記事は、木村の行動に不可解な点がいくつかあり、しかし、力道山の方には特に落ち度があるわけではないという論調になっている。まず一つには、スポーツの範囲で良識的な試合をしていた両者であったが、木村が反則攻撃に出る点。二つ目には、試合前に「取引のための会見」を申し出る点。三つ目には、取引が成立したと早合点している点。最後に、力道山の打撃に対する作戦がなく、武術家として疑問があるという点が挙げられている。つまり、力道山寄りの言説に支配されている。

『月刊ファイト』の読者層は、一般大衆のなかでも、プロレスにより関心をもつ者たちによって構成されることが想定できる。朝日新聞購読者の多くは、新聞紙上ではプロレス情報から離れていかざるをえないのと反比例するように、専門紙誌を媒介としたコアな受容層が出現するのである。確かに、一般大衆は当然プロレスに関心を抱いていた。しかし、彼らの関心を超えた関心を抱く者たち、つまりファンが具体化していくのである。『月刊ファイト』発刊のおよそ半年後には、ベースボール・マガジン社が出版する月刊誌『プロレス』が登場する。『プロレス』は現在も『週刊プロレス』として続く寿命の長い専門誌である。

このプロレスファンとして具体化していく受容層は、いくつものメディアを横断的に渉猟するが、専門紙『ファイト』からは、力道山寄りの情報を受容し、木村を不可解な行動を行った者と位置づけていくことになる。また、以降木村はプロレス・シーンに登場しない人物となっていくため、力道山中心の世界を構成する。それゆえ、プロレスファンにとって、力道山はプロレスの祖であり、木村は脇役の地位として甘んじるしかないのである。

実際に試合しているのは、力道山と木村だけである。その意味で、当時の大衆も現在のわれわれも直接的に体験することはできない。そもそも力道山と木村でさえも、その真相に関して、同一の認識を共有したとは言いがたいだろう。

しかし、力道山と木村の試合の真相がいかなるものであったのかと問うこととは、異なる位相がある。この試合を観戦したり、メディアで情報を獲得した当時の日本人の受容のあり方を問うものである。それゆえ本章では、この試合の当事者とその周辺の者たちが残したテクストを読みつつ、各メディアの配置によって条件づけられた一定の状況から、われわれはその実態を〝想像〟してきたのである。先に触れたように、両者の対戦前は木村寄りのものが多かった。しかし、試合が終わり、混乱が収束していくと、過去の木村寄りという事実はどこか忘却されていくのである。また、朝日新聞などの反プロレス的立場はプロレスへの言及自体が減少していく。結果、プロレスを報じるメディアから八百長論、特に「偽装モード」は減少していく。

高校生の村松は祖父（村松梢風）とプロレス観戦をした帰りの電車での出来事を振り返っている。村松は祖父を「一般人の窓口」としてみなし、彼から世間のプロレスに対するまなざしを感じていたという。祖父は読売新聞に小説を連載していた作家であったが、プロレスに関する知識はほとんどもっていなかったようである。彼を当時の知識人の典型であると安易に位置づけることはできないが、「一般人の窓口」という少年村松とは異なる社会的属性や嗜好を有する人物であることはまちがいない。

> 席へ戻ってきた祖父は、うれしそうに含み笑いをしながら、
> 「あのな、外人選手は物見遊山で来ているんで、本気になったら、日本人なんか勝てっこないんだってさ」
> と言った。力道山フリークの私には大いに不愉快だったが、関係者である松井《まつい》翠声《すいせい》の言葉でもあり、押し黙るよりほかなかった。
> 〔村松、二〇〇〇：一六三〕

松井翠声は司会業を営み、日本プロレスの一員としてタイムキーパーなどを行っていた人物である。村松の祖父はナイトクラブの女性を力道山と張り合っていたという裏事情があったようだが、単にそれだけの個人的事情で、「日本人なんか勝てっこないんだってさ」と「日本人」の負けを受け入れるのだろうか。ここには少しばかり複雑な心理が働いているように思われる。ここには、プロレスが「偽装モード」であることに安心を覚える心

理がある。そして、このような受容層はプロレスから離れながら、蔑視を抱くようになっていく。

第五節　力道山プロレスのメディア・リテラシー論

過去は記憶の作用により変容する。力道山と木村の試合に関する情報は、あくまで言説として現れるものである。プロレスをめぐる日本人の集合的記憶は客観的記録の集積としてあるのではない。その都度、現在という地点から人々の関心や動機から作り直される構築物なのである。このような記憶をめぐる社会学をプロレスに援用すると、力道山と木村の試合のメディア状況からユニークな知見が見いだされる。

朝日新聞のような正統メディア、そしてその受容層、あるいは村松の叔父や祖父、このような人々は、プロレスを遠目に見ていたに過ぎない。彼らは木村が表象する日本人像に固執し、木村の敗戦とともに、プロレスの「偽装モード」と暴力性を理由として、プロレスを彼らが支持するメディア上から排除していく。つまり、力道山プロレスの受容は日本人全体ではなかったのである。日本人全体の受容といって差し支えなかったのは、シャープ兄弟戦のときに限定できる。

そして、一旦正統メディアから排除されたプロレスというジャンルは、大衆やファンという受容層を中心に受容される。この受容量が多い受容層の内部でのみ、力道山のプロレス論が流通し、信憑を獲得していく。プロレスは〝輸入〟当初から、「偽装モード」として色眼鏡で見られていた。しかし、その都度、力道山は「見せるショーであっても、結局は実力勝負」なる趣旨の発言を行ってきた。この発言は「半真剣モード」に対応するが、このモードが大衆やファンという受容層に受容されることになる。本章三節における福田の言説分析から見いだした「真剣」／「偽装」が入り組んだ複雑な理解を行う層が生まれていたことにもなる。一九五四年末ぐらいから、日本人のプロレス受容は二分されたのである。

特に力道山プロレスは、既存のメディアでは不可能であった膨大な受容量を誇るテレビと親和的であったがゆえに、あたかも日本人全体の神話として大衆やファンに記憶され、翻って、知識人をも巻き込み、そして、朝日新聞受容層にとっても集合的記憶となっていくのである。もちろん、正統メディアにとって、プロレスは非正統的ジャンルであるというまなざしを内包している。

木村戦、そして山口戦が終わったあとの力道山はテレビを中心として、いくつものメディアのなかで力道山神話をくり返し再演していくことになる。つまり、戦後荒廃した日本人の鬱積した感情の爆発を力道山が代弁し、日本人全体に勇気を与えたという集合的記憶は語り続けられることによって、さらなる信憑性を獲得したと考えられる。

しかし、ことはそう単純ではない。なぜなら、一章でも取り上げたように、プロレスの「初もの」「珍しさ」「素朴かつ根源的日常性」がプロレス受容の要因でもあるからである。また、木村戦は実力日本一決定戦であった。力道山の身体には、日本が未来を志向する具体的な像としてのアメリカが組み込まれてもいた。ここに「鬼畜米英」という言葉が反射させるようなナショナリズムの色彩だけを見て取るわけにはいかない。このような背景からすれば、ナショナリズムに収斂する力道山常識論は、やはり神話という色合いが強いのである。

ここで神話というのは、コミュニケーションの体系であり、社会を再現するものである。一章でも援用したバルトによれば、神話は事実ではない。実際には根本的に文化的なもの、社会的に構築されるものだが、あたかも自然なものとして社会に流通しているのである。ちなみにバルトは本来的には「後天的なもの」が「先天的なもの」として流通している虚偽に対して「いらだちの感情」を抱く（バルト、一九六七：一一二）。カルヴェ（一九九三）はバルトの神話概念を二つの要素に解きほぐしている。一つは伝説であり、人間の条件を示す象徴的物語。二つ目は嘘であり、〝たぶらかし〟である。そして、この〝たぶらかし〟にはプチブル・イデオロギーが巧妙に組み込まれている。(11) バルトのプロレス論に関しては、次章にて論じることにする。

テレビが社会に登場し大きなインパクトを与えると同時に、テレビ批判も登場する。例えば、テレビ本放送開始直後、「白痴低能症の電波伝染を盛大にやることだけは、遠慮してもらいたいものだ」（朝日新聞一九五三年八月二四日「きのうきょう」欄）という意見が現れている。これはのちの「一億総白痴化」論の先取りである。

当然、テレビ批判はそれを受容する大衆批判へとつながる。このようなテレビおよび大衆批判は、大衆社会論的マスコミ論といわれるものである。岡田直之の整理によると、大衆社会論的マスコミ論には五つの基本的前提が組み込まれている。①現代社会のイメージを社会的原子論と権力エリート論との複合的視座のなかに描き出し、②群集心理学、本能心理学、フロイト主義の影響から、大衆社会的状況における人間像を非合理的存在として概念化する。それゆえ、③マスコミ全能の神話をもたらした。社会学的には、④知識社会学の潮流に位置づけられ、⑤社会構造変動の地平線上に、全体主義をかいま見、民主主義的観点からマスコミ批判を必然化する（岡田、一九八〇：一〇六―一二六）。このような理論から想定される視聴者像は、権力に操作され、社会から疎外される画一的存在であり、反知性的存在である。

この大衆社会論的マスコミ批判は、アメリカに対する屈折した心理とつながっている。日本では、「テレビの父」とも称される高柳健次郎による独自のテレビ技術が発達していた。この方式を採用し、NHKはテレビ放送開局を目指していた。この動向と一線を画す形で、正力松太郎は民間によるテレビ放送開局を目指した。正力が採用したのはアメリカによるテレビ方式であった。一九五二（昭和二七）年七月三一日、日本テレビにテレビ開局の予備免許が与えられる。この予備免許は占領下におけるアメリカ主導の電波管理委員会によって与えられたが、その翌日、正確にはなんと二十分後に電波管理委員会は廃止される。アメリカ支配のたがが外れたこともあり、NHKは形勢を挽回し、日本初のテレビ本放送に漕ぎ着けたという経緯がある。この正力のアメリカとの政治的関係を利用した強引な民間テレビ放送開局工作は、NHKや教育界から「売国テレビは絶対お断り」として、強い反発を生んだ。

また、正力は日本テレビにアメリカ産の娯楽番組を輸入するが、アメリカ産のドラマが「親米プロパガンダ」の役割を果たしていたとの評価を受けている〔有馬、二〇〇六〕。つまり、アメリカ的なものがテレビによって輸入されることは、大衆社会論的マスコミ批判からすれば、子どもや大衆の心理的、感化的影響を危惧する事態であったのだ。

このような意識は、当然プロレスにも浸食する。特に子どもへの影響という水準で問題化する。佐藤卓己は、このような意識が教育という領域で先鋭的に意識化されていた様子を、『視聴覚教育』という学校教員向けの雑誌から実証的に描き出している。孫引きすると、

プロレスはお芝居に真剣の衣をきせたショーで、いかにもヤンキーの考えだしそうなスリラーである。大人でも興奮するのだから、子どもたちが夢中になるのは無理もない。力道山旋風は先刻御承知のとおり幸か不幸か日本のテレビはプロレスから始まったのである。成算の危ぶまれていたテレビ企業に、プロレスは数百万の視聴人口を動員したといわれるが、街頭テレビや喫茶店のテレビの時期を過ぎて、家庭にテレビを送り込む段階になると業者ははたと行きづまった。プロレスごっこがテレビの害悪を大きく宣伝して、子どもをもつ家庭の心理的抵抗を形成したからである。〔佐藤、二〇〇八：一〇二〕

テレビに対する心理的抵抗とは、テレビそれ自体の批判のようであるが、『視聴覚教育』のような教育的観点では、テレビの影響力を教育力へとズラし、教育的番組制作へと方策を練るのである。実際、その後のテレビ局開設は政府一体となって教育重視の方針を採っている。同時に、アメリカ批判は温存され、知識人を中心とした反米的思想が広がりを見せる。一歩視角をずらせば、このようなテレビとアメリカを節合して構築される論理はメディア・リテラシーと同一軌軸を形成しているといえる。そもそもメディア・リテラシー先進国であるイギリスやカナダが、アメリカ文化の浸食に対して危惧したことから、メディア・リテラシーが問題となったという経緯を思い返せば、あまり強調されることではないが、日本にも同様の傾向があったのである。いわゆる文化の安全保障という観点である。しかしながら、実際は暴力批判や安易な大衆批判に矮小化されているのが実際であった。その意味で、既存のメディア・リテラシー論には規範論の色彩が強いのである（富山、二〇〇五）。

佐藤はテレビ批判とアメリカなるものとがいかに節合されたのかを以下のようにまとめている。

一九六〇年安保闘争で頂点に達する反米ナショナリズムの盛り上がりのなかで、プロレスのような「低俗なアメリカ文化」を批判することは、左右のイデオロギーを超えた知識人の「踏み絵」であった。ちょうど一九五七年砂川事件から一九六〇年安保闘争の間に一世を風靡した流行語「一億総白痴化」は、それを口にする人々の脳裏では、「戦後民主主義」批判にも「米帝独裁」糾弾にも翻訳された。つまり、「一億総白痴化」は保守主義者も社会主義者も、まったく異なる文脈のアメリカ批判として語ることが可能だった。その便利さゆえに、「一億総白痴化」は戦後日本のテレビ文化を批評する切り札となったといえるだろう。

（佐藤、二〇〇八：一〇二―一〇三）

プロレス研究の第一人者である岡村正史もまた、プロレスがテレビ悪玉論の槍玉にあげられたことを取り上げている。「プロレスを『白痴化』の尖兵、いわばアメリカおよび日本政府の『愚民化政策』の一環」と捉えるルポライターの意見とＮＨＫのプロレス放送撤退を重ねあわせる〔岡村、二〇〇八：一三二〕。このようなテレビ悪玉論とアメリカニズムに対する保守主義が重層するところに、ちょうど力道山プロレスが位置づけられている。

テレビ悪玉論とは一定の距離をとり、テレビ文化について冷静なスタンスが具体的な批評の言説となってくるのは、一九五〇年代後半以降であった。特に社会学者の加藤秀俊による中間文化論は、活字文化と映像文化の関係性を整理し、リースマンの知見を援用しつつ、新しい映像メディアに関するリテラシーの必要性を説いている。加藤はこの地点で、現在のメディア・リテラシーに先鞭をつけていたのである。このリテラシーの前提は、日常生活に浸透するテレビの特性を理解することにある。加藤はテレビを見せ物メディアとして位置づけつつ、受容する側が日常生活のなかに組み込まれていること、活字の読み書きではなく、「見る」というコミュニケーションが新たな重要性を獲得することを指摘した〔加藤、一九五七〕。この知見をプロレス番組に援用するなら、プロレスという見せ物を見る目を養う必要があるということであり、先の「プロレス＝低俗なアメリカ文化」という理解は一つの見方にすぎない。

私たちの社会のなかに、新しいメディアが登場すると、そのメディアに対する拒絶反応が生み出される。昨今のインターネットや携帯電話を見れば、その傾向は如実である。実際には科学的に実証されていない俗説が、世間では流布し、広く信じられているようである。荻上チキによれば、いまでは昭和ノスタルジー的な評価を受ける紙芝居も、教養の中心ともいえる小説もかつては俗悪メディアとしてバッシングされていたのである。いわゆる有害メディア論には、社会のなかのある偏向した意識が組み込まれている。多くの人々にとって、新しいメディアはこれまでの日常の風景を変化させ、ときには、これまでの慣習からは逸脱的と映る行動を生成する。例えば、電車内での携帯電話の通話など。これはマナーという次元に留まることではない。新しいメディアに適応能力の高い者と古い世代間に序列をもたらすことになる。なおかつ、有害メディア論は流言と同じ構造が見られる（荻上、二〇〇九：一二一―三二）。つまり、古い世代は新しい状況に対する情報不足から、道徳資源として既存のメディアへの愛好を忍ばせ、新しいメディアの有害性を信じ、かつ主張することになる。これは既存のリアリティの反復になる。

このような文脈にテレビ俗悪論を節合するなら、「プロレス＝低俗なアメリカ文化」との見方は、知識人にとって、彼らの知識のリアリティを補強する都合のいい論理であった。

第六節　サブカルチャー化するプロレス

プロレスの暴力性に関する世間のまなざしを振り返っておこう。まず、暴力性が前面へと出てしまった力道山・木村戦は先に触れたように「野獣の闘争」と評された。両者はその後、和解する。前述したように、裏社会の力学が働いた結果でもあるが、それよりも、力道山にとっては、プロレスのイメージ回復のために必要な儀式でもあった。少年村松は二人の和解を映画館のニュース映像で見たという。木村の地味な姿と笑顔の力道山がカメラに向かって笑顔を作り、和解を演出したようである（村松、二〇〇〇：一一二）。先に触れたように、これ以降、木村はプロレス・シーンから消えていく。

そして、プロレスの暴力性は、まず子供への影響の心配がメディア上に現れる。朝日新聞一九五五年一月二四日の「ひととき」欄に、東京都江戸川区の三六歳女性の投書が載っている。「プロレスと子供たち」と題し、力道山・木村戦の「賛否両論」から、プロレスが子供たちに人気があり模倣することを「時代なのだ」と諦めた様子である。彼女のプロレス観は「一つの残虐性。それはどんな人間にも、どこかに潜んでいる小さな悪魔」を助長してしまうもののようだ。このような小市民的な不安はまだ社会問題となるようなことではない。

しかし、一九五五年三月二日に不幸な事故が起きる（朝日新聞、一九五五年三月三日）。横浜の中学生が「プロ・レス遊びに熱中」し殴り合いの末、死亡に至るという事件が起きた。プロレスの影響による死亡事故という見出し構成になっているが、実際記事の内容を見ると、人を呼び出しての喧嘩であり、「プロ・レス遊び」ではない。つまり、プロレスが原因とはいいがたい事件である。また、同一記事内に他の少年が「プロ・レスを見るだけではつまらない」と近所の一六歳の工員を呼び出し決闘。ナイフで刺すという事件が紹介されている。これもまたプロレスが原因ではないのは明らかだろう。しかし、記事では警察の少年保安課のコメントとして、「プロ・レスの遊びが最近多いと聞く」と事件とプロレスをつなげるような構成になっている。

翌四日、朝日新聞「ひととき」欄に、二一歳女性がフェアプレーとは反するプロレスが子供に悪影響を与えることを危惧するとの投書が載っている。また一般記事のなかでも、プロレス遊びが子供の怪我をまねいており、再発防止の必要性を主張している。

朝日新聞七月三〇日「スポーツ週評」では、オルテガが流血しラフファイトした試合を取り上げ、「プロ・レス関係者の反省を望む」との記事を載せている。その内容は、これまで朝日新聞がプロレスに対して一貫している「プロ・レスはショー」との見方、そして「観衆に楽しく面白く見せることがプロ・レスの神髄」であると確認している。特に日本のプロレス関係者は、「プロ・レスがショー」だといわれることを嫌うことを指摘して、以下のように批判する。

あえて傷つけ合い流血を招くのはスポーツでもショーでもなく、ケンカであり、「人間の闘牛」だ。あくどいギャング映画、チャンバラもの、どぎついエロ・グロ漫画が問題になると同様に、もしプロ・レスが「真剣勝負」であり「人間闘牛」であるならば、興行の倫理性という立場から許されるべきではなかろう。

〔朝日新聞、一九五五年七月三〇日「スポーツ週評」〕

ここにも「野獣の闘争」と評された力道山・木村戦の影響が見て取れる。また、テレビ批判とアメリカ文化が節合された低俗アメリカ文化批判の色彩も見て取れる。プロレスがいったんスポーツとしてのフェアプレー精神、そしてショー的要素を見失えば、木村が陥った悲惨な状況が待ち受けている。そのような状況は「倫理性」から許されない。そのうえで、「無心の子供たち」が影響を受けてしまうことを朝日新聞は危惧している。朝日新聞の結論は、あくまで楽しく面白く見るショーとして観客も自覚する必要があり、「反省」が求められている。しかしながら、先に暴力の問題として触れたように、プロレスの魅力の一部に、朝日新聞が依拠する「倫理性」を乗り越える悦びがあるのではないだろうか。

岡村もまた、この記事を取り上げ、朝日新聞のプロレスに対するスタンスに変化がないことを確認している。と同時に、ユニークな指摘を行っている。以降の朝日新聞はプロレスの試合報道が激減していくという。しかし、朝日新聞はプロレス報道に実は熱心であるというのである。例えば、朝日新聞は一九八八年から九〇年にかけて、社会現象化したUWFの中心であった前田日明《まえだあきら》に対しては好意的な記事を載せていく。プロレスの世界に出現した改革的な人物を知識人向けに情報発信する「芸当」であるという。岡村は自身が主催するプロレス文化研究会の話題になることとして、このような傾向を『朝日』はかつてのように進歩的言説では売れなくなり、いつからかサブカルチャーに傾斜したのではないか」と「仮説」との留保を付けつつ分析している〔岡村、二〇〇八：七三—七四〕。

筆者もこの「仮説」に与《くみ》するものである。さらに言えば、一九五五年の時点で、プロレス自体がサブカルチャー化していると考えることができる。そのことについて、少しばかり考察を加えていくことにしよう。

通常、力道山プロレスは大衆文化に位置づけられるだろう。プロレスの暴力性、あるいは反倫理性は批判される対象ではある。それゆえ、正統メディアから実質排除される。しかし、力道山・木村戦までの、つまり一九五四年当時、プロレスは日本人全般に大きな訴求力を有していた。確かに朝日新聞を中心とした正統メディアは、当初からプロレスが「ショー」であることを指摘しており、そのことはメインカルチャーとは異なることを含意する。メインカルチャーを支配階級や知識人が有する文化であるとする知見からすれば、プロレスは当初、日本人全体を巻き込んだという点で、メインかサブかという枠組みを失効させるような不可思議な文化的構築物となっている。いや、通俗的にはメインストリームでプロレスは流通する現象であった。

しかし、力道山・木村戦によって、プロレスの問題点が前景化し、受容層から知識人らが抜け落ちていく。そして、プロレスは大衆に受容されるサブカルチャーの様相を呈することになる。一般的には、大衆文化とハイカルチャー双方にまたがってマイナーな領域を構成するのが、サブカルチャーということになるだろう。これらの文化領域については、整理が必要なところではある。そもそもサブカルチャーという概念自体、欧米と日本では異なっているように思われる。欧米では社会的規範から逸脱した下位グループの文化という程度の意味である。それゆえ、ジェンダー、民族、人種、階級などの社会的主体の階梯において地位が低い、あるいは支配的文化における価値規範からの距離が遠いことが重要な要件になっている。日本のそれの場合、娯楽性の高いメディア文化やその受容のあり方というより広汎で曖昧な使用がなされている。

ここで、難波功士のサブカルチャー論を参考にしよう。難波はサブカルチャーが「何らかの文化」との関係性において措定されてきたとして、既存の議論を整理し、「何らかの文化」を四つあげる。それぞれ上位文化、全体文化、主流文化、通念的文化である。これら四文化概念を「諸文化間の優劣や正邪の別を設けない」という価値中立的な立場から、サブカルチャーに対応する「何らかの文化」を通念的文化と位置づける。さきにメインカルチャーとの用語を使用していたが、これは上位文化や主流文化を含意することになる。通念的文化と非通念的文化であるサブカルチャーは関係的であり、それぞれが実体としてあるわけではない。いわば、図と地の関係にある。

「図」にあたるのは何らかのサブカルチャー——その社会において異物として認識され、あえて名指しされざるをえないウェイズ・オブ・ライフ——であり、その文化のあり様が、当該社会において際立ち、有徴であることによって、逆にその社会における通念や常識が照射され、「地」として認識可能なものになってくる。〔難波、二〇〇七：二五〕

このようなサブカルチャー観からすると、力道山プロレスが表象してしまう八百長やショーなどの要素は、正統的なスポーツからの距離感や暴力性が語るべき対象として意識され、社会問題視されることによって、プロレスがいわゆる通念的文化とは異なる位相にあることが浮上してしまう。そもそもサブカルチャーが意識されるようになったのは、既成の体制に異議申し立てする思想的流れを背景にして、メインカルチャーが揺らぎだす一九六〇年代に入ってからである。それゆえ、この時点で、プロレスはサブカルチャーとの認識がなされているわけではないが、機能的に見て、サブカルチャーといっていい傾向が見て取れる。実は同時に、通念的文化の像もまた浮上してもいる。

特に、八〇年代になると、プロレスのサブカルチャー化はその輪郭を明確にしていく。というのも、知識人層が「豊かな社会」の到来を背景とした趣味趣向の多様化・細分化、あるいは価値観の転倒から、サブカルチャーに注目するようになったという背景がある。先の前田日明への朝日新聞の好意的な姿勢はこの文脈にある。おそらくは大衆文化の中心ともいえるテレビの地位上昇、あるいは受容規模の大きさゆえ、メインカルチャーも無視できない状況になる。特に、サブカルチャーが〃知的〃であるとの認識が広まっていく社会状況を観察することになり、朝日新聞などの正統メディアは取り上げざるをえない。それゆえ、八〇年代になると、知的潮流が変容し、肯定的言説が立ち上げやすかった。おそらく、力道山の時代においては、広く受容されている現象に対して、〃知的〃に接近する言説資源をもたないゆえ、朝日新聞は子供たちへの影響というスタンスから接近する術《すべ》しかなかったのである。

蹴りを見舞う前田日明〔『スポーツ20世紀⑦』、2000〕

以降も、プロレスの子供への悪影響、プロレス遊びによる危険が新聞紙上で取り上げられている。例えば、一九五四年一一月二三日朝日新聞には、「小学生けられて死亡」「またプロ・レス流行の禍」との記事がある。三〇日には「ひととき」欄に、二六歳女性から「力道山へ母の願い」と題して、力道山に呼びかけがなされている。内容は「プロレス遊びの悲劇」に憂慮する「愚かな母」から、子供たちの英雄・力道山の口から直接、プロレスの真似をしないようくり返し強調してほしいというものである。[12]

実は前日の「天声人語」欄で、朝日新聞から力道山自ら子供にプロレス

子供たちに指導する力道山〔『週刊昭和』30号〕

遊びの説得をするよう提案している。それを受けて、紙面は力道山が「プロレス遊びは止めましょう」と子供に向けて発言するという編集になっている。「プロレスは大人でも危険」「規則も知らずにとんでもないこと」と子供たちに力道山は語りかけ、さらにプロレスラーの練習の厳しさ、反則技の説明、スポーツマンシップの尊重が必要であると子供向けに説明を施している。

しかし、力道山が朝日新聞に話をしたのは二八日夜である。とすれば、話が前後してしまう。ここで、少しばかりの推測を加えておきたい。子供たちがプロレスの真似事をすることで、世間の厳しいまなざしがプロレスに向けられており、力道山はこのような状況を打開したいと考えていたのではないだろうか。そこで、朝日新聞に自ら接触し、「プロレス遊びは止めましょう」と自ら紙面で子供たちに語ることを提案する。朝日新聞としては、自らの体面を保つために、「天声人語」で力道山に提案したという形にすることで、力道山の提案に乗るのである。それゆえ、日にちが前後してしまったということではないだろうか。

このようにメディアを通した懐柔策は、子供たちへの影響に対処しようという意図をもっているだけではなく、プロレスが抱える暴力性のイメージを低減する効果を狙ったものである。力道山は「プロレスは、ただ殴ったり、けったりする試合ではありません。ちゃんとしたルール（規則）もあるし、それぞれの選手がケガをしないように、また相手をケガさせないように注意して試合するのです」と発言し、プロレスラーのスポーツマンシップに依拠したプロレスの安全性を主張している。

ところで、この記事では以上の問題だけではなく、他に強調される点がある。それは、力道山が子供たちの英雄であるという認識である。先の二六歳女性は「あなたのひとことは、きっと子供たちに善い結果をもたらすものと信じます。なぜならあなたはほんとうに英雄なのですから」と、母親という立場からも英雄という地位を認められている。もちろん子供向けであり、プロレス遊びに対する警鐘という編集方針という限定はあるにしても、反プロレス的立場を取ってきた朝日新聞も、否定的なニュアンスもなく、「子供の世界の英雄だ」としている。

ここで確認できるのは、力道山が英雄として位置づけられる「超越性」を獲得していることである。しかも、反プロレス的立場にある正統メディアにも、その「超越性」を外在的にではあるが認めていることである。つまり、正統メディアであっても、大衆の「英雄」を認めなければならないほど、言説空間において大衆が無視できない存在になっていることが確認できる。とすれば、背景として新聞の大衆化の進展を指摘できる。そして、大衆の典型が子供でもある。「地」にあたる親たちの文化においては、暴力性への危惧や批判であるにしても、「図」としての子供たちのサブカルチャーでは、英雄として認めざるをえなかったわけである。

雑誌『少年』表紙〔『週刊昭和』30号〕

第七節　表象としての「日本一」

一九五五（昭和三〇）年一月の力道山と山口利夫の日本選手権をリングサイドで観戦していた人物がいた。前年一〇月現役引退を表明し、年寄り株に関するトラブルで相撲を廃業していた、元横綱の東富士である。彼の後援会長は日本プロレスリング協会理事長であり、力道山の後援者でもあった新田新作である。新田はおそらくは相撲の方により強い愛着をもっていたであろうし、力道山よりも相撲で頂点に立った東富士の方が可愛かったのではないだろうか。新田は東富士のプロレス入りを画策する。この背景には、プロレス利権を巡る力道山、新田新作、永田貞雄三者による攻防があった。新田は主導権を確保すべく、相撲では格上の東富士の威光を利用して、力道山を抑えこもうと考えたと推測できる〔岡村、二〇〇八：八七〕。

岡村はこれら一連の動きを以下のようにまとめている。

> 東富士の担ぎだしは新田新作の演出で、言うことを聞かなくなった力道山への反撃であった。力道山にしてみれば、現場の権限は獲得したものの、興行権は新田らが抑えており、活躍に見合う報酬をえていないという恨みがあった。元横綱東富士の力で元関脇力道山を支配する。たしかに相撲だけで判断すれば、力道山は東富士より格下である。〔岡村、二〇〇八：八九〕

岡村が「恨み」と表現する力道山の感情は、主要興行主である永田にも向けられていたと思われる。力道山は大人気を獲得したプロレス興行の収益が、自身にそれほど回ってこないという感覚をもっていたようで、かなりの不平感を抱いていた。例えば、シャープ兄弟戦では、売り上げ七〇〇〇万円超であったと言われるが、力道山の取り分は一五〇万円であった。また、力道山が外国人へのギャランティ交渉を一括して行っており、ドルに変換する手間など多くの労力を費やしていた。力道山はリングの〝監督権〟だけではなく興行権、経営権を獲得したいと考えていた。

一九五五年二月、帝国ホテルで「力道山、東富士渡米壮行会」が催される。この時点で、マスコミは東富士のプロレス入りを既定路線と見ていたが、このハワイ行きは相撲の技術指導という建前であった。三月二七日羽田を発ち、ハワイに到着すると、東富士に対する歓迎ムードは想像以上に盛り上がっていた。プロレスのプロモーター、アル・カラシックはハワイの報道人に向かって、東富士が元横綱であること、そしてプロレスラーに転向しハワイマットに上がることを発表する。報道陣の関心は日本選手権者・力道山にではなく東富士に集中する。力道山は予想以上に、東富士のレスラー転向が計画的に進行していることにショックを受ける。新田が力道山の与り知らぬところで動いていたのである〔村松、二〇〇〇、一一八〕。東富士は沖織名のコーチを受け、ハワイマットでデビュー、ハワイタッグ選手権を獲得するなど、〝大受け〟で大きな話題となった。この破格の扱いは、横綱という肩書きがもたらしたものであった。

帰国デビュー後、東富士はキャリア五カ月程度で力道山とのコンビになる。力道山・木村組から始まった日本のプロレスは、力道山・遠藤幸吉組を経て、力道山・東富士組時代に入っていくわけである。読売新聞では「東富士、力道山組」と表記し、東富士が格上として扱われることさえあった。ちなみに岡村は、プロレス・ブームの頂点を東富士の日本マットデビューの一九五五年七月ではないかと指摘している〔岡村、二〇〇八：九二〕。そ

まげ姿のままハワイでプロレスデビューした東富士〔原、1995（第二巻）〕

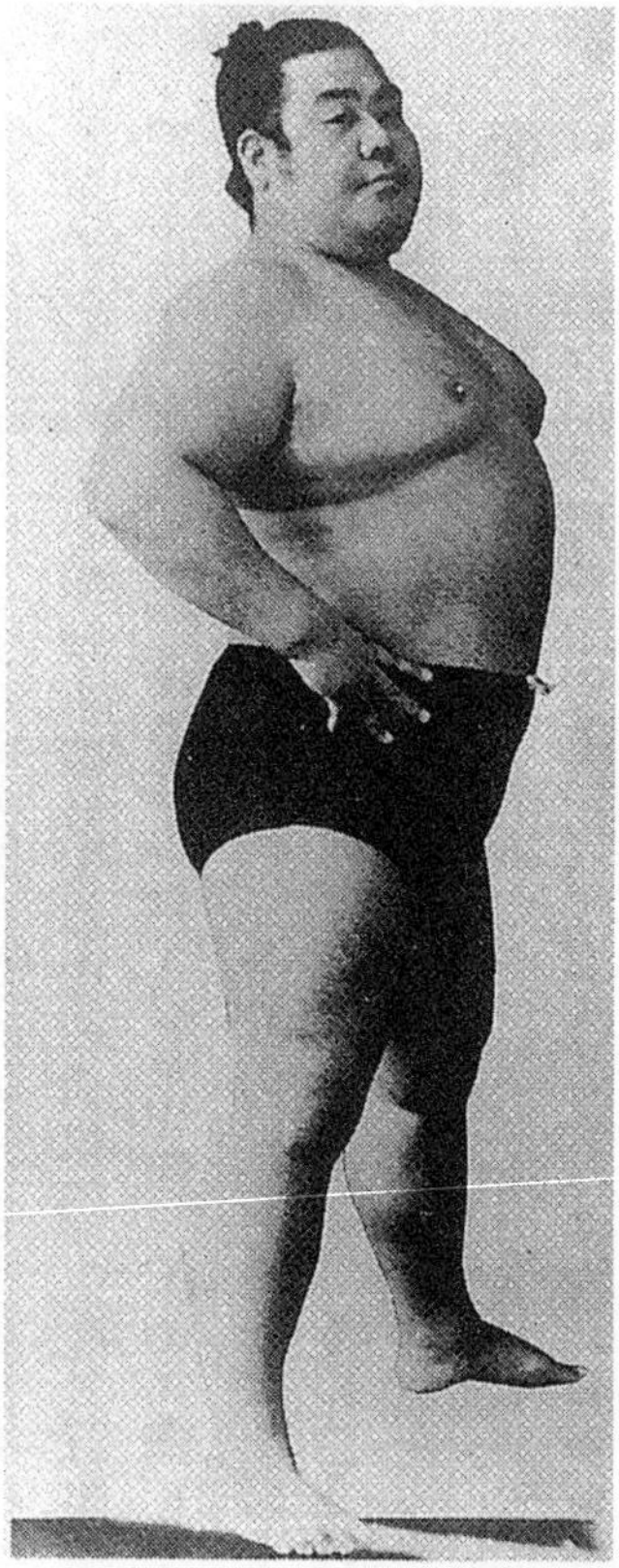

れほど、東富士のインパクトは大きかったのである。

この頂点にまで登りつめたプロレス・ブームの裏側では、力道山潰しが計画されていたという。つまり、東富士を中心とした新団体を興そうとの動きがあったのである。その中心は新田であった。李淳馹は新団体設立の背景に民族的問題があったと指摘している。結局、新団体設立はたち消えになったようであるが、当然、民族的問題が同時にたち消えになるわけではない。

ヒーローは日本人でなければならない。そう思っていたのは力道山本人ばかりではなかったはずだ。プロレスという新たなスポーツが生んだヒーロー。そのヒーローは誰も予想できないほどの勢いで巨大化していった。そのヒーローの座には、やはり本当の日本人が座るべきではないのか――。〔李、一九九六：一四九〕

力道山の鋭敏な感性が、これら表面化しない日本的な心裏を察知していた可能性はある。例えば、東富士断髪式をおこなったプロレス・センター開場式で、力道山と東富士はスパーリングを行っているが、東富士の凄さをアピールするものとなっている。村松はこれらの動向から、「新田氏は、あくまで東富士関をトップの座にすえようとしているんだな……力道山は痛感したに違いない」、「日本の国技たる相撲の最高峰をきわめた東富士の立場と、それを主役に興行を行おうという新田氏や永田氏が自分を脇へ押しやろうとする空気に、力道山は気を引きしめざるを得なかった」〔村松、二〇〇〇：一二〇―一二二〕と「力道山フリーク」らしく解釈している。

岡村は異なる見解である。確かにヒーローが「本当の日本人でなければならないという考えがまったくなかったわけではないだろう」と留保しながらも、大相撲の実績を重視した判断であり、いつ露呈するのか判然としない民族問題からの動きと解釈するのは早計であると。力道山はプロレスラー転向後、出自に関してコメントを発することはなく、家族にすら日本人という体裁を整え続けたこともあり、東富士のプロレスラー転向による力道山封じ込めにどのような考えを抱いていたのか確認することはできない。しかし、民族問題ではないとするのも早計である。なぜなら、力道山が日本人であるとの体裁をいくら整えたところで、通奏低音として民族問題は存在している。また、大衆が彼の出自を知らないにしても、彼の周りを囲む新田や永田のような親密な関係者や、相撲にくわしい者、一部の朝鮮人、また知識人や一部メディアは彼の出自を知っていたのである。力道山が彼らのような者たちを視野に入れていなかったとは考えられない。

「ヒーローは日本人でなければならない」との李の言説は非常に説得力をもっている。当然、力道山は日米対立図式をアングルとした勧善懲悪ドラマを観客に提供することにより、人気を獲得し、プロレスをビジネスとして成功させることを計画したことは事実だろう。実際、出自を隠し続けた。

しかしながら、「ヒーローは日本人でなければならない」というのが思い込みということはないだろうか。プロレスではナショナリティを偽ったり、ある民族を装ったりということもありうる。アメリカでのそのようなプロレスの実態を、力道山は散見していたにちがいない。とすれば、出自が朝鮮半島であっても、日本人を〝演じる〟こと、あるいは実際国籍としては日本人であるという錯綜したナショナリティ、民族性をプロレスという空間が内包することもありうる。もちろん、この考え方が極論であることは承知している。

しかし、より重要なのは東富士のプロレスラーとしての覚悟と適性である。東富士はそもそもプロレス入りに消極的であった。しかし、彼の最大の後援者である新田から、力道山と同格という待遇を約束される。この同格というのは、給料とともに選手権獲得などの実績も同じ扱いをすることを意味する。ところが、ハワイでの〝プロレスラー改造特訓〟に関しても十分な成果をあげられたわけではなかったし、途中ホームシックになってさえいる。先の力道山とのスパーリングもすぐに息が上がってしまっている〔村松、二〇〇〇：一二〇―一二一〕。メインイベンターは長丁場の試合をする力量が必要であるが、あんこ型のまま身体改良もままならないのでは、力道山の敵ではなかった。東富士だけではなく、新田にしても、プロレスを安易に考えていた証左ではないだろうか。

そして、力道山と東富士のプロレスラーとしての力量差が明確になるシーンが訪れる。七月一五日、新シリーズ「ハワイ・中南米タッグ・チャンピオン・シリーズ」が開幕、ボクシングの元世界ヘビー級チャンピオンからプロレスラーに転じたプリモ・カルネラ、そしてこのシリーズで大人気となった〝メキシコの巨象〟ジェス・オルテガが参戦、蔵前国技館三連戦で興行はスタートした。もちろん、このシリーズの売りは元横綱の東富士がどのようなプロレスを披露するのかにあった。

第二戦で、東富士はオルテガとシングルマッチを行った。オルテガは東富士を超える巨体を誇り、巨漢同士の対戦という興味を引く一戦であった。肉弾戦は十分見所があったようだが、オルテガが優勢、顔面へのパンチや掻きむしりで東富士は額から流血、戦意喪失状態となる。

この試合を街頭テレビで観戦していた村松は、東富士の不甲斐なさを以下のように表現している。

中学生の私の目にも、東富士の不甲斐ない姿として映った。しかし、力道山対木村政彦戦が提示した、何かプロレスの枠を超えたことを、オルテガがやったのだろうかという気もした。プロレスが嘘というのでもないが、プロレスの中の真剣勝負と本当の真剣勝負のあいだには微妙な一線があり、その一線をオルテガが超えたのか……私は、そう思うと少し東富士がかわいそうにさえ思った。〔村松、二〇〇〇：一二二〕

村松は「哀れ」とさえ表現しており、木村の敗戦のときにはこのような思いは抱かなかったという。そして、国技館の観客もテレビ視聴者も同じ目で見ていただろうと述べている。ここで、信じられないシーンが訪れる。リングに力道山が乱入し、オルテガに空手チョップを乱打、場外に放り投げてしまう。観客は〝いじめられている〟東富士を〝正義の味方〟力道山が救出したという物語として受け止める。プロレスでは幾度となくくり返されるシーンではあるが、日本では初お披露目である。会場は力道山への歓声で大盛り上がり、リング上でうずくまる東富士の存在感は希薄なものになった。

この村松の言説からはもう一つ着目しなければならないことがある。村松少年は「プロレスの真剣勝負」と「本当の真剣勝負」を区別しながら、真剣勝負にいくつかのモードがあることを感受している。そしてこの矛盾を八百長と捉えるのではなく、プロレス独特の勝負観として認識しているのである。朝日新聞など正統メディアが「偽装モード」と認識して、プロレスに組み込まれた複雑な真剣勝負論をとり逃しているのとちがって、中学生の村松は、先に力道山が言及していた真剣勝負の多様なあり方を感覚的に捉えているのである。村松少年はプロレスを「半真剣モード」あるいは「半偽装モード」として解釈している。つまり、三節で示した複雑な様相をもつプロレスリテラシーを少年が感覚的に把握していたのである。

力道山 VS “巨象” オルテガ〔田中、2003〕

さて、力道山と東富士のこのコントラストは、両者のプロレスラーとしての力量、存在感の大きなちがいとして認識される。これは力道山の計算づくのアングルだったのだろうか。この乱入劇は、新田らが企てる東富士中心のプロレスという目論見を潰すための計画だったのだろうか。実は前日の試合で、力道山はタッグマッチとはいえ、オルテガのパンチにＫＯされ一本取られている。しかも、たった二九秒という秒殺であった。この前振りがあっての乱入劇であり、〝プロレスの文法〟としては必然といっていい。とすれば、東富士が〝いじめられている〟とのイメージは、東富士の力量の結果であり、新田らの計画が頓挫したのは副産物であった可能性もある。

この乱入劇によって構築された力道山のイメージは決定的な意味をもつ。

> こんなことが現実に起こってよいのだろうか……プロレスにある程度の物語や筋道や演出が入り込む余地があることを承知の上で、なおかつ神秘的な場面として、私の記憶におさまっているのだ。
>
> 〔村松、二〇〇〇：一二三〕

村松は「プロレスの味方」として長い間プロレスを見続けてきた〝プロレス者〟である。その村松のプロレス歴において、もっとも強いインパクトを感じたのが、この乱入劇であり、「力道山の姿には、いささか神懸かり的な雰囲気がただよっていた」と振り返っている。付言しておくと、このような場面で、自身の「強さ」を表現する自己プロデュース能力を含めて、プロレスの〝勝敗〟は決定される。それゆえ、チャンピオンの政治学（四章一節）と同様、大衆の承認こそが決定的なのである。

本書の視角からすれば、力道山の「超越性」が際立った瞬間だったのである。当然、村松に限定された体験ではなかった。それゆえの観衆や視聴者の歓声であった。まず、力道山は柔道という日本武道の頂点にいる木村を倒していた。確かに問題が噴出した試合ではあったが、大衆にとって「強さ」という超越性を感受する出来事であった。そして、この乱入劇は相撲という「国技＝伝統的スポーツ」の頂点にいた東富士を救出する特別な力をもつ者というイメージに節合される出来事である。力道山はいまや、日本に伝統的な格闘技として世間的に認知されている相撲と柔道を越える「強さ」を体現してしまう。繰り返そう。力道山は「強さ」という水準で、柔道や相撲に対して「超越性」を有する存在となる。同時に、「権謀術数に対する怒りが、得体の知れぬエネルギーとなって大噴火」したと村松が表現する「強さ」とは異なる水準の「超越性」が垣間見える。

第八節　言説化できない「超越性」

その後、力道山はオルテガと壮絶な喧嘩試合を繰り返す。つまり、流血、拳による急所攻撃、レフリーの制止無視、鉄柱攻撃、ノーコンテスト（無効試合）というプロレス的な暴力性とカーニバル的な秩序違反を日本の観客の前に披露していく。先に取り上げた朝日新聞による「人間闘牛」なるプロレス批判は、このときのものである。村松は「このあたりから、一般紙とスポーツ紙のあいだに、試合に対するコントラストが生じはじめた」（村松、二〇〇〇：一二八〕と評するが、「人間闘牛」論は、当時の正統メディアの一般的態度といっていいだろう。つまり、一部の大衆文化に対する嫌悪感や暴力批判をプロレスにおいても繰り返すのである。特にプロレスは「一種のショー」にすぎないにもかかわらず、「スポーツ面《づら》」する。それゆえ、槍玉に挙がりやすいわけだ。

しかし、大衆は力道山とオルテガの喧嘩試合に熱狂した。九月七日の最終戦まで、日本全国を巡業し、空前の観客動員を記録する。最終戦の両者のシングルマッチは、定員一万二千人の千駄ヶ谷体育館に二万人近い観客がひしめいた〔田鶴浜、一九八四：六七〕。プロレスは一般紙からすれば公序良俗に反するジャンルにすぎない。しかし、大衆はプロレスを支持したのである。喧嘩試合に観客は熱狂と興奮に巻き込まれた。喧嘩試合ではあったが、喧嘩ではない。プロレスのルールの範囲内でのラフファイトの応酬は死闘に映るのである。試合後、敗れたオルテガはリング上でコスチュームのソンブレロとポンチョを力道山に贈る。両者は観衆から心温まる拍手を受ける。オルテガは大ブレイクし、大衆に強者として認知されるのである。ここに「鬼畜米英」の投影としてのプロレスはない。オルテガはメキシコを表象し、ここに至って、オルテガを悪役とする認識は後退しているからである。そこにはプロレス自体の魅力が溢れているといっていい。正統メディアと大衆どちらがプロレスを理解したといえるのであろうか。

その後、力道山は東富士を伴いシンガポール遠征、東南アジア一帯に転戦、一一月八日からはアジアのプロレスラーを招聘し、「アジア・チャンピオン・シリーズ」を開催する。一一月二二日、蔵前国技館での最終戦で、力道山はキング・コング（シンガポール）に勝利し、「アジア・チャンピオン」を獲得する。このシリーズには、インドからヒンズー・レスリングのダラ・シンが参戦している。ダラ・シンのファイトスタイルは反則なしのクリーンファイト一辺倒であった。それゆえ、力道山は対戦相手の反則に耐え忍んだ末に、怒りの空手チョップを繰り出すという典型的な力道山スタイルを展開できなかった。

一九五五年のプロレスでは、アメリカ人がほとんど登場していなかった。繰り返しになるが、ここに「鬼畜米英」の投影としてのプロレスはないのである。この一九五五年のプロレス状況を見るかぎり、われわれは力道山プロレスをアメリカに対するコンプレックスの解消などと単純化することはできない。プロレス〝輸入〟から、わずか一年であるが、ここに力道山常識論は見いだせない。

また、プロレスが「偽装モード」であるとの認識には限界がある。それは力道山の真剣勝負論、そして、村松少年の真剣勝負観に現れていた。ここで、力道山の空手チョップという必殺技がもつ意味作用について考察しておこう。例えば、木村政彦は空手チョップを以下のように説明している。

知ってるかもしれないけれど、プロレスの空手チョップというのは、まっすぐに手刀を撃つんじゃなくて、撃った瞬間、手を甲の方へ返すのが建前なんだね。ふつうに撃つと、音がしなくて、お客さんもぶったと思わなくて、しかも痛いでしょう。だから手を外側にぶった瞬間返すわけです。そうすると、体に汗もでているからバーンと音もする。その瞬間、手を戻すから、お客さんはぶったな、と手刀でぶったように感じられるわけです。〔『Ｎｕｍｂｅｒ』七〇号：二九〕

おそらくプロレス技には、木村が説明を施すような対戦相手に怪我させないような工夫がなされている。また、そのうえで観客に伝わりやすいような技術が組み込まれているのだろう。しかし、それは「手を抜く」という程度のことではない。観客の理解の可能性を組み込むことによって、技には意味の強度が加えられる。それは象徴的であり、力道山やその時代の日本人が生きていた現実それ自体の意味を媒介してしまうのである。それだけではない。力道山の身体性は日本を飛び越え、韓国や北朝鮮にまで及ぶのである（三三一ページ、注（４）参照）。プロレス技である空手チョップを単なる〝見せ技〟と解釈しては事足りないのである。木村はプロレスやプロレスの技、そして空手チョップを常に「偽装モード」として理解している。このような木村の認識において、プロレスの危険性や「真剣モード」の可能性が遮断されている。それゆえ、空手チョップがもつ記号の爆発力を理解できないのである。プロレスは実際、プロレスを実践している者でさえ、「真剣」／「偽装」、「実」／「虚」の認識を共有できないことさえあるのだ。

力道山夫人の田中敬子は空手チョップを以下のように解釈している。夫人が解釈する力道山プロレスは確かに戦争に関わることに限定されてはいるが、より複雑な心情が組み込まれたものである。

力道山はファンの方々からサインを求められると、自分のサインと一緒に好きな言葉の「闘魂」「根性」「努力」などをよく書いていました。一番多かったのは「闘魂」だったと記憶しています。「闘う魂」とは、力道山の三九年間の人生を言い表すのに相応しい言葉であると実感しています。この力道山の「闘魂スピリット」こそ、いまの日本人に必要な精神ではないでしょうか。（略）

主人は空手チョップと同様に、日本人の観衆に生きざま、力道山のスピリットを見せたかったのでしょう。

〔田中、二〇〇三：二〇五―二〇六〕

ここで夫人がいう「闘魂」は、その内実が規定しがたい性格をもっているが、「生きざま」なのであり、空手チョップはその象徴的記号である。空手チョップや力道山の身体は観衆や日本人とコミュニケーションを行い、構造化された記号体系を構成している。

リング上の空手チョップや力道山に、ある概念を意味させるには、それまでに長く複雑な意味作用のプロセスが必要である。リング上にただ存在するという現実だけでは事足りず、現実から意味作用が明示される必要がある。そこに、記号の伝達力や爆発力がなければいけない。空手チョップが必殺技であること、外国人を倒す力をもっていることを観衆や日本人に見せるだけでは不十分なのである。倒すだけの特別な力をもっていることを示す記号として構成されていなければならないのである。そのためには日本人が歴史的に構築した身体性が節合される必要があった。格闘技における機能性や実践力もまた、その一つである。空手チョップが、空手という日本古来の武道とつながっていること。そこには、空手が日本の武道であると、通俗的に信憑されているとの背景もあるだろう。あるいは、力道山が相撲時代に突っ張りが得意技であったことを連想させること、石に手刀を何万回も叩き付けた鍛錬、日系のプロレスラーが使用する技で外国人レスラーが怖れていたというイメージがあること、外国人レスラーの反則に耐え忍んだあとに使われる技であること……これらが複合的に連関しながら、力道山の身体に意味内容が熟成される。

　このときの意味作用は、実に純粋で充実した意味を結実してしまう。その事実の自明性に命名するのは逆説的に難しい。なぜなら、先の要素は必要条件にすぎないからである。それゆえ、夫人が表現するように、空手チョップや力道山という記号は「闘魂」「日本人の観衆に生きざま」という言葉によって、かろうじてその意味を紡ぐことができるのである。さらに自明であるがゆえに、その自明性を分解しようと、多様な解釈をもたらすことになる。もう一点付言するなら、事実の自明性によってもたらせられた意味は、自明であるがゆえに、容易に日本なるものを乗り越えて、他者にもその意味を伝達する可能性を有しているかもしれない。

　しかし、朝日新聞などの正統的メディア、知識人、そして木村らはこの自明性の受容に失敗する。対象の記号内容は、メッセージの発信者ではなく、受信者に大きく依存するからである。その意味で、空手チョップ、力道山、そしてプロレスは原理的に多義的なのであり、いくつもの解釈を容易にさせる。朝日新聞以下の解釈は、プロレスを「偽装モード」と看過してしまう。確かに、プロレスは通常事前に試合の結果を決めたうえで行うパフォーマンスである。この認識が彼らの解釈のすべてに作用するとき、その解釈は「偽装モード」内で同語反復的な言説を構築してしまう。それが、木村のプロレスへの姿勢であり、村松の祖父の満足なのである。

しかしながら、このようなプロレスの自明性は大衆に受容された。それは「生きざま」「闘魂」「強さ」といった概念として分解される。AV界の巨匠村西とおるは、現在のプロレス人気凋落を解釈しながら、当時の力道山プロレスを以下のように語る。

「人間ってこんなに凄いぞ」ということを見せてくれるものが本当のプロレスなんだけれどもね。やっぱりね、ガチンコのおもしろさっていうのは確かにあるかも知れないけれども、プロレスのおもしろさってもう一つガチンコとは違いますよ。そこにはやっぱりドラマ性がある。人間の不条理がある。ガチンコみたいにスパンと輪切りにするかたちじゃなく人間の真実というものをドラマ仕立てにしてみせることってあるんですよ。人間の生き様として共感できるものがプロレスにはあるはずなんだよ。

試合内容だけではダメですよ。そこに物語というものがなければ感情移入できないでしょ。そこに人間のドロドロがなければ。

（村西、『紙のプロレス』一四三号：九一－九二）

「人間ってこんなに凄いぞ」「やっぱりドラマ性がある」「人間の真実」「人間のドロドロ」……、このような表現が示しているのは、力道山夫人が空手チョップや力道山、そしてプロレスに発見した「闘魂」「根性」「努力」「生きざま」という言葉で表現した意味内容とおそらく同一なのである。戦後日本社会において、アメリカ人に対する劣等感を昇華させたという広く信じられている物語もまた、力道山プロレスという記号表現の解釈であり、一つの意味内容である。この物語が、「想像された共同体」としての国家を意識させるナショナリズムに結びつくのも必然である。しかし、このナショナリズムという枠組みと表裏一体となって、「人間の真実」「生きざま」……というナショナリズムの枠組みをはみだす意味作用もまた生じていると言わなければならない。そして、このような力道山プロレスの受容は、明らかに力道山常識論からはみ出してしまう。

井上俊はスポーツの芸術性に照射し、スポーツ体験に「美的体験」「生命力の表出」「人格性の発露」を見いだす可能性に言及している〔二〇〇〇〕。井上が表現する「美的体験」などの学術的言説は、力道山夫人の「闘魂」「生きざま」、村西の「人間ってこんなに凄いぞ」「人間のドロドロ」、という大衆的言説に呼応する。力道山という記号表現は反復の過程を通して、幾度も再現される。そのため規範化され、形式化された見かけを構築しているように思われる。しかし、これまで論じてきたように、実際は純粋な反復とはいえない差異をもっている。例えば、正統派のインド人レスラーに対して、正義の空手チョップを振るおうにも振るえなかったように。しかし、見かけは形式化され、われわれの記憶はその見かけをなぞらえる。このような機制のなかで、意味作用の効果が決定されていく。その意味内容が朝日新聞や木村、そして村松の祖父らの反応に見られるのである。しかしながら、当時、リングの前で観戦していた者たち、そして街頭テレビの前で熱心に見入っていた者たちの歓声は、当時の鬱積した日本人の感情の爆発であり、戦後復興に向かう日本人の勇気の現れであっただけではなく、「生きること」「闘うこと」それ自体の感受であった可能性を否定することはできない。このような受容が「偽モード」とは異なる次元にあることは必然である。

ここでもう一度、村西の言説を引用してみよう。

親父もこんなパワーがあるんだったら、なんでいつまでも行商しながら傘直しなんかしてんのかなって子ども心に思いましたよ。それくらい、今までに見せたことがないような形相やパワーを見せながら、テレビにかじりついて力道山に熱中していたんです。

あれはようやくテレビが家庭に入ってきた時代でした。町内会でも裏の家でも、力道山の活躍に大騒ぎですよ。翌日は力道山の話で持ちきりみたいな。だから力道山を頂点として日本が動いていた時代なんじゃないかな。日本で一番の偉人として力道山はいたんですよ。

〔村西、『紙のプロレス』一四三号：九二（傍点は引用者）〕

先に指摘したように、力道山は柔道と相撲の頂点にいた者を乗り越えている。その意味で、格闘技者として、「強さ」という水準で「日本一」という表象を獲得している。しかしながら、村西の「親父」も村西自身も力道山を受容するとき、格闘技としての「日本一」に留まりきらない存在として受容している。力道山の「生きざま」「闘魂」……は格闘技に限定しきれない深度をもっており、それを受容した者に「生きざま」「闘魂」……を感染させる。力道山が発した「超越性」は、戦後日本社会において「日本で一番の偉人」として信じられるほどの力学を有していたのである。

第三章

ルー・テーズとプロレス記号論

第一節　力道山プロレスの文化的ヒエラルキー

一九五六（昭和三一）年になると、プロレス熱は少し落ち着いたものになった。『週刊読売』（一九五六年五月六日号）では、シャープ兄弟を再度招聘してのシリーズを総括しながら、「プロレスブームの消長に関心が寄せられる」との見解が記されている。続いて、アメリカでのプロレス修行中に力道山が負けたタム・ライスを招聘しての興行は、田園コロシアムで超満員を記録した。その試合を友人宅でテレビ観戦した村松は以下のように振り返っている。

友だちの両親も友だちも、私のためにプロレス番組を選んでくれたものの、もはやプロレスにはさしたる興味を抱いていないようだった。私も、その家庭の雰囲気に合わせ、あまりわくわくした気分を出さないようにしていたはずだ。（村松、二〇〇〇：一五五）

この村松少年の友人家族のプロレス受容を見るだけでも、かつてのプロレス熱はすでに失われつつあることが理解できる。力道山プロレスが日本人の前に登場して、三年と満たない時期である。力道山プロレスは当初街頭テレビによって伝えられたが、一九五五（昭和三〇）年になるとテレビ視聴の場所は街頭から、喫茶店や家庭へと広がりを見せていく。吉見は五五年一〇月九日の朝日新聞夕刊の記事を引用しつつ、街頭テレビの全盛期が過ぎたことと力道山プロレスの周縁化を結びつけている。確かに高い視聴率を獲得するプロレスではあったが、家庭で見るのにふさわしい番組としては逸脱したものと捉えられていくようになる〔吉見、二〇〇三：三四〕（本章六節で議論する）。

特に木村政彦戦を境に、朝日新聞がプロレス報道を控えるようになったことと同時進行的な事態であった。つまり、プロレスは八百長スポーツであり、真剣に報道する価値のないものであり、社会的には異質な存在であるという認識が広がったのである。こう見てくると、プロレスが日本社会の中心的出来事であった時代とは、繰り返すが、一九五四（昭和二九）年の一年だけであった。

しかし、村松少年はその醒めた受容熱に表面的には合わせながらも、プロレスへの、あるいは力道山への熱狂を内に秘めている。このような村松少年の心理と態度はどうして生じたのだろうか。

村松は一九五五年以降の風俗に対する日本人の警戒心について触れている。進駐軍の影響を受けた風俗や社会現象に対する警戒心が当局に生じていたころであった。具体的な例としてあげられるのは、ヘンリー・ミラーの小説『サクセス』がワイセツ文書とされ、悪書追放という世論が生じていたことである。『サクセス』への批判は、「文学的、芸術的、あるいは学術的」ではなく、「ワイセツ」であるということから生じるとされるが、プロレスは同様の「世間的感覚」から評価されている〔村松、二〇〇〇：一四六―一四八〕。つまり、プロレスへの批判は、「スポーツ的、精神的、教育的」ではなく、「暴力、野蛮」であることから生じるという「世間的感覚」を下敷きにしていると考えられる。

村松のいう「世間的感覚」は文化的ヒエラルキーを背景とする。ジェンスンによれば、よき趣向から生じる趣味であれば愛好家、悪しき趣向からであればファンと区別されるのは、文化的ヒエラルキーに基づくのである。よって、よき趣味である「文学的、芸術的、あるいは学術的」「スポーツ的、精神的、教育的」に対し、悪しき趣味である「ワイセツ」「暴力、野蛮」という対抗図式が用意され、プロレスは後者に位置づけられるので、同時に村松少年はファンという異常性を身にまとうことになる。この異常性を少なからず知覚しているがゆえに、村松少年は「その家庭の雰囲気に合わせ」「わくわくした気分を出さないように」して、世間に身を潜める術を身振りとしているのである。

一九八〇年代にまで至ると、文化が熟爛していく時代を迎え、よき趣味を肯定する言説や振る舞いは、文化的エスタブリッシュメントの権力作用を補強するという意識が前景化してくる。それゆえ、よき趣味と悪しき趣味という既成の価値基準自体が相対的かつ恣意的であるとの認識が生じたわけだが、村松少年は、そのような文化の相対性を認識することなどできないのである。

ジェンスンは趣味趣向の差別化に関して、もう一つの根拠を示している。それはよき趣味の者と悪しき趣味の者の行動モードに関するちがいである。前者は享受において合理的評価が含まれ、理性的な態度によって表示される。後者であるファンは、情念が過剰となり、情動の誇示によって表示される。つまり、よき趣味と悪しき趣味を判断するわれわれは、理性と感情という二項対立的な前提を適応しているにすぎないのである。それゆえ、村松は「わくわくした気分」という情動を外部化することを抑制し、理性的に振る舞うという偽装を行ったのである〔Jensen, 2002〕。

稲増龍夫は『アイドル工学』（筑摩書房、一九八九年）で、アイドルの商業主義的前提を受容したうえで、その虚構性を虚構としてメタ化して受容する「クール」な受け手像について論じた。つまり、虚構性そのものを楽しもうとする新しい受け手が、当時現れたことに着目したわけである。このような受け手像とは、ジェンスンのファンダム理解からすれば、趣向性はファン的であるが、行動モードについては合理的であると位置づけられる。つまり、趣向性という点で、文化的ヒエラルキーを相対化しつつも、規定的に悪しき趣味とされていた文化的構築物への関与を行っている。行動モードという点では、「クール」という表現からも理解できるように、メディア戦略を含めた鑑識眼という合理的な態度によって構成されている。しかしながら、アイドルを虚構と知りながらも、その虚構性に、あるいはメディアに過剰な関与を行う。その意味では、情念の過剰も見られるという点で、ジェンスンが定義するファン的な受容でもある。

村松少年は世間とファンダムという二項対立的な文化的ヒエラルキーに押し込められながら、そのファンとしての熱狂や情動を内に秘めるのである。それから、およそ四半世紀後に『私、プロレスの味方です』（以下『味方』と略す）を出版するのだが、『味方』は、プロレスファンであることをうしろめたく感じてきた村松の〝カミングアウト〟であったとの解釈が成り立つ。あの「家庭の雰囲気」のなかで、「わくわくした気分」を外部に表出できず、世間のまなざしを内面化した振る舞いからの脱却であったと。しかし、そこには稲増のいう「クール」な受け手像と重なる部分がある。それはプロレスというコンテンツとその戦略を含めた非常に優れた鑑識眼である。つまり、ファンとしての情動を抱えながらも、行動モードとしては理性的なのである。

稲増は村松の『味方』を以下のように位置づける。

八〇年代の「プロレス論」や「アイドル論」は大テーマを持ちえない時代の、一つの知性の逃げ道であるのかもしれない。つまりは従来は論ずべきテーマではなかった卑俗な対象をあえて選択して、いわばテーマ自体に内在する問題性よりも、論者自身の過剰なまでの読み込みによって思いもかけなかった分析を展開していくという方法論である。〔稲増、一九八九：六四—六五〕

この稲増の理解からすれば、プロレス受容はテクストの自由な解釈によって知的な方法論を築くところに特徴がある。もちろんこのような〝記号論的自由〟とでもいう態度こそが、先の行動モードとしての理性に依拠しているということでもある。しかしながら、村松のプロレス論についていえば、一点だけ稲増理解には違和感が残る。それは、村松はプロレスを「あえて選択」したのではなく、プロレスを選択せざるをえない情動を隠しもっていたという点である。稲増においては、プロレスはショーであるとの認識から、村松がプロレスの虚構性を全面的に肯定したとしている。村松の周囲がどのような評価をプロレスに下していたかは別として、[1] この認識は「虚構モード」であるが、これまで見てきたように村松はプロレスに「真剣」がなにほどか組み込まれていると見なしている。

『味方』は世間から「異常」「低俗」とみなされ嫌悪されるジャンルを、知的言説によって「愛好家」と「ファン」の境界がもつ仮構性を示しつつ、プロレスあるいはプロレス・ファンダムに対する真っ当な評価を構築する企てとして評価できる。翻って、村松少年は、大衆がプロレスを当初受容したモードとはどこか異なっている。つまり、村松少年とは大衆とつながりつつも、日本社会が豊かさを獲得していくにつれ、大衆が分化していく過程において出現したプロレスファンの原型なのである。

さて、村松少年が力道山プロレスへの熱狂を内に秘め受容していたころ、日本社会には新しい現象や風俗が次々と出現していた。つまり構造としての戦後日本社会の変容が意識されてきた時代になり、その構造（ラング）から生じる現象（パロール）の一つが先のワイセツ論議でもあった。そして、この時代の象徴的現象としては、太陽族があげられるだろう。

昭和二〇年代と昭和三〇年代にはなにか時代的断絶が潜むように思われる。もちろん、前者と後者で時代がまったく変化したなどと主張しようというのではない。敗戦による時代風潮を両者が共有していることは当然である。

しかし、戦後一〇年で、新しい時代風潮が吹きはじめるようになったのではないだろうか。小熊英二は、「戦後」なる言葉に組み込まれた意味の内実が一九五五（昭和三〇）年を境に大きく変貌したと指摘している。つまり「戦後」とは、戦後思想や人々の「心情」、そして社会状況を吟味すると、五四（昭和二九）年までの「第一の戦後」と五五年以降の「第二の戦後」として分けて理解すべき対象として浮かび上がってくる。「第一の戦後」は、日本はアジアの後進国であり、敗戦による貧困と、闇市に象徴されるアナーキー状態として語られる。政治に目を移せば、戦中指導者であり、公職追放となっていた鳩山一郎が首相となったのは五四年、五七（昭和三二）年にはA級戦犯だった岸信介が首相となり、「戦争責任という言葉が廃語になった」という意識が生み出されるころである。五五年には左派社会党と右派社会党が合体し、日本社会党が結成される。そして、保守政党も自由党と民主党が合同し自由民主党となる。ここに五五年体制が成立した。五六年には経済白書が「もはや戦後ではない」と書き記し、流行語となった。

つまり、一九五五年が日本社会のターニングポイントであったとの評価はかなりの妥当性をもつ。「いわばそれは、『戦後』の終わりであり、もう一つの『戦後』の始まりであった」のであり、革命と闇市が象徴する時代から安定と繁栄の時代へと変化していた（小熊、二〇〇二：二九一―二九二）。「第二の戦後」は、日本は西洋並みの先進国という意識をもつようになり、「第一の戦後」の「心情」を「一時的な『気の病』」と見なす者さえいる高度成長の時代であった。それゆえ、停滞や虚脱感は過去の「心情」であり、「現実は変えられる」という「心情」にリアリティがあった（小熊、二〇〇二：一一―一四）。

ここで日本のターニングポイントをサブカルチャーの動向に注目し、両者の断絶を位置づけておこう。なぜなら、一〇年とは世代論的な差異を生み出すスパンでもあるからである。一九五六年、第三四回芥川賞に石原慎太郎の『太陽の季節』が選ばれた。同年、実弟の石原裕次郎は、映画化された『太陽の季節』で主演、銀幕デビュー

石原裕次郎主演『太陽の季節』（http://www.botanical.jp/taiyo/colum6/blog.cgi/permalink/20050714111443

を果たす。力道山プロレスがテレビ放送されてから二年後のことである。その内容は、中産階級子弟の不良的振る舞いを描いていた。彼らの行動は、当時としては逸脱した性的放蕩やケンカに明け暮れるというものであった。

　この現象の背景として、戦後停滞していた日本社会のなかに豊かな社会層が一部成立してきたことがあげられる。彼らはジャズやダンス、そしてヨットなどの物質的豊かさを背景としたアメリカ型の若者文化を享受する。豊かな社会層が、日本で胚胎し具体化してきたのである。石原兄弟は裕福な社会層出身であり、アメリカ的な物質文化を受け入れるだけの十二分な経済的基盤を有する子弟であった。

　このような流れを受けて流行し、大衆化したのが太陽族である。石原裕次郎以前のスターである笠置シズ子や美空ひばりは超世代的な偶像であったのと比較して、石原裕次郎は「若者」という世代の偶像としてたち現れてきたのである。

　難波功士が「階級の差が文化の差であった時代から、階級（文化）よりも世代（文化）が卓越する時代の転換点に、太陽族は登場したのではないだろうか」〔難波、二〇〇七：一二三〕と指摘するとおり、昭和二〇年代と三〇年代には時代の雰囲気に大きなちがいがある。二〇年代においては、アメリカ的な雰囲気を漂わせる物質文化に対して、日本人は屈折した感情を忍ばせながら受容していたはずである。しかし、三〇年代の太陽族の若者には、この屈折した感情がストンと抜け落ちているのである。それゆえ、両者にはどこか共約不可能な部分があり、世代が重要な変数として浮かびあがるような時代を迎えていたことが確認できる。

昭和三〇年（一九五五年）は、先に触れたとおり、政治的には五五年体制が成立し、経済的には「経済成長という言葉が市民権を得た」という意味で成長の実感が生活に組み込まれ、文化的には、「大衆文化の時代」から「中間文化の時代」（加藤秀俊）へと変化していったときなのである。ちなみに、労働という観点からすれば、春闘方式という新しい労働運動の形態が実現している。力道山が日本社会の前面に躍り出たのは、このような歴史的転換点の直前であったことになる。そして、映画『ＡＬＷＡＹＳ　三丁目の夕日』（東宝、二〇〇五年）における昭和三〇年代における日本の成長が庶民レベルで実感できるようになり、未来に夢を見ることができる時代であった（『ＡＬＷＡＹＳ』に関するメディア論的議論は四章にて行う）。

だからといって、太陽族的風俗を享受可能な世代が戦争とはまったく無関係に生きていたわけではない。アメリカ的なものを忌憚なく引き受け、豊かさの記号として自己提示可能なのは、アメリカ的なものを引き受けきれない者や屈折した感情をもつ者との落差があって、はじめて認識可能だからである。これは戦後という言葉がもつ内実が、戦時や戦前との落差によって認識可能となることと同時進行的事実である。つまり、太陽族的風俗を享受可能な世代とは、戦争を直接体験しなかった人々として、アメリカ的豊かさの相のもと物語化されることを必要とする人々である。と同時に、戦後を生きることが戦中と戦後との間になにがしか断絶の感覚をもたらしていることを意味する。したがって、日本人はこの断絶の感覚を抱えながら、新しい時代を生きていく感覚をもたなければならない。ゆえに日本の物語は一度終わり、新たに始まる必要があり、この両者を同時に媒介する物語が社会的に要求される。この物語が語られてはじめて、戦後が言葉として内実をもつのである。

通常、戦中と戦後の断絶を乗り越え、「再生」の物語を皆が共有することは屈曲した企てと考えた方がいい。

なぜなら、われわれは戦前や戦中の夢や欲望、当時抱いていた日本の理想像を過去のものとして切り捨てることができないからだ。過去の記憶は現在もリアリティを保ち続けるのである。それゆえ、われわれの身振りは、過去として「回顧」することによって、戦後を構築する。戦後とは戦前戦中との時間的連続性に目眩をもたらす物語なのである。だからこそ、戦後六五年も経過するというのに、いまだわれわれは戦争と戦後を語り続けるのである。

そこで、力道山プロレスは、戦中と戦後を組み込みながら、「再生」物語を表現する最適なメディアだったのである。なぜなら、一つにはプロレスは、戦後はじめて登場したスポーツという点で断絶の感覚に適合的であったこと。二つ目には力道山の対戦相手が当初典型的なアメリカ人プロレスラーであった点で、戦中と戦後両方のアメリカに対する多様な解釈を可能とするテクストとして機能したこと。三つ目はプロレスに外在する社会状況の大きな変化として、テレビの登場があげられるが、これもまた断絶の感覚に適合的であったこと。さらにテレビについて指摘するなら、映像メディアである点で目覚めたまま見ることができる〝夢〟を提供可能であったこと。それも悦ばしい夢から悪夢まで、あるいはささやかな夢から大きな夢まで、あるいは過去見た夢から現在見る夢まで。これらの夢は大衆的想像力に呼応していたのである。そして、一九五五年が日本のターニングポイントであったという観点からすると、一九五四年の力道山プロレスが日本人全体を巻き込む力を有していたが、この時点、一九五六年になると、このような力は弱まっていた。その証拠は、村松が「わくわくした気分を出さない」と意識させる日本社会の空気が存在したことである。

第二節　プロレスにおける「真剣」

一九五六（昭和三一）年一〇月一五日から、日本プロレス・コミッショナー主催による「ウェイト別統一日本選手権大会」がはじまる。六月に新田新作が五〇歳の若さで急死、力道山のプロレス支配力は高まっていたのだが、「ウェイト別日本選手権」は日本のプロレス界に階級制とランキング性を導入し、プロスポーツとしての制度整備を行うものであった。しかし、それは表面的な理由と思われる。実質的には、力道山の日本プロレスによる他団体の吸収、あるいは制圧ということであった。この大会はそれほどの話題にはならなかったようであるが、本書の構成からすると、重要な意味をもつ大会である。

「ウェイト別日本選手権」が設定された背景は、東京の日本プロレス協会（力道山）、大阪の全日本プロレス協会（山口利夫）、熊本の国際プロレス団（木村、清美川）の三団体の競合状態が、日本プロレスの力道山の圧倒的な人気、有名外国人レスラー招聘の独占により、後者二団体の活動が停滞し、ついには二団体とも解散、弱小インディー団体の乱立へと勢力が分散したことにある。全日本プロレスは解散、山口道場に縮小。国際プロレス団は木村、清美川の主力がメキシコに、大坪清隆ら残党がアジア・プロレス協会設立。大同山又道[2]ら朝鮮半島出身者による東亜プロレス協会、北畠義高による東和プロレス協会など新興団体が乱立する。各団体とも力道山の成功を横目に見ながら、二匹目のドジョウを狙ったわけだが、芳しい結果を残すことはできなかった。

おそらく、力道山はこれら弱小団体に事前に「ウェイト別統一日本選手権大会」の開催後の体制を了承させたうえで、試合を組んだ可能性が高い。「ウェイト別日本選手権」にライトヘビー級部門で参加したジョー樋口[3]は当時の経緯を以下のように語っている。

リキさんを中心に日本人だけのトーナメント式のものをやって、みんなで協力してやっていこうと団体の親方同士で話し合ったんじゃないの？　それでああいうトーナメントがあったわけよ。だけどね、結局うまく協力し合うっていうのはできなかったよね。まだ時代が不確定だったし。〔樋口、『Gスピリッツ』一一号：四四〕

多くの団体は大会終了後自然消滅、また山口道場はこの大会に参加するために体裁を整えたものでしかなく、ジョー樋口の語りから見ても、事前に実質的な日本プロレスによる日本統一が成立していたと考えることができる。背景はどうあれ、日本プロレスリング・コミッショナー主催で四団体四〇名のレスラー参加によるトーナメント戦が行われた。一〇月一五日は日本橋浪花町センター、二三、二四の両日は東京国際スタジアム（のちの日大講堂）の計三日間、ライトヘビー級、ジュニアヘビー級、ヘビー級の三階級で開催、力道山はヘビー級優勝者の挑戦を受けるということで不参加であった。最終日の各階級の結果は以下のとおりであった。

日本ライトヘビー級決勝戦四五分三本勝負
芳の里（日本プロレス）　２―１　吉原功（日本プロレス）
日本ジュニアヘビー級決勝戦四五分三本勝負
駿河海（日本プロレス）　２―１　吉村道明（山口道場）

日本ヘビー級ランキング戦決勝戦四五分三本勝負
東富士（日本プロレス）　1—1　山口利夫（山口道場）

ヘビー級は一一月三〇日に大阪府立体育会館で再戦、東富士が勝利したが、力道山との対戦は実現しなかった。
さて、ここで注目したいのは、この大会第一戦が非公開、つまり観客を入れる興行ではなかったこと、そして会場の日本橋浪花町センターとは力道山道場のことであった点である。非公開かつ道場での公式戦とは、興行会社としては不自然な企画である。全貌について正確に把握するのは困難だが、通常の試合とは異なる真剣勝負が行われた可能性が高い。プロレス記者の小佐野景浩が当時の検証記事を記している。

一〇月一五日、東京・日本橋浪花町センターでの予選は何と興行としてではなく、非公開で行われた。この時の予選は選手たちが団体の威信を賭けて戦い、秒殺、負傷者が続出した〝伝説の大会〟として語り継がれている。
〔小佐野、『Gスピリッツ』一一号：四〇〕

なぜ〝伝説〟かというと、通常の興行の「ショー」的要素が排除された「セメントマッチ（真剣勝負）」で行われたからである。のちに国際プロレス（一九六七年設立）のリングアナウンサーで、当時会員として力道山道場に通っていた長谷川保夫はこの試合の貴重な目撃者である。

どういう状況での試合だったか憶えてないですけど、道場で吉原さんが相手の腕を折ったのは見ましたね。

五人ぐらいの選手が来て、力道山が試合をやらせたんですよ。確か朝鮮系の選手だったと思います。お客さんは入れてませんでしたね。時期はもう木造の道場じゃなくて、鉄筋の道場（日本プロレスセンター＝五五年七月に完成）になっていました。

（長谷川、『Gスピリッツ』一四号：五二）

この長谷川のインタビューをレポートしている小佐野は、この長谷川の記憶が「ウェイト別選手権」のトーナメントであったかは定かではないとしながらも、時期的にも対戦相手に関しても食いちがいはないと指摘している。ちなみに、吉原の対戦相手はボクシングから転向した東亜プロレスの東日出男《あずまひでお》である。また、先に取り上げたジョー樋口も言葉を濁しながら、対戦相手の金子武雄の腕を折ったか、あるいは膝を破壊したことを認めている。どの試合が真剣勝負で、どの試合がそうではないのか、あるいはどの程度の〝真剣度〟であったのかは結局定かではない。当時、このトーナメント自体がテレビ放送されているわけではないし、新聞やプロレス専門紙が真剣勝負であったとあえて論じるはずもない。しかし、プロレス業界内では語り継がれていたことであるし、『Gスピリッツ』のような専門誌にも断片的にではあるが、昨今記事としてファンの目に触れている。また、岡村は小島貞二にインタビューしたおり、「昔はセメントでやっていた」との言質をえており、このトーナメントを示していると推理している（岡村、二〇〇八：一二二）。

このようなメディア状況からすれば、当時のメディアがプロレスにおける真剣勝負を看過していたことがわかる。当然、通常の試合とは異なるゆえ、プロレス側もメディアに露出しないよう道場マッチをおこなったという事情もある。しかし、プロレス評論の第一人者であった田鶴浜などメディア関係者もその場にいたのも事実である。それゆえ、プロレスにおける「真剣モード」は当時のメディア上に表出することはないが、関係者や〝目撃者〟の記憶に仕舞い込まれ、ときに噂話として業界内を伝播する。

さらに、時折専門誌などが当時の真相に迫る記事を載せ、それはファンの記憶に組み込まれていく。先の『Gスピリッツ』はファンの記憶のための記録庫の役割をしつつ、プロレスファンのプロレス理解のための文化資本となっていく。もちろん、『Gスピリッツ』だけでなく、さまざまな専門誌紙や一般誌、また単行本などにも、真相に迫ろうとする記事やエピソードが載せられ、ファンを中心としてプロレス知識が蓄積されていく。と同時に、「偽モード」という視角から実態を暴露する情報が蓄積されていく。どちらも、プロレス理解のための文化資本である。

プロレスにおける「真剣」に関するいくつかのエピソードを記しておこう。つまり、業界やファンにおけるプロレス理解の文化資本であり、蓄積される知識である。

まず、このトーナメント戦の三位決定戦、東京国際スタジアムでの対大坪清隆（アジア・プロレス）戦に関するジョー樋口の言説である。樋口は汗ですべり技を極めきれず、三〇分時間切れに終わる。これを見ていた力道山から、「お前、優勢に攻めて勝ってた試合なのに、何であそこで極めないんだ」と指摘されたという。樋口は先輩であるため、「正直いうと、やりずらかった」と言及しているが、結果延長の末敗退する。そのうえで、「負け惜しみになっちゃうから、あまり言いたくないけど」と人間関係を構築している者同士の格闘技での真剣勝負の難しさを吐露している〔『Gスピリッツ』一一号：四六〕。

樋口の言説を信じるなら、八百長試合ではないとしても、現在の競技観からすると、情が介入していることで非難を受けることもあるかもしれない。このような樋口の言説を受容することによって、プロレスを受容する者たちのなかの「真剣」にもまた厚みがあると理解しつつ、この矛盾を組み込んだ理解が生じることになる。

このトーナメントには長沢日一（山口道場）が参加し、東京国際スタジアムのヘビー級一回戦で東富士に白星を献上している。しかし、相撲仲間でもあった力道山に高く買われ、日本プロレス入りをしている。実は彼の強さを力道山が高く評価していたと思われる。

台湾遠征で拳法家との他流試合の相手を力道山に指名された芳の里が、「長沢さんがよく（こういう手合いの相手を）やってるから、長沢さんがいいんじゃないんですか」と長沢に一旦はお鉢を回した、というのだ。これを受けた長沢は、「そういう飛び入りは、どこへ行ってもでてきますよ」と発言している。こういう「シュート的強さ」を長沢が持っていたとも読み取れるエピソードである。〔樋口、『Gスピリッツ』一五号：六二〕

「シュート」とはプロレス界の隠語で「真剣勝負」という意味である。このような外部の者からの挑戦、道場破りに対抗する「真剣」に関する知識はプロレス専門誌で散見することができるものである。実力者である長沢はヘビー級トーナメント一回戦で、東富士に勝利を献上しているが、この結果から推測すれば、このトーナメントすべてが真剣勝負であったとはいえないだろう。東富士はマッチメイクで負けないよう配慮がなされていたと思われる。

ところで、芳の里に関するエピソードもある。力道山と木村の巌流島の決闘にまで遡るのだが、この興行では、芳の里は全日本プロレスの市川登と対抗戦が組まれていた。力道山から「淳（芳の里）、殺せ！」と言われ、市川に「指一本触れさせねえ」と張り手一本やりで闘い担架送りにしている。このときの市川の顔はブヨブヨになっていたという。柔道出身の市川にまったくつかませることなく勝利したわけである。

このエピソードに関してジョー樋口は「それは有り得るね。あの頃はそういう試合もありましたよ」と振り返っている〔『Gスピリッツ』一一号：四六〕。これもまた、プロレスに「真剣」が組み込まれているとプロレスを受容する者たちの知識となっていくだろう。岡村はこのようなプロレスに「真剣」が組み込まれていることを、「つまり、レスラーの格付け、ましてや複数の団体のレスラーの格を決めるのに、ベースの部分ではほんとうの強さが問われる部分があるということである」（岡村、二〇〇八：一二二）と適切に要約している。

また、一九六三年には「関西の牙」なる若手だけのトーナメントで、真剣勝負のプロレスが行われてもいる。優勝者は上田馬之助であった。元『週刊ファイト』編集長の井上譲二によれば、「ほとんどセメントのスタイルで決着するという、いわば打撃ナシの準真剣勝負」であり、「八百長だけではダメだ」という力道山の信念が見て取れるという。力道山時代には過酷な稽古、また理不尽な強制や暴力によって、[4]プロレスラーが作られたといわれるが、このような非合理性から、「これでもお前はプロレスを八百長と言えるか！」という気概、無言のメッセージがあふれ出ていたという（井上、二〇一〇：二〇）。

このように、プロレスには「真剣」が組み込まれてもいるし、「真剣勝負」を行うこともあったのである。当然、プロレスの歴史を振り返れば、真剣勝負を行っていた。アメリカにおいてプロレスが誕生したのが一九世紀半ばといわれている。競技として行われていたプロレスが変質したのは、第一次大戦ごろである。興行の支配権が、自主性を有していたレスラーからプロモーターに移行し、興行に人々の関心を抱かせる戦略として、試合結果を事前に決めるようになる。それまでも、プロレスはカーニバルを起源の一つとしており、やらせ試合を行ってはいた。

しかしながら、プロレスラーはプロモーターからの自主性を主張するように、ダブルクロス（裏切り）を行う者が多発した。ダブルクロスを可能にするのは、競技者としての技量、つまり「強さ」であった（ビークマン、二〇〇八）。このように、アメリカにおいても、プロレスから「真剣」を完全除去することはできなかった。力道山はショー的要素に溢れるプロレスをアメリカで学んだにしても、同時に当然のことながら、「真剣」の影を認識していたのである。[5]

力道山時代のプロレスを知り、のちに朝日放送（現テレビ朝日）の「ワールド・プロレスリング」で長い間、ゲスト解説を務めてきた東京スポーツの桜井康夫は、力道山が考えていたプロレスを以下のように捉えている。

一口にプロレスと言っても、いろんなスタイルがあるわけですよ。ご存知のようにプロレスというのは鑑賞用のスポーツでもあるから、確かに最初から最後までパフォーマンスで行こうと思えば、それで行けるんだけども、力道山という人は基本的にそれをやっちゃダメだという考えだったから。

〔桜井、『Gスピリッツ special edition』一号：二〇〕

桜井はこのような思想をもったプロレスを継承したプロレスラーとして、アントニオ猪木と前田日明を挙げている。のちに村松が『私、プロレスの味方です』を書いたときに、プロレスとアマレスは異なるジャンルであると指摘していたが、桜井の意見はちがう。

じゃあ、プロレスとは何だと言ったら、基本は「レスリング」じゃなきゃいけないし。アマチュアレスリングの基本的なテクニックを土台にして、それをさらに昇華させてね。当然、プロフェッショナルだから、それにプラスしてみせる要素も必要だろうし。でも、やっぱり基本はレスリングなんだから、強くなきゃいけないし、アスリートじゃなきゃいけない。

〔桜井、『Gスピリッツ special edition』一号：一二〕

桜井の言説から理解できるのは、プロレスと競技スポーツであるアマレスの競技技術の連続性である。この連続性を重視し、そこにプロレスの土台を見いだすか否かで、プロレス理解には大きなちがいが生じてしまう。

プロレスは「お芝居に真剣の衣をきせたショー」（二章五節）として否定的評価をなされてしまうジャンルである。それゆえ、「巌流島の決闘」のあと、朝日新聞では暴力批判とともに、大衆側にショーをショーとして気楽に楽しむリテラシーも必要であると示していたのである。しかしながら、これまで見てきたように、プロレスには「真剣」もありうる。そして、「『レスリング』じゃなきゃいけない」という思想を内包してもいる。とすれば、プロレスは「お芝居に真剣の衣をきせたショー」なのではなく、「真剣」を抱えた独自のジャンルとして理解する必要があることになる。

現在のプロレスでは、「真剣勝負」が行われていたころのプロレスとは異なるジャンルではないかと思うほどの変容を示してはいる。しかしながら、〝幽霊〟のように「真剣」は現在のプロレスにも影響を及ぼしている。(6) 同時に、観客を集めて行い、さらにテレビ放送など人々の目を意識し、金銭を払わせようとするビジネスであるかぎり、少なからず「やらせ staged」となる。メディア化されたスポーツにはそのような運命が待っている。そもそも古代レスリングは宗教的なスペクタクルとして、はじめから「やらせ」を組み込んでいたのではないだろうか〔Thesz, 1998：4〕。このような観点からすると、プロレスとは八百長から真剣勝負までを組み込んだ独自のジャンルなのである。そして、この振り幅こそがプロレスをテクストと位置づけさせ、多様な読解を生み出す賭け金になるのである。と同時に、この振り幅がどのようなプロレスを行うべきかという実践的問題ともなるのである。

朝日新聞などの正統メディア、そしてそれに追随する者たちは、プロレスにおける「真剣」をプロレスの外部に位置づけることによって、「偽装モード」と位置づける。しかし、プロレスに過剰な関与をする者、あるいは魅了された者は「真剣」を切り捨てることが難しいことになる。なぜなら、深く関与すること、ファンであることは、生産される大量の情報や、マニアックな情報と接してしまうからである。そこに「真剣」に触れる情報があれば、知識として蓄積していくことになる。それゆえ、「真剣」であると素朴に信じたり、内部に「真剣」を発見してしまう。彼らは、それゆえ、「真剣モード」と信じたり、あるいは「半真剣モード」から「半偽装モード」の間で揺れ動くのである。

ここで、「真剣モード」とはなんなのか考察を加えておくことにしよう。力道山は「巌流島の決闘」に際して、内外タイムスの門に対して、真剣勝負の内実に関して問い質《ただ》していた。力道山と門、両者には真剣勝負に関する考え方に相違が生じていた。力道山は真剣勝負の程度の問題、多様性について言及するが、この部分に関しては、プロレス擁護をしているわけではないし、言い訳をしているのでもない。ただ、門はその認識をうまく理解できないでいる（二章三節）。門は真剣勝負の様相に揺れがあることなど想像もしていない。おそらく、門はプロレスを理解する枠組みとして近代スポーツ概念を〝自動的〟に適応させてしまったのである。近代スポーツは競争原理が社会に普遍的原理として適合していく産業社会のエートスを受け入れている。とすれば、近代スポーツは勝利を目的合理的に追求することを是とする価値観に結びつく。これは門にかぎったことではない。近代社会に生きる者にとって、スポーツとは〝自動的〟に近代スポーツなのであるから。そして、それを制度化したものが「競技」に他ならない（グートマン、一九八二）。

このような近代スポーツ概念を徹底するなら、スポーツにおける遊びの側面、勝利を目的としない行為は否定的評価を受けることになり、近代スポーツとしての正当性を損なうことになる。このような近代スポーツの〝大きな物語〟には従属する特性があるのだが、その一つとして合理化をあげることができる。つまり、勝利を客観的に測定するために、普遍的なルールが設定されるのである。もともと競争的ではなかった体操が、競技としての位置づけが可能になるのは、ポイントによって優劣をつける基準をルール化するという操作を行ったからである。そのため、昨今では近代スポーツの過度な競争主義的な傾向、あるいは勝利至上主義に対する批判も生じている。このような新しいスポーツ観はポストモダンスポーツといわれ、新自由主義的な動向への批判とも重なっている。

トンプソンは、プロレスを近代スポーツに寄生してきた「ショー・スポーツ」なるポストモダンスポーツの一つの現象であるとして、以下のように言及している。

要するに真剣勝負というのは近代的な要求であるかもしれない。それ以前のスポーツでは真剣勝負とショー的要素が区別されていたわけではなく、もしかしてもっと気楽に、あるいは筋書どおりに行われることもあったかもしれない。近代スポーツは真剣勝負を強調することによってある種の面白みを確保したが、そこから削ぎ落とされたものを求める要求に対しプロレスが生まれた、とはいえまいか。

〔トンプソン、一九九九：二六〇〕

このようなトンプソンがいう近代スポーツにおける「真剣勝負の強調」は、門が〝自動的〟に適応した「真剣モード」であり、「競技」である。ゆえに、「真剣モード」はその土台に、「真剣勝負の強調」、勝利至上主義、勝利に対する目的合理的行為の正当性への信念、普遍的ルールに対する信仰などの近代スポーツ概念を有している。また、暴力に対する否定的感情を付け加えることもできるだろう。

トンプソンはプロレスが「競争原理を茶化す」という側面を強調しており、近代スポーツとポストモダンスポーツを二極化する認識になってしまうかのように思われる。それは、トンプソンがポストモダンスポーツの輪郭を明確にしようとの意図から論じているゆえに必然なのであるが、本書の立場は異なっている。プロレスは「競争原理を茶化す」というパロディ的表現、あるいはバフチン的なカーニバルの世界を表象することもあるが、同時にスポーツのなかでの競争主義をも組み込んでいると考えられる。つまり、「真剣」か「ショー」かという二項対立的枠組みから認識するのではなく、プロレスは金太郎飴のようにどこから切っても、「真剣」と「ショー」両方が組み込まれているジャンルなのである。

ホイジンガが指摘したように、近代スポーツは「真面目すぎる」のであり、遊びがもつ創造性を排除してしまうのである。プロレスが社会から否定的評価を受け、「ショー」として位置づけられるのは、遊びの創造性を有するからでもある。さらに遊びの創造性を過剰に推進するため、競争原理を無効化するようなベクトルを生み出す。それゆえ、「競争原理を茶化す」という表現性を有しているとの価値判断を生み出すのである。繰り返すが、近代スポーツは競争や記録を重視する。それゆえ、「競技」であるための普遍的なルールの成立、遵守、遂行が重視される。つまり、これが「真剣モード」なのであり、正統メディアや門がプロレスを認識評価した枠組みだったのである。ここに「競技」原理主義を発見しても不自然とはいえないのではないだろうか。

当然、プロレスに遊びがもつ創造性が組み込まれていけば、「真剣モード」から逸脱していき、他モードへと向かっていく。逸脱が極限化すれば、「偽装モード」であることさえ失う。なぜなら「偽装モード」は「真剣」の隠蔽であるからである。その意味で、「偽装モード」は「真剣」とのつながりを否定として有している。しかし、逸脱の極限化は競技性を無化する地点にまで進み、純粋な演技となるしかない。さらにいえば、「真剣モード」は近代スポーツに依拠しているが、武道的な意識やルール無視の喧嘩状態をも招き寄せることがある。それゆえ、力道山は観客が存在する興行での真剣勝負の困難さを自覚するとともに、真剣勝負の多様性に言及したのである。(7)

第三節　ルー・テーズの「超越性」

一九五七（昭和三二）年に入ると、日本プロレスは怪力で鳴らすカナダ人レスラー、アデリアン・バイラジョンを主役級に迎え新シリーズを行ったが、盛り上がりに欠け、〝プロレスブーム退潮説〟が流れるほどであった。

なお、このシリーズでは返還前の沖縄遠征を行っている。〝退潮説〟はテレビ中継のスポンサーであった八欧電機のプロレス撤退へとつながっていく。八欧電気は現在の富士通ゼネラルとなる家電メーカーである。新興テレビ・メーカーであったものの、プロレスとタイアップし、このころになると、一躍最右翼となるほどの躍進を遂げている。ブランド名はゼネラルで、力道山は新聞広告に〝ミスター・ゼネラル〟として登場していたのである。プロレスと言えば、金曜夜八時の定期放送というイメージを抱く人も多いと思うが、このころまでのプロレス中継は単発放送であ

力道山が登場した八欧電機のポスター（http://afclovers.blogtribe.org/archive-200602.html）

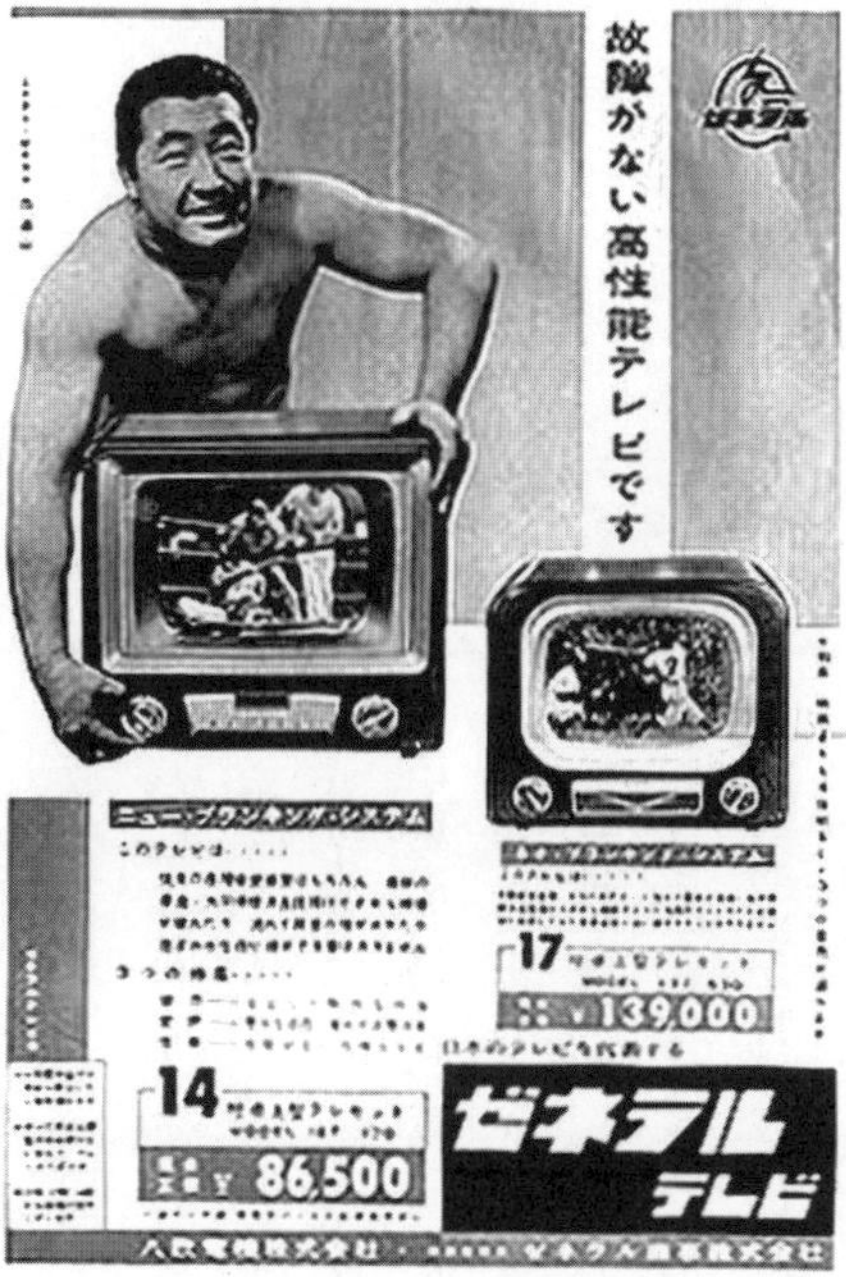

三菱テレビの横断幕が入った会場〔原、1995〕

る。プロレスのテレビ放送は、日本テレビが中心となり、ときにNHKも放送、日本第二の民放TBS（一九五五年四月発足）も参入した。

八欧電機は日本テレビとTBS両者の中継スポンサーであった。しかしかしながら、先に述べた〝退潮説〟、プロレスに力を入れていた宣伝部長の成瀬幸雄の退社、東富士の引退デマなどが重なり、八欧電機はプロレス中継からの撤退ムードを醸し出していたようである。一九五七年の二月半ばに、世界チャンピオンのルー・テーズへの挑戦、そして、新しい選手招聘を目的として、力道山は渡米していたが、帰国時に八欧電機からテレビ中継の打診はなかったようである。

田鶴浜によれば、力道山は日本テレビに八欧電機をスポンサーにするよう依頼したが、日本テレビが企画したプロレスの定期放送『ファイト・メン・アワー』（土曜午後五時）に八欧電機は関心を示さず、さらに渡米最大の土産であるルー・テーズとのNWA世界選手権はTBSで放送するとの回答であった。

しかしながら、日本テレビは力道山帰国時に戸松信康プロデューサーによって「力道山帰国番組」を制作し、さらに『ファイト・メン・アワー』の企画、そして、プロレス中継がはじまって以来、力道山を支援してきたという深いつながりがあった。さらに、日本テレビは八欧電機がスポンサーとならなかったにもかかわらず、サスプロ（テレビ局が制作費を負担）として、『ファイト・メン・アワー』を放送する。力道山は八欧電機からテーズ戦契約の前金を受け取っていたが、小切手にて郵送、絶縁する。そして、日本テレビの正力松太郎にTBSと八欧電機との関係清算を報告、日本テレビにプロレス安定路線のためのテレビ企画を一任することになった。

戸松は力道山を三菱電機の最高幹部、会長高杉晋一、社長関義長《せきよしなが》、常務大久保謙と引き合わせる。その場所は丸の内の三菱電機会長室であった。このとき、戸松は日本がサンフランシスコ講和条約の成立によって表面的には独立したが、真の独立にはほど遠く、真の独立に向けて力道山が日米の架け橋になっていると主張している。プロレス放送のスポンサーが三菱電機になった瞬間である。ここにも複雑な対米意識を見いだすのは容易いことである。さて、サスプロとして放送していた『ファイト・メン・アワー』は五週続いたが、七月第三週のテレビ画面のなかに突如として「三菱電機」という横断幕が茶の間に飛び込んできた。ここから日本プロレス―日本テレビ―三菱電機という以降長期間にわたる〝体制〟が成立する（田鶴浜、一九八四：七二―七四）。

八月に入ると、強力な頭突きを武器とする〝黒い魔人〟ボボ・ブラジルが来日。力道山との激闘は〝プロレス退潮説〟を吹き飛ばす人気を獲得した。そして、ついに力道山念願のルー・テーズとの「NWA世界選手権試合」が実現する。

テーズはオーストラリア、シンガポールと極東遠征、そして力道山と死闘を演じたキング・コングの挑戦を退け、一〇月二日、フレッダ夫人を伴って羽田空港に降りたった。NWA公認の世界選手権が海外で行われたのは、力道山戦がはじめてとされるが、事実は異なる。シンガポールでのキング・コング戦が先になる。

毎日新聞はテーズ来日に関して、連日報道を行い、世界選手権試合の盛り上げに一役買っている。まず、九月一九日付で、一〇月六日に後楽園球場で選手権開催を大きく報道。一〇月二日には、伊集院浩によるテーズの紹介記事。三日付で、テーズへのインタビューを組み込んだ記事。四日付で、コミッショナーに自民党副総裁大野《おおの》伴睦《ばんぼく》の就任とテーズ歓迎会の模様。五日はテーズの公開練習、翌六日は勝敗予想記事。選手権予定の六日が雨天順延となり、七日付では力道山・テーズの「英気養う」様子を伝えている。このように連日の報道がなされている。なお、朝日新聞が運動面でプロレスをまともに取り上げたのが、このテーズ戦のときが最後である（岡村、

テーズ歓迎レセプション〔原、1995〕

二〇〇八：一三五〕。

毎日新聞の記事では、テーズがいかに「本物」であるかというトーンに貫かれている。公開練習での他のレスラーとの格のちがい、当時の年収がおおよそ二五万ドル（日本円に換算して九千万円）などの紹介がなされている。また、アメリカにおいて八百長化の非難を浴びる状況において、「真剣モード」としてのプロレス、つまりプロレスの社会に対する正当性を担保しうる存在として、テーズが位置づけられていると紹介されてもいる。これもまた、テーズがプロレス史において、「本物」の／正統な（authentic）後継者であることに由来する。

> プロ・レスが隆盛となってくるにしたがってアメリカのそれはだじゃれ、いわゆるショーマン的傾向が強くなり、八百長化して世の非難を浴びた。彼はこうした点に非常に厳正で実力、人格ともに世界のチャンピオンたるの資格を持っている。アメリカのプロ・レスはまさに彼によって正当化されつつあり、プロレスファンも彼の出現によって本来の真剣勝負の試合を望む傾向が非常に強くなった。〔毎日新聞、一九五七年一〇月三日〕

岡村はこの毎日新聞の記事を取り上げ、「このような言説が日本において『テーズ神話』を形成していった」と解釈している。要するに、『他のレスラーはともかく、テーズは本物だ』という神話である」〔岡村、二〇〇八：一三五〕と指摘している。岡村はこのように述べたあと、アメリカのプロレス史を見せるスポーツとしての〝進化〟として概説している。また、羽田空港での出迎えに一万五千人ものファンが集まったこと、帝国ホテルでのＶＩＰ待遇、歓迎レセプションなど日本での歓迎ぶりに、テーズが驚愕していたことから、日本でのプロレスラーの社会的地位の高さがアメリカのプロレスラーに神話として広がったと推測している。そのうえで、アメリカでのプロレスの低い社会的地位から、「テーズの時代」は日本のみで流通する神話である可能性に言及している。このような検討から、岡村は「テーズは本物だ」との観念について、以下のように総括している。

しかも、テーズが初来日したときの年齢は四一歳である。テーズのピークは六〇年代まで継続するものの、三〇年代に二一歳で世界チャンピオンになったテーズの「過去」が力道山自身、あるいはメディアによって「堕落したプロレス界の中の正統派」として神格化されたのではないだろうか。

〔岡村、二〇〇八：一三九〕

村松もまた、プロレスの正当性を担保することにテーズ戦が大きな意味をもっていたと理解している。

ルー・テーズ戦は、それまでのダーティなイメージや、八百長論などを払拭するという意味でも、大きい意味をもっていた。さらに、さすがの力道山もルー・テーズが相手では……という懸念と、クリーン・ファイトを身上とするテーズに対しては、力道山が反則に怒って空手を打ちまくる、いわゆる〝殿中松の廊下〟的な場面が期待しがたいという予想が、試合の人気を逆に盛り上げていた。

〔村松、二〇〇〇：一六四―一六五〕

「テーズは本物だ」との観念は、確かに神話という色彩を有している。つまり、「偽装モード」ではないのかとの疑いは生じる。しかしながら、これもまた二項対立的な枠組みで理解できるものではない。ここで、テーズというプロレスラーのプロレス史における位置を確認しておこう。

〝ルー・テーズ〟と〝プロレス史〟はほとんど同義語である。テーズの歩んだ道が二〇世紀のプロレス史であり、二〇世紀のプロレス史はテーズの歩んだ道とぴったりと重なり合っている。大恐慌の一九三〇年代から第二次世界大戦後の五〇年代、モノクロの六〇年代から九〇年代の七つのディケードを生きた〝鉄人〟だった。日本では昭和から平成まで、力道山からジャイアント馬場、アントニオ猪木、UWF世代まで数多くのレスラーたちに大きな影響を与えた。〔斉藤、二〇〇五：八〕

このようなテーズのキャリアとプロレス史が一致しているという斉藤文彦の見解は、プロレスにおける正統性がプロレス史の中心にテーズが座して以降、テーズの身体性に依拠したことを意味する。確かに、五〇年代後半以降出現した新しい世界選手権は、テーズと必ずといっていいほど関係を有している。ときにテーズ敗戦を契機に世界チャンピオンが認定され、あるいはテーズを初代世界ヘビー級選手権者に認定して、新しい団体運営の肝にするなど、これは日米両方で指摘可能な事実である。

と同時に、「テーズが本物だ」との正統性の由来は、彼が〝真剣勝負師 shooter〟との評価をえていたことにある。テーズは幼少のころから父親にレスリングを学び、一九三二年、一六歳でプロデビュー。いわゆるプロレスとアマレスは現在競技技術が異なっているが、テーズが幼少のころから学んだレスリングに両者の区別はない。つまり、きっちり競技者としての技術を獲得していく。さらに、オリンピックに三度も中量級で出場したジョージ・トラゴスやアド・サンテルから競技技術や関節技（サブミッション）を伝授される。また、テーズのプロキャリア最初、もっとも親密な関係を築いたプロレスラーが旧NWA世界ヘビー級チャンピオンのレイ・スチールであり、彼もまた非常に優秀な競技レスラーであった。また、ヘッドロックを必殺技とした〝締め殺し〟エド・ストラングラー・ルイスを世界チャンピオン時にマネージャーにするなど非常に深い関係を築いていた。ルイスはプロレスで真剣勝負が行われていた時代の世界チャンピオンであり、このようなテーズの履歴はテーズの正統性を強化している。ちなみに、テーズはルイスを〝supershooter〟として、その強さを賛美している。と同時に、ルイスはプロレスの〝ショー化〟にもっとも貢献した人物の一人ともいえる。

テーズがプロとなった時代は、いわゆる競技としてのプロレスはほぼ終焉していた時代だが、テーズはプロレスにおける競技技術、またプロにしかない関節技や裏技を彼らから伝授されていたのである。テーズ自身、レスリングにおける純粋な競技能力をバックグラウンドにした最後のプロレスラーであると、自身を評価している〔Thesz, 1998：133〕。このようなテーズのキャリアが、業界内で〝真剣勝負師 shooter〟との評判を作り出したと考えられる。

ヘッドロックのデモンストレーションを行うエド・ストラングラー・ルイス〔Hofstede, 2001〕

そして、このような評判はテーズのプロレスに対する姿勢などと絡み合いながら、「テーズは本物だ」との観念を生み出すことになる。このようにテーズの「本物」性を跡づけていくなら、テーズはプロレス内で「本物」なる「超越性」を身にまとう存在であったことになる。

確かに、テーズがプロキャリアのなかで競技を行ったかどうかは判然としない。ただ、試合のなかで、〝真剣勝負師〟としての力量を試そうとする者や、〝仕掛けてくる〟者はしばしいたのである。実際、力道山もその一人で、ハワイの初対決では、試合の前半がシュート（真剣勝負）になっている

〔Thesz, 1998：141〕（一章三節）。

　このように、テーズのキャリアや競技能力の卓越性を顧みるなら、「テーズは本物だ」という観念は神話という側面をもちつつも、信憑性の高い事実や信頼性の高い評価を内包していることが理解できる。それゆえ、テーズのプロレスラーとしての正統性に依拠することによって、プロレス自体の正当性を担保しようとの業界力学が働いたと考えられる。と同時に、その正当性は「テーズは本物だ」との言説として具体化し、オーディエンスの受容に組み込まれ、「超越性」が共有されるのである。

後楽園球場の試合の記録映画ポスター
（DVD「ルー・テーズ対力道山　世界選手権争奪戦」東映ビデオ、2004年）

第四節　テーズ対力道山の記号論

　雨天順延にて、一〇月七日に開催されたテーズ対力道山の試合は後楽園球場に三万人の観衆を集めて行われた。一三日には場所を大阪に移し、扇町プールに東京同様三万人の観客を集めた。いずれの試合も六一分三本勝負で行われ、引き分けに終わっている。その後も日本各地を転戦、ノンタイトル戦やタッグマッチで両者は試合を行う。なお、テーズが勝利した試合はあるが、力道山の勝利はなかった。(8)

タイトルマッチの結果については以下のとおり。

世界選手権大試合　一九五七年一〇月七日（月）東京・後楽園球場　試合開始午後六時　観衆三万人
六一分三本勝負
選手権者　ルー・テーズ（時間切れ引き分け）挑戦者　力道山
世界選手権大試合　一九五七年一〇月一三日（日）大阪・扇町プール　試合開始午後六時　観衆三万人
六一分三本勝負
選手権者　ルー・テーズ　1—1　挑戦者　力道山
①テーズ（体固め、一五分〇秒）
②力道山（体固め、一〇分四〇秒）
③（両者リングアウト、六分五三秒）

試合展開は次のようなものであった。力道山の空手チョップとテーズのバックドロップ（脳天逆落とし）、どちらの必殺技がいつ炸裂するのかというスリリングな展開となる。力道山はテーズ戦に備え、箱根で一週間のトレーニング・キャンプを行い、万全な体調で臨み、非常に動きがよく、テーズと互角に渡り合う。テーズは執拗なヘッドロックを繰り返しながら、レフリーのブラインドをついて小さな反則を交える。また、随所にフライング・ボディー・シザース（空中胴締め落とし）などテクニカルな攻撃を加えていく。力道山が空手チョップを見せると、テーズは反則とのアピールを行う。これらの試合展開からみると、テーズは日本という敵地で、正統的テクニックを駆使しながら、きっちりヒール（悪役）的色合いを組み込んでいる。試合途中には必殺技のバックドロップが不

ヘッドロックでテーズをしめあげる力道山〔梶原、1996〕

完全な形ながら炸裂、そして、力道山がバックドロップ封じとして河津掛け、力道山のキーロック、そして〝怒りの空手〟ではなく、試合展開のなかで連続技として空手チョップを繰り出し、テーズはダウンしつつ、うまく逃げるのであった。

村松はテーズ戦を「八百長論などを払拭するという意味」があるとの見方をしていた。確かに、これまでのプロレスとはちがったスポーツライクな試合展開であった。

プロレス・ファンはまったく隙のない二つの世界選手権で、プロレスの神髄を味わったに違いない。ルー・テーズの肉体、バランス、スピード、技の切れはいずれも一級品で、それにひけをとらなかった力道山への評価は、この段階でさらに高まったはずだ。〔村松、二〇〇〇、一七二〕

このような村松の言説はスポーツとしての評価となっている。それは村松に限定できるようなことではない。毎日新聞でもまた「テクニックでは相当な開きがあると思われた力道山が、むしろテーズのかけてくる技を立派に返し技をとって攻勢にたっており、彼のテーズ戦に対する研究が成功した」（毎日新聞一九五七年一〇月八日）とスポーツ的批評が前面に出ている。テーズという「本物」との試合は、スポーツという印象を人々に与える、いわゆるプロレスにおける正統的な試合〝ストロング・スタイル〟であった。テーズの小さな反則はあくまでスパイス程度であり、ファンの意識は両者の必殺技に集中しながらも、世界選手権試合は「肉体、バランス、スピード、技の切れ」を媒介にした勝利を目指す機能的身体の攻防として印象づけられたのである。つまり、テーズ戦はかつてオルテガと演じた流血試合のような、プロレスにおけるカーニバル的な色合いを感じさせない試合なのである。バルトの「レッスルする世界」にも、カーニバル化されていない、つまり正統的なプロレスの試合に関しての言及がある。ここで、テーズ対力道戦の魅力に関して考察するために、バルトのプロレス論を見ておくことにしよう。

バルトは「レスリングのよさは、度を超えた見世物である」として、スポーツではなく、見世物と位置づける。もちろん、「レスリング」とはプロレスのことであって、オリンピックスタイルのレスリングではない。通常、見世物という表現には侮蔑的、否定的な意味が含まれるが、バルトはプロレスに嫌悪感を示すことはない。その理由は、『神話作用』〔一九六七〕において、「レッスルする世界」以外のエッセイでは、イデオロギーであるにも関わらず自然として立ち現れているメディアに対して嫌悪感を示し、批判の対象とするのだが、プロレスはそのような偽装的なメディアではないからである。プロレスは演劇的トーンの誇張の形式をもつ記号によって構成されるがゆえに、偽装であることを如実に表現してしまうのである。それゆえ、イデオロギーが表面化したり脱臼してしまうのである。

バルトはプロレスラーの身体性に着目する。特に、その視線は悪役（ヒール）の体つきや身振りに向かう。バルトは悪役を「げす野郎」と表現し、例えばトオヴァンなるプロレスラーの体つきは「卑猥でよぼよぼした五十男」「無性別的な醜悪さ」を表象する記号表現となっていると指摘する。この記号表現はトオヴァンがどのような身振りに向かうかを決定する力学を有している。「裏切り」「残忍」「卑劣」「下劣」「ぶざま」「低劣」「げす野郎」という意味内容を構成する身振りの連鎖は、観衆の前で「敗北の全的なイメージ」に寄与するよう「屈服される人間の映像」を誇張する。

それぞれのレスラーの肉体はパラダイムを構成する。そして、試合の状況と展開がシンタグムを構成する。つまり、垂直軸としての記号（パラダイム）＝「プロレスラーの肉体」と、水平軸としての規則（シンタグム）＝「試合の状況」によってコードが組織化される。このような組織だった記号作用によって、意味が構成され、観衆に共有される。コードがプロレスラーと観衆を結びつけ、プロレスによって構成されている文化的世界の意味のネットワークを繁殖させることに成功する。「げす野郎」の肉体がある状況において、ある特定の身振りを行えば、一つの意味が明白に立ち上がる。このような意味作用のデジタルな現れを、バルトは「レスリングは発音記号のようだ」と表現する。

と同時に、記号表現の存在様式に着目するなら、プロレスラーの体つきも身振りも常識的な記号表現の存在様式とは如実な距離感をもっている。この記号表現は誇張された形式となっている。このようなバルトが見たプロレスからするならば、バルトが評価するプロレスは古代劇のような誇張の身振りに支配される「闘争の見世物」という位置づけになる。

「闘争の見世物」においては、ルールは対戦する者の実際の制約にはならず、見かけ上の約束事にすぎない。それゆえ、「正義は故に、有り得べき違反の総体」である。力道山が対戦相手のあくどい攻撃や反則に耐え忍び、ついには「殿中松の廊下」のように空手チョップを振るうのは、〃仕返し〃という「正義」の民衆的な道徳の体現なのである。シャープ兄弟戦で、木村政彦がアメリカ人の小狡い攻撃に曝され、観衆のフラストレーションが頂点に達したとき、力道山は「正義」の味方として、〃仕返し〃に空手チョップを繰り出す〃権利〃をえるのである。この道徳的な立場の逆転性こそが、民衆にとっての一種カタルシスを生成する。ゆえに、成功したプロレスは、このような逆転劇が鮮烈な展開を印象づける「道徳的な美」を有している。

この「闘争の見世物」性こそがプロレスの魅力なのであるが、バルトはプロレスにルールを守る試合があることも指摘している。

だから実際、ルールを守る試合は大げさに礼儀正しい試合以外の何物でもない。闘技者たちは対決に当って激情ではなく熱意をこめ、その激情を制御することをわきまえ、敗者を迫害せず、命じられればすぐに戦いをやめ、嶮しくはあったが互いに絶えず公正であった挿話の結末には挨拶を交わす。もちろん、これらすべての礼儀正しい行為が公正さの最も常識的な身振りによって観衆に伝えられているのを見てとらねばならない。握手する、腕を上げる。試合の完全さを傷つけるような無効な組み合いからこれ見よがしに身を引くなど。

〔バルト、一九六七：一四〕

実際、テーズ対力道山は、テーズのレフリーのブラインドをついた反則があったにしても、それは老獪なインサイドワークとして表象され、「ルールを守る試合」として構成されている。例えば、両者がロープにもつれれば、テーズはさっと手を挙げて「礼儀正しい行為」を実践し、「闘争の見世物」的な〝仕返し〟としての技が繰り出されるコンテクストを構成するわけではない。それゆえ、村松は「プロレスの神髄」と表現したのである。

しかしながら、バルトはこのようなプロレスを「例外の価値を持つ」としながらも、評価しない。(9)

彼等は、世界の一般的な善意を前にして突然感動するが、もしレスラー達が、それだけが良いレスリングを成すものである悪感情の大狂宴に戻らなければ、退屈と無関心で死ぬ思いだろう。

〔バルト、一九六七：一五〕

一九八一年、岡村はバルトが観戦したエリゼ・モンマルトルでプロレスを観戦し、「ルールを守る試合」が観客に物足りなさを感じさせたと述べている。実際には、「ルールを守る試合」のあとには、「闘争の見世物」というメイン・イベントが待ち受けているのであり、興行プログラムの妙でもある。さらに、岡村は村松の言説を引用しながら、「巌流島の闘争」の前半の「紳士的な試合」が「ルールを守る試合」に映っていた可能性に言及している〔岡村、二〇〇八：六二〕。

このバルトの理論からすれば、テーズ対力道山は観衆に「退屈と無関心で死ぬ思い」に似た反応を誘発したはずである。しかし、実際はそうならなかった。村松のいう「プロレスの神髄」に観衆は満足をえていたのである。その理由はなんであろうか。

二つの理由を指摘できる。一つには、この試合が世界一を表象しているなど特別だという点である。二つ目は次節で詳述することとし、まずこの特別さの由来するところを見ていきたい。シャープ兄弟戦から三年八カ月という時間経過であるが、木村戦や日本選手権、さらに東富士に対する優位性は日本一であることを、さらにアジア選手権獲得、修業期間で敗北を喫した相手に雪辱、アメリカから招聘した強豪をことごとく破り、力道山にとって、残るは世界一というステップである。

このプロセスからは、あきらかにプロレスラーとしてのロマンが見えてくるのだ。このあと、プロモーターとして、興行師として、トップレスラーとして……力道山は獅子奮迅の活躍をしていく。まるで生き急いでいるようなその時間からは、もちろん凄まじい人間の熱が伝わってくる。しかし、プロレスラー力道山の真摯な情熱は、このルー・テーズ戦という頂点へ向かった時間の中でもっとも光輝いていたのである。

〔村松、二〇〇〇：一六五〕

テーズ戦は力道山の〝最大〟のプロレスキャリアであった。プロレスは「強さ」を表象する。当然、テーズは「強さ」をもっとも表象する。先に触れたように、テーズは「本物」でもある。少なくとも、「本物」と表象され、業界内で〝真剣勝負師〟として特別視される存在でもある。つまり、テーズはプロレスにおける「超越性」の集合体なのである。そのような「強い」「本物」のテーズと力道山は互角に闘ったのである。

このときの力道山の対テーズの戦績は二敗五引き分けであった。「強さ」の象徴でもあり、アメリカの象徴でもあるテーズと引き分け、その実力が拮抗しているという印象は、日本人のアメリカ観を揺さぶるものである。まず、アメリカに追いついたという想いを抱かせるだろう。しかし、もう一方、勝つことはできなかったという想いである。この二つの想いが組み合わされたところに、プロレスにおけるアメリカの象徴であり世界の象徴であるルー・テーズの表象が結実する。村西とおるは力道山体験を次のように語っている。

力道山というのは自分たちの青春時代から含めて日本が一人前の国として世界に出て行くときのね、日本人としての気持ちやプライドをもたらしてくれた唯一の存在なんです。〔村西、『紙のプロレス』一四三号：八九〕

実はここで村西がいう「世界」とは実体のないイメージである。酒井直樹〔一九九七〕が論じたように、日本は自らを「対‐形象化」するために必要となる対立項を「西洋」なるものに求めてきた。「西洋」は「世界」の中心というイメージを共有させもする。もちろん、ここに西洋中心主義を見いだし、批判することは容易い。さらに、力道山の時代においては占領の匂いが残るなか、アメリカこそが対立項としてもっとも強力なイメージを発揮する。

現在のサッカーや野球を見てみれば、日本が「世界」に挑むという図式が見てとれる。「世界」は日本より格上の存在として位置づけられ、「その姿がおぼろげに見えるようなもの、しかし遠くにあるものとして描かれる」。森田浩之は、メディア・スポーツの分析から、このような日本のナショナル・アイデンティティを「永遠に『世界』に挑戦し続ける国」と要約している。「世界」を格上に位置づける国は、日本独自のものである可能性さえあるという〔森田、二〇〇八：四四―四八〕。

このようにナショナリズムの問題を提起すれば、村西の言説を力道山常識論、そしてナショナリズムの現れとするのは容易いことである。そして「世界」に挑戦する典型的なナショナル・アイデンティティの具体的な表象として、力道山を位置づけることが可能である。と同時に、対立項としてルー・テーズが位置づけられる。占領後、「一人前の国」ではないというコンプレックスを抱えているとき、テーズ戦は世界選手権であるがゆえに、「世界」として機能し、日本のアイデンティティ確認に最適のメディアであった。日本もやっとここまで来たんだ、ここまで回復したんだと……そんな想いを抱かせるに十分な状況を作り出すことに成功している。「世界」は実体のないイメージであるとは理論的な言説だが、この当時の力道山体験においては、アメリカは「真に迫る」「世界」として、少なくとも人々の一部はそのようなイメージを生きたのではなかったろうか。

もちろん、NWAは当時のプロレス業界でもっとも権勢を誇るプロモーター連合であり、繰り返しになるが、「超越性」の象徴である世界選手権であった。[10] 力道山はこのような「超越性」に最接近していたのである。ナショナリズムを絡め、このような「超越性」を構成する要素がさらに絡み合いながら、この試合のコンテクストは構成されていたことになる。付言しておきたいのだが、ナショナリズムが絶対的なコンテクストというわけではない。なぜなら、テーズの「本物」性は格闘技における能力に依存し、八百長というイメージと反する「真剣」だからである。もちろん、このようなスポーツの記号論は社会的な道徳資源をコードとして呼び込むことになる。それゆえ、ナショナリズムと断絶することは困難ではある。しかしながら、村松のいう「凄まじい人間の熱」がナショナリズムにのみ回収されるともいいがたいはずである。

当然、観衆や村松少年のようなテレビの前の視聴者にとって、以上のように構築されたコンテクストにそって、この試合や力道山の「ロマン」を理解することになる。いまや、〝できあがった〟状況が構成されていたのだった。

第五節　必殺技の記号論とスポーツ性

二つ目は、バルト同様記号論的視角なのであるが、「レッスルする世界」では言及されていない、必殺技がもつ記号性の力学という問題を指摘できる。バルトはプロレスを批評するとき、これまで論じてきたように、その方法論は記号論、そして対象はプロレスラーの身体とその身振りである。しかし、必殺技がもつ記号性にまで着目してはいなかったのである(11)。

プロレスを見る悦びは、必殺技がもつ記号表現の理解度によって変化してしまう特徴がある。川村卓は自己流の理解であると留保しながらも、「必殺技の方程式」と命名し、プロレスにおける必殺技が他のスポーツとは異なる力学をもつと言及している。

たとえばボクシングだったら、強いパンチがあたった↓効いた↓倒れた、というふうにダメージとリアリティがめでたく手を結ぶような結果になると思われるのに、プロレスでは「観客」という一途でありながら、かつ気ままな因子がからんでくるために、ことは複雑にならざるをえない。が、同時に〝見ることのドラマ〟の核心が「必殺技」を通じて浮き彫りにされてくる可能性が大なのである。〔川村、一九九四：四〕

川村はプロレスの必殺技が、他のスポーツの技とは異なる力学をもっていると指摘する。しかし、一概にそう言い切ることはできない。なぜなら、柔道や相撲であれば、選手の得意技がなんであるのかを観衆が知っているなら、その技は記号性が際立ち、観衆は得意技に焦点を絞って観戦することができるからである。ボクシングのような打撃系格闘技も同様で、技術体系に習熟していたり、得意なコンビネーションを理解していれば、柔道同様、技は記号性を際立たせることになる。おそらくスポーツには記号が際立つという側面があり、見る側の知識や感性に左右される。

それは、二〇〇六年、トリノオリンピックでのフィギアスケートの荒川静香が、イナバウアーなる本来地味なスケーティング技術を繰り出す瞬間に、観衆が焦点を合わせていたことを思い出すだけで、十分な説得力をもつだろう。プロ野球で、リリーフエースが登場するときのどよめきにも通じる。

このように、プロレスにおける必殺技は、試合の展開のなかで重要な役割を果たしている。バルトがプロレスのカタルシスに、「闘争の古代劇」的展開が人間の自然を開き響宴に至ることを指摘しているが、必殺技が繰り出されるときにもまた、観衆はカタルシスをえるのである。先に川村の理解に関して注釈を入れたのだが、やはりプロレスには他のスポーツとは異なる力学があるという指摘には重要な含意がある。どのようなスポーツの技であっても、記号としての機能をもつのであるが、プロレスにおける必殺技は記号性の際立ち方が他スポーツ以上に如実なのである。この差異に川村はきっちり着目しているのであり、バルトがプロレスラーの身体性が有する記号が誇張の振る舞いをしていることに着目したことと、実は重なり合う視角である。つまり、プロレスの必

くのである。

殺技もまた、プロレスラーが誇張の振る舞いを行うような機制を有しているのである。それは、機能性ではなく記号性を重視しているということであり、必殺技には「強さの表現」（川村、一九九四：九六）が組み込まれていくのである。

「強さの表現」とは実際に効くか効かないかという機能性ではなく、必殺技であると認知されているという表現、つまり記号性が要件となっているかどうかということである。ゆえに、同じ技であるにもかかわらず、ある特定のプロレスラーが使用するときだけ、必殺技と認知されることになる。川村は技に付加価値が加わることによって、必殺技としての表現が可能になると指摘している。

力道山の空手チョップが必殺技として認知されているように、テーズのバックドロップもまた、この世界選手権時点で必殺技として認知されている。先に触れたように、毎日新聞がこの試合の宣伝記事を連日載せており、そのなかでバックドロップが紹介されている。特に公開練習に関する記事では、「恐怖の〝逆さ落とし〟」として一撃必殺であることが強調されている。それだけではない。テーズが「本物」であること、身体能力の卓越さ、グレコローマン・レスリングの応用であることなどを付加価値として、バックドロップの「強さの表現」を重層的に補強する情報が組み込まれていくのである。

当時の専門誌『月刊プロレス&ボクシング』（ベースボール・マガジン社、略称『プロボク』）も世界選手権者テーズとバックドロップを、写真入りでレポートしている。当然、当時のプロレスファンはバックドロップを未知の必殺技として、その技が目の前で〝炸裂〟することを期待する。もちろん、それは単純な期待ではない。なぜなら、〝炸裂〟すれば、力道山が敗退することになるのであり、この二重の意識がバックドロップに対する過剰な意味内容を構成してしまう。つまり、未見の必殺技バックドロップはメディアからの情報によって、観衆に伝達されており、その意味内容が理解されていたのである。未見でありながら、理解されており、現実に目の前で〝炸裂〟する期

テーズのバックドロップ〔B・B・MOOK158『スポーツ20世紀』⑦、2010〕

待が溢れている状態だったのである。観衆はバックドロップという必殺技に関しても、できあがった状態になっていた。それゆえ、「ルールを守る」「紳士的な試合」であるにしても、退屈や無関心とは縁遠い試合になったのである。

先に触れたように、すでに世間一般のプロレス熱は冷めていた。しかし、世界選手権という権威は再度プロレス熱を盛り上げたように思われる。世界選手権であるという事実は、先に取り上げたナショナリズムと絡まり合いながら、皆に共有可能な「世界」という物語がある。しかし、バックドロップに付与されている記号の重層性は、プロレス情報をどれだけ摂取したかに左右される知識である。必殺技の記号性はファンであること、関与度の高い者にとって有利な情報なのであり、文化資本となって蓄積される。

しかしながら、世間一般がテーズというプロレスのアイコン、そしてその必殺技の意味内容をどれほど理解していたといえるのだろうか。当然、専門誌を読んでいたいわゆるファン層ほどの理解には届かないはずである。関与が高い者、つまりファンであれば、バックドロップという必殺技がもつ意味の重層性を理解し想像を高めているが、世間一般はファンほどの豊かな意味世界を自らの内に構築しているわけではない。力道山がバックドロップの防御として河津掛けをしたとき、河津掛けというなんということのない技にも際立つ記号性が生じてしまう。それは、バックドロップの重層された意味世界の理解に応じて強度が決まるのである。

ところで、テーズはユニークなバックドロップ論を展開している。テーズはバックドロップの布石として、対戦相手に執拗なヘッドロックを仕掛ける。それは頭を攻められた者は頭を攻め返すという心理が働くからとの論理による。そこで、対戦相手がヘッドロックを仕掛けてきたときを見計らい、テーズはバックドロップを決めるというのである。村松はこのようなテーズのバックドロップを仕掛ける戦略に、心理戦が組み込まれているという物語を受容している。このバックドロップ論は力道山戦のときのものではなく、後年テーズが語ったことである。ここに、バックドロップに関する物語が、さらに厚みをおびてファンに受容される[12]〔村松、二〇〇〇：一七一―一七二〕。つまり、コードを成立させる基盤は重層的であり、歴史的に形成されているのだが、コードの理解度には格差が生じ、ファンなる関与の高い者は高い理解度を示すことになる。と同時に、高い理解度はプロレスを見る悦びに開かれることになる。

バルトのプロレス論では、必殺技の記号論にまで言及がなされていなかった。しかし、プロレスの必殺技がもつ記号性を理解するならば、バルトが見た「ルールを守る」「紳士的な試合」は異なる悦びをバルトに感じさせたかもしれない。なぜなら、バルトはプロレスの必殺技を理解していなかったかもしれないし、あるいは正統的なレスリング技術に関する知識が少なかったかもしれないからである。バルトは確かにプロレスに対して記号論を利用して見事な評論を行った。しかしながら、やはりプロレスファンといえるほどのプロレスに関する知識を有していたわけではないだろう。

必殺技には必殺技であるという意味に強度を与えるためのコードが必要になる。川村はそれを付加価値と位置づけたのであるが、この付加価値はプロレス内の知識によって構成されている。川村はプロレスラーが技に熟達していることを前提として、必殺技のコードを五点挙げている。

①その技の発明者、あるいは元祖に近い使い手である。
②使い手にふさわしい「格」のレスラーである。
③その技で対戦相手を病院送りにしたなどのエピソードがある。
④その技で「格上」のレスラーから金星を挙げた。
⑤彼が使う場合にレスラー名を付す、あるいは他の特別な名称で呼ばれる。
（川村、一九九四：九六）

これら五点は必殺技に見られるよくある特徴ではあるが、「格」なるものもまた不確定な要素であり、これもまたコードに左右される。とすれば、もちろん一見にしてリアリティを感じさせる必殺技がないとはいえないが、プロレスという世界において縦横無尽に張り巡らされている意味のネットワークを理解していることが、必殺技の認識と悦びの度合いを左右する。もちろん、これらの意味世界をより理解しているのはファンなど、関与度の高い者たちである。そもそも、ここであげた必殺技のコードはプロレスというジャンルにおける知識をサブカルチャー資本として有している者にとって、理解が有利になる特徴である。とすれば、バルトが観戦した「ルールを守る」「紳士的な試合」は、実は必殺技を巡る攻防を配した試合展開だったのかもしれない。そこで、そこにいた常連ファンは、必殺技に至る攻防の妙を十分に堪能していたのかもしれないのだ。必殺技の神通力はコンテクストに依存するのであるから、バルト記号論の応用範囲にあることも事実なのだが、さすがにバルトがプロレスに関するサブカルチャー資本を有していたとは思われない(13)。

さて、テーズ対力道山の試合展開は、必殺技を巡る攻防によって構成されている。いつバックドロップが〝炸裂〟するのか、空手チョップがうなりをあげるのか、この関心は試合への集中を増し、スリリングな感覚を観衆に、そしてテレビ視聴者に与えずにはおかない。村松は「〝怒りの空手チョップ〟からある意味で脱し、連続技の激しさのなかで自然に出ていて」〔村松、二〇〇〇：一七〇〕と理解している。〝怒りの空手チョップ〟とは、バルト的な正義の行使であるが、「自然に出る」空手チョップは、試合展開のなかで勝利を目指しているがゆえ繰り出され、スポーツライクな技というイメージ構築に成功している。大阪での第二戦、二本目のフィニッシュで繰り出される空手チョップは、ヘッドロックの攻防のなか、ロープワークの間隙を突いて繰り出されている。これもまたイメージとしてはこれまでの力道山の空手チョップとは異なり、テーズの隙をついた見事な攻撃というスポーツライクなシーンとなっている。

それゆえ、必殺技が〝炸裂〟するか否かがそのまま勝敗に直結する物語性を構築しているのである。近代スポーツが、勝利を目的として最短距離で進むことを是とする価値観に貫かれていることは、理解しやすいことである。そして、テーズ対力道山もまた、必殺技をめがけて試合が展開するという点で、少なくとも見かけ上、近代スポーツの存在様式に適合している。この試合は、それゆえスポーツライクな印象をあたえる。これもまた、「プロレスの神髄」なのである。

第四章

「テレビ・プロレス」と力道山

第一節　街頭テレビの終焉

日本初の「NWA世界選手権」試合は雨で一日順延された。このことは先にも触れた。もちろん、当初予定されていた一九五七（昭和三二）年一〇月六日は日本テレビの放送が決まっていたが、順延された七日の放送に関しては少々混乱が生じていたようである。ファンは順延されたとしても、テレビ放送されると思っていたようだが、一部新聞紙上、日本プロレス協会の名で「テレビ中継はない」との発表がなされていた。実際には興行主催者側の複雑な関係から意思疎通がなされておらず、テレビ局と力道山との交渉から放送決定が正式に決まったのが午後一時半過ぎであったという。また午後三時時点で、文化放送が中継は行わない旨のスポット広告を誤って放送したことも、さらなる混乱を招いてしまったようである。

この混乱の背景に興行とテレビの微妙な力関係があったようだ。

> プロレス興行は、テレビに客足をくわれる心配から、中継の発表を遅らせているのではないかという見方である。その疑心が問い合わせになり、混乱を招いたものらしい。
>
> （朝日新聞、一九五七年一〇月一三日）

実はテーズ興行は永田が手がける最後のプロレス興行であった。岡村は、この混乱を解釈して、プロレス興行のイニシアチブが興行師からテレビに移っていく象徴的出来事ではないかと鋭い指摘を行っている（岡村、二〇〇八：一四一）。ここで、当時のテレビを中心としたプロレスとメディアの関係に関して考察することにしよう。

テーズ対力道山のテレビ視聴率は八七％という高視聴率を稼いだといわれている。しかしながら、この数字はあくまで〝推定〟である。日本で、正式に視聴率調査が行われたのは一九五四年になってからであり、ＮＨＫ放送文化研究所が訪問面接法で、年二回行われた（引田、二〇〇四）。

このテーズ戦はテレビ局が独自に調査したものであるが、当時のプロレス中継は「恐らく、常に六〇〜七〇％であったと推測できる。電話調査では九〇％にもなっていた」（田鶴浜、一九八四：二一―六）といわれるように、最高の視聴率を上げていたことはまちがいない。

テーズ戦までは、日本テレビの『ファイト・メン・アワー』が定期放送されてはいたが、力道山が必ずしも登場する番組ではなく、五八年三月で打ち切りとなっている。日本テレビ系列でプロレスが『ディズニーランド・未来の国』（以下、『ディズニーランド』と略す）と隔週で金曜夜八時の定期放送となるのは、同年八月二八日からである。岡村が指摘するとおり、それまでのプロレスは特別番組であり、「力道山は特別番組枠でしかその試合が見られない存在だったのである」（岡村、二〇〇八：一五二）。プロレスが特別番組から定期放送へと移行した背景には、五八から五九年にかけて、日本テレビの地方への中継ネットの広がりがあった。つまり、全国に一律に配信するコンテンツとして、すでに人気を獲得していたプロレスが採用されたのである。

と同時に、テレビが家庭に入ってきたことが大きい。視聴率調査が精度を上げ、制度化されていくのは、外からは分からない家庭での視聴の実態を明らかにしようという商業主義的意向が生み出したものである。このようなテレビ放送の変化を視野に入れると、テーズ戦は特別番組として視聴する力道山プロレスのハイライトであったのだ。ゆえに、視聴率八七％なる〝神話〟が残っているのである。

特別番組という編成と街頭テレビという空間的配置には、大きな連関がある。昨今のＷＢＣ（ワールド・ベースボール・クラシック）やFIFAワールドカップのような大きなスポーツ・イベントでも見られるように、人々が集合して視聴するときの熱狂の大きさを思い出してもらいたい。そこに生じる臨場感は、個室で一人視聴するのとは異なっている。明らかにテレビの前に集合する群衆は、テレビ画面を媒介として、強力な磁場を形成していた。個人はテレビによる直接的な映像コミュニケーションによって、そこに生じるリアリティから自身を剥ぎ取り難くなっただけではなく〔清水、一九五八：二一―二二〕、同時に回りにいる人々とそのリアリティを共有することによって、リアリティの強化をしつつ、群衆の内部にいて群衆と一体化することによって、群衆的な〝全体主義(1)〟を体験する。つまり、それが臨場感であり、アウラの体験なのである。ゆえに、街頭テレビの前の人々は、日本人なる同質性を相互に確認し、そこに安住の地を見いだす。群衆の社会理論が群衆を歴史の推進者であると指摘するように、街頭テレビの前の群衆も歴史を体験したのである。それが、シャープ兄弟戦の意味であるだろう。街頭テレビがもつ集合性の力学を看過することはできない。

序章冒頭で引用したはかまの言説に、「数千人が見つめる画面は27インチが2台だけ」であり、それにも関わらず、「その小さな画面が遠くから観る人々に、現在の大型ハイビジョンぐらいに鮮明に映った」という不可思議な感覚が綴られている。しかし、この体験は勘ちがいなのではない。画面に映る映像を観ることと、ともに集うこと、この両者の関数によってアウラが顕現するのが、力道山プロレスの街頭テレビ体験の最高潮にあるからである。ここでの体験が〝全体主義〟的な日本であるとしても、これは物語を喪失している可能性がある。なぜなら、徹底的に身体的な体験であるからだ。体験の臨場感が遠くなるにつれて、その体験の物語性や意味を取り戻そうと既存の理解可能なテクストや物語を動員する。そこでもっとも都合よく構築された物語が力道山常識論ではなかったのだろうか。

吉見俊哉は、川村卓のプロレス論を参照しつつ、力道山の「二重の演技」が可能になるには、街頭テレビなる場の力学が不可欠であったと指摘している。「二重の演技」とは、一つには朝鮮半島出身の力道山が日本人を演じること。二つ目に、フィクション的性格をもつプロレスを見て、それを見る観衆が敗戦ショックと外国人コンプレックスで鬱積している日本人を演じることである〔吉見、二〇〇三：二九〕。つまり、力道山常識論とは力道山も観衆もそのような演技に巻き込まれていたとの認識であり、その演技を可能にする場を構築させたのは街頭テレビであったというのである。この解釈を群衆理論と重ね合わせるなら、歴史を推進するために、このような儀礼空間が自然発生的に構築されたのである。街頭テレビと群衆の関係については、終章にて議論する。

川村卓によれば、日本には「ハリボテをハリボテとして眺め、いわばそのインチキを笑い楽しむ文化」があったが、近代化はそのような文化を後退させる。敗戦によって意気消沈した文化のなかで、力道山プロレスはこの「楽しむ文化」の受け皿であったと川村は示唆している。つまり、会場で真剣勝負として熱中していた観客も、家に帰れば「なんだかうまくいきすぎている」とも思うが、そんなことも忘れてまた試合を楽しむという〔川村＝岡村編、二〇〇二：三七―六八〕。

このような川村の力道山論からするならば、観衆は二重の意識をもつ存在であったことになる。真剣勝負として熱中し、街頭テレビを媒介とした臨場感に巻き込まれ、そこに生じた世界を信奉する。しかし、ときが経ち臨場感が希薄化するにつれ、そこにある虚構性を自覚してしまう。

ここで、この二重の意識を考察するために、村西とおるのプロレス論を参考にしてみよう。

私たち団塊の世代のプロレスといいますとね、それこそ「命懸け」というか「生きがい」そのものなんです。「自分が日本に生まれてよかった」ということを初めて実感できたのが、プロレスリングにおける力道山という存在でした。

戦後の混乱期からの流れの中でね、いまでもそう思ってるんだけど、日本を代表する存在が力道山というプロレスラーだったんです。

力道山が北朝鮮の出身どうのこうのは関係ないよ。私どもがガキの頃、力道山は日本人だと思っていたから。いや、力道山が日本人じゃなくて北朝鮮の出身だとわかっても、彼が日本を代表する存在だという思いはまったく変わらない。あの高倉健が○○だと知ったって大好きなのと同じように。

〔村西、『紙のプロレス』一四三号：八九〕

村西の言説では、力道山の「超越性」が「命懸け」「生きがい」として表現され、世代とナショナリズムとの絡みのなかで位置づけられている。そのような「超越性」を受容しながら、力道山が日本人ではないにしても、日本を代表する人物であるという認識は面白い。なぜなら、日本人は単一民族であるとの神話自体が無効であることを示唆してしまう言説だからである。プロレスには、このように通常信じられている常識が、実は構築された信念であることを露にする。バルトが論じたように。

しかしながら、ここで重要なのは日本人を巡る二重の意識である。「力道山は日本人だと思っていた」との現実が、「日本人ではなかった」との虚構性に取って代わられながらも、力道山の否定とはならず、同時に力道山こそが日本人であるという認識へと昇華していることである。村西は虚構と知りながらも、その虚構のなかに真実としての日本人を発見し、そこに「超越性」を見いだしているのである。臨場感に巻き込まれているかぎり、あるいは〝あのとき〟の臨場感がもつリアリティに距離をとることができないかぎり、この「超越性」から逃れるのは困難である。

唐十郎《からじゅうろう》がテレビの思い出と重ねながら力道山について記している。

長屋の奥の暗がりで、力道山が闘っている。畳に映った白黒テレビの、明るすぎる反射。そう、電気は消して見ているためか、息のむ人々の頭にまで、コバルトの光は早すぎる迷彩をつくって、皆、それぞれの危機を思い、胆冷やし、力道山を追っている。

一つの家で、あれほどまでに近所の人が集まったことはない。上野駅の西郷さんの下にも野外テレビは据えつけられていた。白井義男とダド・マリノの中継に、黒い頭が波打った。テレビはそれほどド偉い箱だった。町内の長屋にも、それがあるのは、一軒だけで、そこにオイラも居たのだぞ。

そのオイラは今はそこにいない。ここに、まだ白黒テレビのコバルトを浴びているオイラを思うオイラがいるだけだ。

しかし、力道山を見た後は、電気が付けられる前に早く帰らなければならなかったオイラを、奇妙に思う。力道山を見た後の顔を見られるのは恥ずかしかった。これは何じゃい。でも、皆、恥ずかしそうだった。いそいそと這うように帰っていった。力道山が、奇怪な力を吹き込むからなのだ。力道山の闘い振りは、生活の道しるべか、それを見た。コバルトの迷彩を浴びたお女将さんは、夜遅く飯を焦がした亭主を、電柱に縛りつけ、頰げた張った。

力道山のようにしっかりしろと亭主にいうわけじゃない。女が力道山になったのでもない。あり余った、どうしようもない止められない、不機嫌なもう一つの力を、力道山は人に伝染させるのだ。オイラが、あそこを這っている。

白黒テレビの終わりかける光の下を。

〔唐、『Number』七〇号：三二〕

映画『ALWAYS　三丁目の夕日』の一場面、茶の間で近所の人たちが集まって力道山プロレスをテレビで見ている。(http://www.jffla.org/2008/film-jp/always-sunset-on-third-street-2/)

唐は長屋に一軒だけある「小さな街頭テレビ」で力道山の闘いを見ていた。ところで、唐がいう力道山が吹き込む『奇怪な力』とはなんだろうか。それはおそらく、力道山プロレスにおける現実の逆転である。当時の日本の現実とは、アメリカに負けた、あるいは「四等国民」という言葉に集約される社会意識である。しかし、その劣位に甘んじる日本がテレビのなかで快勝するのである。ここに生じた快勝する雄姿は、街頭テレビの臨場感を生成し、人々は熱狂する。「奇怪な力」とは、このような熱狂を生む現実の逆転劇がもたらす悦びである。

と同時に、唐は「恥ずかしかった」のである。なぜだろうか。この逆転劇は、人々の貧しい生活の未来図の先取りのように思われる。しかし、現実は貧しい「町内の長屋」の生活である。それゆえ、この逆転劇と現実の生活を斟酌すると、逆転劇の虚構性が浮上してしまう。唐の「恥ずかしかった」は、この虚構性の自覚による自意識によってもたらせられたのではないだろうか。

そして、この自意識は当時の日本人に広く共有された社会意識でもあった。とすれば、力道山プロレスが対米コンプレックスのはけ口であるという力道山常識論に回収できない厚みを、力道山体験はもっている。その厚みのなかに、虚構性の自覚も含まれるだろう。当時の力道山プロレスの受容は、逆転劇の臨場感と虚構性の自覚に引き裂かれている。それゆえ、この引き裂かれた意識が「不機嫌なもうひとつの力」をもたらすのである。現実の逆転と虚構性の自覚は明確な論理だが、この二つの論理が同時進行しつつ引き裂かれるとき、それを表現する記号を見つけられないでいる。あえて表現するなら、二章末で論じた「生きざま」「闘魂」という「超越性」ではないだろうか。ただし、こうした論理を的確に指示する記号表現を、「オイラ」はまだ見つけ出していないのである。それゆえ、社会的な感染の力を実感し、唐は「伝染」なる言葉を使ったのではないだろうか。

さらに、「力道山の闘い振りは、生活の道しるべか、それを見た」と未来への志向が生じている。あの声を発することもない二人の老人（一章七節）が、そのうなづき合っていた場所で滞留し、同時に、未来への志向というよりは過去への「回顧」に滞留している存在の形式と比較すると、唐の長屋は滞留状態から一歩踏み出している。なぜ、女性が亭主の「頬げたを張った」のか？　恣意的な解釈になってしまうかもしれないが、「二人の老人」が象徴する日本人男性の滞留からの脱出を女性が促したのではないだろうか。滞留状態は「あり余った、どうしようもない止められない、不機嫌なもう一つの力」を蓄えていた。唐の長屋では、「超越性」が「もう一つの力」として顕現していたのである。

ところで、テーズ対力道山の時代、つまり一九五七（昭和三二）年ごろになると、テレビ視聴の場所が電気店や喫茶店、そして家庭へと変化していく。五三年、テレビ放送開始時のNHK受信契約者数は八六六世帯、そこで日本テレビが開局前に街頭テレビを五五カ所設置、開局後二七八カ所増設し集客作戦を展開。そして全国各地の電器店が宣伝を兼ね店頭にテレビを設置、飲食店や銭湯などでも集客のために設置し、「もうひとつの街頭テレビ」の前にも、人々は集う。喫茶店などの飲食店は「プロレス・リングサイド席の予約前売り券三百円御中込受付中」なる看板を立てるという集客作戦を展開。電器屋の前の狭い店頭となると、日本テレビが設置した街頭テレビにも増した混乱があったようで、外壁や店頭が破壊されたなどの被害が続出した。またテレビをもっている家庭にも、近隣の人々が集いテレビ視聴を楽しむようになり、テレビ視聴の場所は家庭へと向かう。このようなテレビ視聴の場所の変化は、同時に視聴する人々の数が小さくなっていくことをも意味する。五〇年代末まで、テレビ視聴は家庭中心ではなかったが、テレビをもっている家庭が増加するにしたがって、街頭テレビではなく家庭がテレビ視聴の場所として定着しはじめる。それは近隣のテレビをもつ家庭に視聴に行くという形態を含めてである。

街頭テレビから家庭へと視聴の中心の転換点は五五（昭和三〇）年ごろと思われる。いわゆる神武景気の好況がスタートした年である。先に取り上げた太陽族という風俗もこのころである。五六年発行の『経済白書』が、国民所得が戦前の五割増しになり、一人当たりにしても戦前最高水準の三九（昭和一八）年の水準を超えたことを報告している。テレビ放送開始時、一四インチ一七万五〇〇〇円したテレビ受像機が大幅にコストダウン、七万六〇〇〇円となる。ＮＨＫ視聴契約者数は八万二七二四台、実際はもぐりでの視聴もあり、一三万台を越えている。

朝日新聞は、「庶民にとって『街頭テレビ』の時代はまだ去らないだろうが、全盛期はもうすぎた」として、喫茶店や飲食店での視聴が広まることによって、テレビが一〇万台を突破したと指摘し、「やがてテレビ視聴の中心は家庭に移っていくだろう」、それに伴って「家庭で落ち着いてみるためのスタジオ番組」「レギュラー番組が売れだして」いるとテレビ視聴の場所の変化とテレビ番組の内容変化の相関を「街頭テレビ時代終焉予想記事」としてまとめている（朝日新聞、一九五五年一〇月九日）。この記事を受けて、吉見は「こうした新しいテレビ文化のなかでは、プロレス中継は明らかに異質な存在とならざるを得ない」（吉見、二〇〇三：三四）と指摘している。プロレスが低俗番組の典型で、「家庭で見るにふさわしくない」との世間のまなざしに曝されるようになるのだが、このまなざしは〝家庭発〟という側面が強かったことを意味するだろう。なお、プロレス番組の変化については次章で考察する。

この記事からおおよそ二年後にテーズ対力道山が行われている。一九五八年五月には受信契約数は一〇〇万台、六三年一二月には一五〇〇万台に達しており、テレビが家庭に一台という時代が実質的に到来する（戸村・西野、一九九五：一一〕。これら受信契約の推移を見るなら、テーズ戦のテレビ視聴の場所は喫茶店や電器屋の店頭を中心として、家庭へとその比重が移行していた時期であった。

村松は対ルー・テーズ戦を見た場所を記憶していない。

私はこの試合をどこのテレビで見たのか……奇妙なことにそれが判然としていない。街頭テレビではなく、どこかの家で見たはずなのだが、その場所が思い出せない。〔村松、二〇〇〇：一六六〕

ちょうどこのころ、村松は亡くなっていたと思っていた母親が生きていることを知らされた時期であった。そのため、そのような個人史での重要な出来事のなかで当惑していたようである。それゆえ、どこのテレビでテーズ戦を見たのか、記憶が曖昧だったとしている。しかし、メディア論的に捉えてみると、個人的な出来事に還元できない要因が指摘可能である。つまり、これまで触れてきたようにテレビ受像機の増加、テレビの日常化の進行である。

このように、街頭テレビはその臨場感を構築する機制を有していたゆえ、当時の日本人にとって非日常性を有していた。しかし、いまだ店頭や喫茶店などでの視聴が一般的であったにしても、徐々に家庭にテレビが入っていくにつれ、希少性も薄れ、テレビの非日常性は薄れていく。ちょうど、メディア史的にはテレビの非日常性が日常性へと変換されていくころ、力道山のキャリアにとって最大のイベントであったテーズ戦が迎えられていたのであった。この日常性こそ、村松の場所の記憶の不確かさを生んでいたのではなかったろうか。

第二節　インターナショナル選手権の正統性

一九五八年八月二八日、毎日新聞は「力道、テーズに勝つ」という記事を載せている。

日本プロ・レス協会への情報によると、渡米中の全日本プロレス・チャンピオン力道山は二十七日夜、ロサンゼルスのオリンピック会館で、世界チャンピオン、ルー・テーズに挑戦、三本勝負の結果、まず得意の空手チョップをテーズの首に集中して、九分二五秒体固めでフォール、続いてまたもや空手チョップの威力を発揮、テーズをマットに倒し九分九秒体固めで二勝、日本人として初めての世界チャンピオンの座についた。

（毎日新聞、一九五八年八月二八日）

しかしながら、この記事のすぐあとに「ロサンゼルス二十八日発ＵＰＩ」として、矛盾した記事が報じられた。

渡米中の日本のプロ・レスラー力道山は二十七日、世界ヘビー級選手権保持者と称しているルー・テーズと戦い勝利を収めた。同試合はロサンゼルスのオリンピック競技上で行われたが、ノン・タイトル・マッチでメーン・エベントでもなかった。

（毎日新聞、一九五八年八月二八日）

この錯綜した情報は、ファンだけではなくマスコミ側にも混乱をまねくことになる。力道山が帰国した八月三一日に毎日新聞は、ことの経緯を力道山から聞き出している。三一日の夕刊で、力道山は以下のように説明を行っている。

あの試合は二十七日ロサンゼルスのオリンピック会館で、約三千人の観衆を集めて行われ、またテレビでも放送も行った。試合を見た人は知っているように、試合前にアナウンサーから『この試合は選手権試合だ』と発表されたはずである。いずれにしても全レスラーがNo１と認めているルー・テーズを破ることができたのは、私の本望である。

〔毎日新聞、一九五八年八月三一日〕

ことの顛末は、テーズがＮＷＡ世界選手権をディック・ハットンに奪われたものの、長年のテーズの功績から、ＮＷＡはインターナショナル世界選手権を贈呈し、その防衛戦で力道山が勝利したというものであった。また、ベルトは個人所有の記念品という性格があり、二代目選手権者として、新たにベルトを作るとの説明がなされた。しかしながら、この物語も真実の半分しか語っていないようである。おそらくは、テーズと力道山が協力してＮＷＡと交渉し、ＮＷＡ認定の新たな選手権を作り出したと思われる。その際、力道山からＮＷＡに多額の保証金やタイトル移譲金が支払われた(2)〔門、一九八七：一四一─四四〕。

トンプソンによれば、プロレスは「裏づけの陰謀 backup designs」なる戦略により、正規のスポーツであると装うジャンルである。トンプソンはゴフマンのフレーム分析を利用し、プロレスを分析している。ちなみにゴ

インターナショナル選手権ベルト（http://taugus.web.fc2.com/）

フマンは、日常生活のさまざまな場面における演技の諸相を自己呈示というパースペクティブから考察した社会学者である。フレーム分析における「フレーム」とは、人々がある特定の社会的状況において、なにが行われているのか理解するときに利用する認知枠組みである〔ゴフマン、一九七四〕。

ここで、少しばかりトンプソンのプロレス論を要約していこう。ボクシングは喧嘩を「基礎フレーム」とし、このフレームを「転形」し、格闘技あるいはスポーツとして提示するジャンルである。プロレスもまたボクシングと同様、喧嘩の「転形」のように提示するが、試合の展開や勝敗が事前に決められているため、ボクシングと同様のジャンルとして捉えることができない。「転形」の必要条件は、その「転形」が参加者全体に認知されていることである。しかし、プロレスはこの認知がインサイダーに通常限定されている。このように一部の参加者しか認知していない場合、この「基礎フレーム」の「偽造」であるという。ただ、基礎フレームだけが「変形」されるのではなく、「転形」によって構成されたフレームもまたさらに「変形」されることがある。このようなフレーム分析からすれば、ボクシングの八百長は喧嘩を「基礎フレーム」として「変形」／「転形」したボクシングをさらに「変形」／「偽造」したことになる。このような議論からすれば、プロレスは「偽造」なのである。

しかし、「偽造」は「偽造」であることを隠蔽しなければならない。そのための戦略は三つある。一つは「括弧の使用 bracket use」である。これは「偽造」部分を表面化しないように、異なるフレームを人々に提供するものである。プロレスでは、近代スポーツと同様のルールが設定され、真剣勝負であるというフレームを提供しようとする。

二つ目が「裏づけの陰謀 backup designs」である。それは「偽造」を否定するような証拠を提供する戦略である。トンプソンが挙げるのは以下のような例である。流血が試合の本気度を、政治家の関与や毎日新聞を中心とした正統メディアの後援が社会的信頼性を、優勝杯やチャンピオンベルトなどがスポーツとしての正当性を与えるという戦略である。

三つ目は「インサイダーの愚行 insider's folly」である。これは、提示したフレームの信憑性が揺らぐとき、本気度を提示するため、フレームからはみ出る行為に向かうことである。例えば、本気度の上昇を提示するために、反則や場外乱闘に及ぶなどが、それに当たる。そして、これらの戦略は、情報の限定という条件を伴うのである。トンプソンは、力道山のインターナショナル選手権獲得を「裏づけの陰謀」の具体例として挙げ、そこに情報の限定があったことを指摘している。新聞情報に揺らぎはあったにしても、その時点で試合を見た者は日本にはおらず、日本で流通する情報は力道山側出所の単一的情報であったのである〔トンプソン、一九八六：一八五―二一二〕。[3]

このようなトンプソンの議論からすれば、力道山のインターナショナル選手権、あるいはその他の選手権というのは、「偽造」を表面化しないような戦略としての「裏付けの陰謀」によって成立している。つまり、プロレスにおける選手権とは、本書でいう「虚」であり、「偽装モード」において構築されたのである。プロレスは正当性を確保することが難しいジャンルである。そこで、プロレスの正当性を担保する戦略として選手権という権威を利用しようとする。だれもが選手権者となるわけにはいかないので、組織が正当的な手続きを経て、認定する選手権が制定される。当然、力道山もまた世界選手権獲得はプロレスに転向して以来の念願であった。先に触れたとおり、日本で世界選手権試合の開催を行いはしたが、アメリカの団体が自分たちの正当性を担保する選手権を手放すはずはない。それは正当性というだけではなく、ビジネスとしても当然の判断である。そこで、力道山はその正当性の源泉としてのルー・テーズ、そして、プロレス界最大の組織NWAに頼り、交渉したのであろう。

しかしながら、プロレスの世界選手権は「虚」であり、「偽装モード」に過ぎないのであろうか。トンプソンの議論は非常に説得的である。しかしながら、本書ではプロレスにおける「虚」と「実」の内実について、プロレス内部に発見できる「虚」と「実」の実態や皮膚感覚にも配慮し議論してきた。そこからはまた異なった論理を発見することができる。まず、このような議論には、プロレスが「偽造」された、つまり本書でいう「偽装モード」であるとの前提がある。そのため、トートロジー的に世界選手権もまた「偽装モード」となってしまうのである。しかし、これまでの議論からすれば、プロレスを「偽装モード」と単純化することはできない。少なくとも、第三章第二節で論じたように、プロレスは「真剣」を組み込んでいるジャンルなのである。ただ、トンプソン論が有効であり、説得力をもつのは、現代プロレスの基本的存在形式がスポーツの「偽造」であることは事実であるからでもある。

ところで、われわれはどうして世界選手権を手にする者を王者として認めるのであろうか。

例えば、近代スポーツにおけるプロボクシングでは、高度に官僚制化した運営機構が厳格な規則を設定する。規則は競争の機会と条件の平等化や数量化可能な勝敗の基準から設定され、合理的に勝敗が決定される。そして、ランキング制によって、選手の階層を秩序づけ、そのもっとも上位に位置づけられる者を王者とする合理的システムを構成している。競技者はこのシステムに参加することによって、意識するかしないかに関わらず、社会契約を結ぶことになる。それゆえ、参加するためにはある一定程度の規準を満たす必要がある。それがライセンス制度である。そして競技の結果を蓄積する過程を通じて、達成される偉業や奇跡として位置づけられるような栄光を手にする。通常それが王者であり、その王権を象徴するレガリアとしてチャンピオンベルトを巻くのである。

このようなプロボクシングの背景にウェーバー的な「資本主義の精神」が存在することはまちがいない。と同時に、ここでホッブス的な社会契約の機制が働いていることも発見できる。

このように、プロボクシングの社会的システムを概観することによって見いだされるのは、近代スポーツにおける「実」や「真剣モード」を担保すること、その階層の頂点にいて栄光を手にするものが王者であると認知されるのは、ホッブス的な社会契約への〝信仰〟、「資本主義の精神」、そして測定可能な合理主義による競技および競技システムの運用によってである。

しかしながら、これらの要件は近代社会において、プロボクシングが社会的承認を受けるための必要条件でもあった。そもそも一八世紀から一九世紀初頭にかけて、ボクシングは血なまぐさい娯楽である「ブラディ・スポーツ」であり、賭けの対象となる「プライズ・ファイト」であった。

ボクシング史の整理によれば、英国ではじめて王者を名乗ったのはジェイムズ・フィッグなる人物である。彼は一七一九年に格闘技学校を開設し、ピーターバラ伯爵をパトロンとして、自らボクシング王者であると宣言した〔松井、二〇〇〇〕。ここには近代スポーツ的な機制を見いだすことは困難である。先の王者の位置づけを単純化し言い換えるなら、王者とは選手権大会を勝利した者、選手権試合を勝ち抜いた選手権保持者のことであるが、フィッグはそのような過程を歩むことなしに王者であると宣言している。このような王者の地位獲得の存在形態の多様性を考慮すると、王者とは王権論的あるいは社会契約論的機制とは異なる方法によって構築される個人性の領域と集合性の領域を橋渡しするような領域でありうることが発見できる。

近代的な視角に基づき正当性を担保することを要件とすれば、フィッグが王者であるというのは「虚」であり、「偽装モード」である。しかしながら、このような議論からすれば、彼は王者として特別な身体性を有し、ボクシング史的実在の地位を獲得しており、「実」を伴っていると位置づけざるをえない。

カントロヴィッチによれば、ヨーロッパの王は自然的身体と政治的身体という二重の身体性に生きる存在である。前者は死すべき身体として、生物的な弱点に曝されるが、後者は見ることも触れることもできない不可視の身体である。後者は権力を体現する神の身体なのである。平均的で凡庸な民衆が後者を有することはない。このような特権的な身体性の由来を同定することは困難である。このような王の身体論をスポーツにおける王者に援用することは、少しばかり乱暴かもしれない。なぜなら、王の政治的身体は抽象化され普遍化された様態として表象されるが、スポーツにおける王者は選手権試合に負けると王者の地位を剥奪される一時的に獲得される形骸化した政治的身体を見せるにすぎないからである。そこには、近代化の一側面としての端的な世俗化を見いだすことができるように思われる。

しかし、このような留保を付けたうえで、王と臣下の関係をスポーツにおける王者と民衆（群衆やファン）の関係に援用してみるなら、両者の相互性によってこそ説明可能なのである。王と臣下の関係成立に関しては、王自身に特別な権威や権力があるというよりは、臣下の自発的な承認に依存している。これを噛み砕いてみるならば、王が王としての権威や権力を有しているのは、臣下が王を王として見るがゆえに、臣下は王によって逆説的に規定されてしまう相互性にある（カントロヴィッチ、二〇〇三）。スポーツの王者もスポーツの王者として見るがゆえに、王者によって民衆（群衆やファン）として規定される。ただスポーツがプラグマティックな性質をもつため、その身体の機能的優秀さに還元されるように信憑されるのである。

このような考察からすれば、フィッグがボクシング王者を宣言することが可能となったのは、民衆の承認が自然発生的に発動していたからである。そして、プラグマティックな水準でも、ボクシングの卓越性を有しており、信憑構造を補強していたと考えられる。(4)

このような議論に立脚すると、少しばかり単純化は免れないかもしれないが、力道山が世界王座になったというインターナショナル選手権獲得の不透明な経緯も、「偽装モード」であるとばかりはいえない。フィッグと同様の承認が発動していれば、王者であるという地位に信憑が宿ることになる。

当時のメディアに関しては、朝日新聞はまったく取り上げてはいないし、毎日新聞は後援している関係か、力道山に不利になる情報を取り上げるはずもなく、スポーツ新聞も同様の姿勢を感じさせる記事になっている。例えば、スポーツニッポン（一九五八年九月一日）では「世界の王者帰る　力道山・八年目の最良の微笑　晴れ姿に大歓声　ゴッタ返す羽田空港」との見出しをつけ、力道山が念願の世界選手権を獲得したとの賞賛の記事を載せている。トンプソンが指摘するとおり、選手権の正当性に疑義が挟まれるような情報は表立つことがなかったのである。

力道山は、マスコミの疑問に自信と誠意をもって答えた。その結果、力道山がルー・テーズから奪ったのはインターナショナル・世界ヘビー級王座であり、力道山は二代目のチャンピオンとなったこと、試合はメイン・イベントで二対一の勝利であることが確認された。こうやってマスコミの統一見解ができたのであり、今日のような国際間の情報通信レベルでは、信じられぬ顚末であった。〔村松、二〇〇〇：一七八―一七九〕

これまで取り上げてきた世界選手権の不可解な新聞報道に関して、村松は情報化の問題として位置づけ、王座の正当性に関してはなんら問題視することはない。ここには情報の限定があるにしても、同時に力道山世界選手権獲得に対する承認が組み込まれていると思われる。この承認を、「実」とすることはできないにしても、その意味で、インターナショナル選手権という王座の正当性は担保される。このように考えていくと、「虚」「実」という二元論的世界からの理解が無効になる世界を想定せざるをえない。おそらくは、この表現困難な世界を短絡して、「虚実皮膜の世界」と名付けてきたといっていいのではないだろうか。実際、力道山のインターナショル選手権は日本におけるもっとも権威ある選手権となっていく。さらに、木村政彦との試合での日本選手権獲得、東富士という元横綱を寄せ付けない実績、アジア選手権獲得、そしてテーズとの日本でのNWA世界ヘビー級選手権試合での実績などを築いてきたのである。その意味で、力道山は世界王座を手にする資格を有するというイメージ構築に成功している。これは、実質的な近代スポーツ的なシステムの階層を着実に上昇してきたという正当性を付与している。これらは常に社会的承認を含んでいる。

そして、プロレスが競技スポーツとしての正当性をもたないにしても、ルー・テーズはプロレスの正統性を自らの身体に宿す存在である（三章三節）。そのテーズから選手権を奪ったという成果は、「インターナショナル選手権は事実上力道山が創始した」（岡村、二〇〇八：一五六）にしても、テーズの正統性を力道山が引き受けることを意味している。事実、一九五〇年代以降のプロレス史における世界選手権はテーズの正統性に依拠して設立されるのである。まさにテーズの身体性こそが王の政治的身体の役割を有し、そこから分岐することで、いくつもの王座である選手権が構築されていく。このテーズの身体性自体が「実」と「虚」を混ぜ合わせたプロレス特有の身体性でもあり、複雑な関係性を有しているともいえ、さらに錯綜の度合いを上げてもいるのだ。しかし、これもまた社会的承認を組み込む政治的身体なのである。

そもそもテーズの権威は実際の競技によって確保されたものではなく、競技性が高いこと、あるいは「強さ」をプロレスラー間で承認されていたことによる。もちろん、その「強さ」はプロレスラーが肌を合わせたときに認識する実証以前の認識や、練習における評価によって構築されたものと考えられる。この「強さ」は、プロレスの社会的評価に「実」を組み込ませようとするだろう。社会的な正当性から離脱したプロレスは、テーズの身体性に依拠した正統性を担保として成立しているという側面をもっている。そして、テーズはかつてプロレスが正当性を有するスポーツであったという歴史をその身体に宿し、それをプロレスの正統性としていたのである。

つまり、テーズの正統性とはスポーツの社会的な正当性を引き継いでもいる。

プロレス記者の斉藤文彦は、「テーズが勝ったり負けたりするたびにプロレス史が形づくられていった。パーソナル・マネージャーとして、テーズの横にはいつも〝締め殺し〟ルイスの姿があった」〔斉藤、二〇〇五：二〇—二一〕と、テーズの身体性に依拠したプロレス史のあり方に言及している。一九五七年六月一四日にシカゴでテーズはエドワード・カーペンティアに敗戦しているが、この敗戦を契機にＮＷＡ世界選手権以外にＡＡＣ（ボストン）、ＷＷＡ（ロサンゼルス）、ＡＷＡ（ミネアポリス）など新団体および新しい世界選手権が誕生する。現在世界最大規模を誇るプロレス団体ＷＷＥ（当時ＷＷＷＦ）も、テーズとのトラブルから世界選手権を制定している。

このようにテーズの身体性から派生したといえる世界選手権の系譜がプロレス史にはまちがいなく存在する。それはメキシコにおいても同様の現象を発見できる。このようにプロレス史をひも解くなら、近代スポーツとしての正当性とはその論理をズラしつつも、力道山のインターナショナル選手権はテーズの正統性を継承する「実」を組み込んでいる。インターナショナル選手権もまた「虚」と「実」を複雑に組み込んだ構成であることを理解する必要がある。

ここにおいて、力道山はプロレスという領域で世界を表象する「超越性」を獲得したことになる。プロレスに惹き付けられる人々は、力道山が世界一であるとの認識を有することになったはずである。少なくとも世界と肩を並べたと。しかし、この時点で正統メディアからは取り上げられること

ルー・テーズ〔Hofstede, 2001〕

のないジャンルとして社会的評価がなされている。明らかに認識評価に分断が生じていたのである。

ここで確認できるのは、正統メディアにおいて評価がなされるとき、インターナショナル選手権は「虚」にすぎず、「偽装モード」でしかない。そして、それと比して、プロレス内部の論理では、「虚」あるいは「偽装モード」であるという評価を拒絶する論理を内包しているということである。プロレス内部の論理は正統メディアが有する評価基準とは異なる水準をもっている。それは、「真剣」と「偽装」、「実」と「虚」が対立して成立している世界ではなく、これらの対立によって理解される認識枠組みを混乱させる「真剣」と「偽装」、「実」と「虚」とが錯綜しつつ生じる固有の認識枠組みを有している世界なのである。つまり、「真剣」／「偽装」、「実」／「虚」という二項対立的枠組みを拒否しているのである。

そのうえで、プロレス特有の「実」を保証するのは、プロレスを承認する者、その王座を承認する者たちの存在である。さらに、その「実」を補強するのに、プロレス史固有の身体性を有するテーズの権威が組み込まれている。このように整理するなら、そもそも正統メディアが力道山の世界選手権獲得における混乱自体に関心を抱いていないという点で、プロレスとの関係性を喪失している。そして、プロレスは王座を承認する者たちにのみ関係性を有するジャンルとして閉域化しているともいえる。あのシャープ兄弟戦での日本全国を巻き込む力は、繰り返しになるが、もう過去のものとなっている。

第三節　街頭テレビから「テレビ・プロレス」へ

一九五八（昭和三三）年九月五日から「インターナショナル選手権シリーズ」が開催される。この日から日本テレビによる定期放送が開始されている。当時は隔週での放送で、『ディズニーランド』がもう一方の番組であった。このプロレスとディズニーの異色の組み合わせに関して、牛島秀彦（一九九五）はブルーカラーとホワイトカラー両方の視聴者獲得作戦であったとしている。ここで着目したいのは、『ディズニーランド』がアメリカ産の番組であったことである。日本でテレビ放送が開始された当時、放送局は独自のテレビ番組制作能力を有していたとはいいがたかった。

テレビ放送開始時に人気があった番組は、劇場用映画、相撲などのスポーツ中継、そして歌舞伎などの演劇の舞台中継であった。これらの番組は、テレビ放送以前から日本人に人気のあった見世物である。当初からテレビは見世物メディアであり、その見世物とは日本人が慣れ親しんだ娯楽であった。これらの番組を視聴することは、既存の見世物を娯楽として享受することの延長線上に位置づけられる行為であった。とすれば、視聴による楽しみの質も既存の見世物見物と大きなちがいはなかったのである。それゆえ、最初期のテレビは普及するのかと疑問をもたれる程度のメディアであった。なぜなら、当時の人々はテレビ視聴より実際の見世物見物にこそ本物の醍醐味があると考えていた者が多かったからである。つまり、テレビは現実に劣る現実の代理的メディアでしかなかった。

しかし、プロレスは見世物メディアの典型といっていいが、日本人が慣れ親しんだ娯楽ではなかった。既存の見世物とは異なる新奇な見世物である。テレビ番組として、はじめて接することになった見世物でもあった。

テレビの普及は急速に進んだというイメージを、現在のわれわれは抱いているように思われる。しかし、実際にはテレビ受像機はあまりに高額であった。大正期終わりごろから昭和にかけてのラジオの普及の方が、テレビ普及より早く進んでいったといっていい。岡村黎明によれば、一九五六（昭和三一）年当時の日本の光景を写した岩波写真文庫『日本―一九五六年八月十五日』には、テレビの影がまったく感じられないという。ときに人々は街頭テレビに集うことがあったとしても、昭和三〇年代前半の庶民にとって、娯楽メディアはあくまでラジオであった。つまり、力道山プロレスの全盛期であった一九五四（昭和二九）年から五七（昭和三二）年は、ラジオの全盛時代でもあった。人々は茶の間の一角にラジオをおき、家族団欒のひとときを過ごしていたのである。では、テレビとはどのような位置づけであったのだろうか。[5]

テレビのもらい湯に近所に行くとしても、それは生活上の必要というより、単なる、もの珍しさであり、田舎の学校に巡回してくる映画館を見に行くのと、感覚的には大差のないものであった。

（岡村、一九八八：一一五）

ここで「テレビのもらい湯」というのは、テレビを購入した家庭にテレビ番組を見せてもらいにいくことである。このような言説からすれば、先に触れたようにテレビが見世物の延長であったことが確認できるし、街頭テレビ、そして「もらい湯」テレビは非日常的なメディアとして機能していたことがわかる。飲食店でのテレビ視聴は、「もらい湯」テレビをもじるなら「銭湯テレビ」といったところだろうか。

テレビとの距離が縮まるには、茶の間にテレビがおいてあるのが当たり前のこととして、人々に受容されるようにならなければならない。それは、テレビ局の大量免許（一九五八年）、放送時間の拡大や朝のテレビ放送の開始、そして皇太子「御成婚」パレード（一九五九年）を待たなければならない。このころ、茶の間の中心であったラジオは、テレビに取って代わられたのであり、「もらい湯」テレビが縮小していくのである。ここから、家族水いらずでテレビを見るという日本人的な幸福をイメージさせる空間が成立し始める。ここに、テレビというテクノロジー、そのテクノロジーの受容による経済成長、そして家庭の幸福が三位一体となって日本人の原風景を構築していく。皇太子「御成婚」から五年後には東京オリンピックが開催される。東京オリンピックはカラーテレビ普及の起爆剤でもあった。つまり、六四（昭和三九）年は白黒テレビからカラーテレビへとテレビの技術的水準が変化したときであった。ちょうど、東京オリンピック前年暮れに力道山は死去する。

ＮＨＫは一九五六年にプロレス放送を取りやめる。理由は、テレビ番組として刺激が強すぎるということであった。番組が茶の間に適した内容であるのかを問う規範意識がその背景にあった。これは、プロレスにのみ限定されることではない。大宅壮一のテレビ批判が「一億総白痴化」なるスキャンダラスなコピーで世間に広まったのは五七年である。大宅の問題意識もまた、家庭での受容というテレビ視聴の新しい社会的コンテクストによって要請された規範意識という側面をもっていた。子供もいる茶の間で視聴するのに相応しい内容がテレビ局側に要請され、社会的に規制の圧力が醸し出されるようになってきたのである。それは暴力や性表現だけではなく、当時のテレビが教育を重視することを要件として新規事業として認可されたことから、娯楽番組に対しても批判の矢が向けられてもいたという背景もあったろう。テーズ戦が終わったころには、テレビの家庭への浸透は進み始めていた。プロレスは皇太子「御成婚」パレードの前年に隔週の定期放送になり、翌五九年九月四日から日本テレビでの中継番組が正式にレギュラー化する。ここで、プロレスは特別番組としてではなく、定期放送に適合した番組内容を構成しなければならなくなったのである。

古川岳志はアントニオ猪木の言葉を引用し、「プロレスとは、興行である」という視角からプロレス論を展開している。「興行」とは、「観客の存在を前提にした商売」という意味である。民俗学的には、興行の担い手は「非常民」であった。いわゆる「堅気」とは異なる非日常性を備える文化であった〔古川＝岡村編、二〇〇二：一四四―一五四〕。力道山はアメリカをモデルとしながら、プロレスを近代的な興行として位置づけていこうと考えていた。アメリカであればプロモーターであるが、日本では興行師であり、山師的な匂いが漂う存在である。それゆえ、力道山は近代的な「プロモーター」による興行としてプロレスを位置づけていきたかったのだが、現実的には日本的な興行師との関係からプロレス興行を立ち上げるしかなかった。しかしながら、テレビが家庭へと浸透していくと、定期放送という新しい状況に適合したコンテンツの変更を考えなければならなくなったのである。

このようなメディア状況をテレビ番組制作上の社会的コンテクストとすると、プロレスとディズニーというまったく異なる番組内容が並列されたのは、放送局が独自の番組制作能力を徐々にあげていたにしても、すべてを賄いきることはできなかったからではなかったろうか。ディズニーはアメリカ産で、プロレスは日本産でという現実的な選択でもあった。と同時に、プロレスは定期放送に見合う日本産の番組でなければならないという問題に突き当たることになる。

五八年の「インターナショナル選手権シリーズ」では、一〇月二日と三〇日にドン・レオ・ジョナサンと選手権試合を行い、力道山は防衛を果たす。このように強豪外国人選手を迎え撃ち、最終戦などで選手権を賭けて闘うという構図は、こののち、力道山が亡くなるまで続くだけではなく、後年のジャイアント馬場やアントニオ猪木のプロレス中継にも受け継がれていく。

テレビの定期放送とインターナショナルタイトルという世界選手権級のベルト獲得時期が重なるのは偶然ではない。五七年に、日本テレビは三菱電機をスポンサーとした長期計画のプロレス中継『ファイト・メン・アワー』を放送していたが、テーズ戦以降めぼしい企画もなく、プロレス退潮ムードが漂っていた。そこで、日本テレビはプロレス番組のテコ入れを希望し、『三菱ダイアモンド・アワー』と看板を架け替えている。それが先に触れたディズニー番組との隔週放送であり、「インターナショナル選手権」を具体的戦略としたと考えられる。「要はプロレス復興のため、金曜八時放送開始の景気づけとして力道山は世界に準ずるタイトルを必要としていたのである」〔岡村、二〇〇八：一五六〕との岡村の指摘のとおり、定期放送に適合した番組構成を行うために、一つには番組開始時のインパクトとして「インターナショナル選手権」獲得があり、二つ目には単発イベントとしてプロレスを放送するのではなく、基軸として選手権を設定し、その選手権を巡る連続物語を構成する必要があったのである。つまり、力道山を主役とした選手権を巡る物語が明確になったのが、実はこのときであった。

このようなプロレス放送の変質は、テレビを視聴する場所が街頭から茶の間へと移動していくことと連なっている。ちょうどこのころになると、テレビは街頭で見る非日常的なメディアから、家庭という日常的な空間で楽しむメディアへと変質していくのである。先述したとおり、テレビ受像機はあまりに高価であったため、五〇年代末までは、主婦はテレビ購入に決して積極的ではなかった。つまり、テレビは家電化していなかったのである。ところが、『ヒッチコック劇場』や『パパは何でも知っている』などのアメリカ産のテレビ映画が人気を博し、これらの番組は男性的ジャンルと結びついていたテレビを女性と結びつける働きをしていた〔吉見、二〇〇三〕。五六年には、KRT〔現TBS〕が『東芝日曜劇場』を開始、日本産のドラマが人気を獲得していく。このようなドラマの形式を力道山プロレスが結果的に取り入れていたのである。

さらに、五九年には皇太子「御成婚」パレード中継があり、テレビ購入に拍車がかかり、テレビが家庭内のメディアとして定着することになる。このようなテレビ普及の歴史を手短に振り返っただけでも、一九五八年九月時点で、プロレスは家庭内でも受容可能なドラマ仕立ての番組内容にシフトする必要があったのである。さらに、日本産のテレビ番組として安定的に供給できなければならなかったのである。つまり、テレビというメディアがもつ力学がプロレスを変質させたのであった。それは、プロレスをドラマ仕立てにするという変化と同時に、家庭という日常において、少しばかりの刺激を提供する番組への変化を促すものでもあった。

第四節　『ALWAYS 三丁目の夕日』と力道山

ここで、一九五八年という時代状況を社会学やメディア論的視角から議論しておきたい。それは近年、一九五八年、つまり昭和三三年が特別な情景として思い描かれる傾向が顕著であったからである。それは日本人の原風景の記憶として位置づけられるものである。その象徴として取り上げられる映画『ALWAYS　三丁目の夕日』（以下、『ALWAYS』と略す）を巡る議論を行い、力道山プロレスと節合していこうと思う。

二〇〇五年公開された『ALWAYS』は観客動員二八〇万人を超える大ヒットとなり、多くの映画賞を獲得した。なかでも、日本でもっとも権威があるとされる日本アカデミー賞の一三部門のうち一二部門で最優秀賞を獲得した。賞獲得がその映画の価値を決定づけるものとは思われないが、秀逸な作品として一般的評価を確固なものとした。

『ALWAYS』はハートウォーミングなストーリー展開とともに、昭和三三年当時の東京の様子をCGで再現した映像表現技術も素晴らしく、評価をあげた主要因として指摘できる。東京の典型的な下町に青森から集団就職で上京してきた少女、そして彼女の就職先である鈴木オートの社長以下家族たち、そして近隣に住む人情味あふれる人たち、居酒屋を経営する美人女将と彼女に想いを寄せる文学青年。これら登場人物たちが汗水流し一生懸命に生き、豊かさを少しずつ手にする姿が描かれている。第九〇代内閣総理大臣の安倍晋三はこの映画を以下のように評価している。

東京タワーが戦後復興と物質的豊かさの象徴だとすれば、幻の指輪はお金で買えない価値の象徴である。この映画は、昭和三十三年という時代を記憶している人たちだけではなく、そんな時代を知るはずのない若い人たちにも絶賛された。いまの時代に忘れられがちな家族の情愛や、人と人との暖かいつながりが、世代を超え、時代を超えて見るものに訴えかけてきたからだった。

〔安倍、二〇〇六：二二〇—二二一〕

安倍が東京タワーをもちだすのは、映画の場面場面で建設中の東京タワーが描かれ、戦後復興の象徴になっているからである。「幻の指輪」とは、貧しい文学青年がプロポーズの指輪を買うことができず、その想いを指輪の箱に託した場面からのものである。

このような安倍の言説には、昭和三〇年代に対する日本人の特別な感情が控えているように思われる。市川孝一によれば、昭和三〇年代における日本人の基本的価値規範は、「まじめ」「ひたむき」「努力」「純粋」という言葉によって表現される社会意識である。特にその典型なのが、日活が製作した浦山桐郎《うらやまきりお》監督『キューポラのある街』（日活、一九六二年）における吉永小百合演じる主人公の女性であるという〔市川、二〇〇二〕。安倍の言説や『キューポラのある街』から読み取れるのは、「貧しくとも心は豊かであった」、あるいは「がんばれば夢は実現する」という時代意識である。

格差社会や貧困問題が露呈し、現代の日本人の心の貧しさが喧伝され、これらを表現する言説にリアリティを感じる現在、昭和三〇年代の家族の情愛や近隣住民の温かい交流に、かつてNHKが放送した『プロジェクトX』（序章三節）的な日本人の〝本当の姿〟を私たちは重ね合わせるのである。そこに「いまの日本人が失ってしまった大切なものがある」として。つまり、現代の私たちは、現代社会から見た昭和三〇年代を日本人の原風景としてノスタルジーとともに発見するのである。このノスタルジーは団塊の世代との関わりが顕著であり、世代論的匂いが濃厚であるが、同時に現在の若者に対しても訴求力をもっている。それゆえ、〝昭和三〇年代ブーム〟であり、以来〝昭和ブーム〟が続いているのである。

このような昭和三〇年代の日本社会像は現実のそれとは異なっていただろう。布施克彦はこのようなブームのあり方を、「昔はよかった症候群」という日本人の偏狭さを表しているものが、たまたま〝昭和三〇年代ブーム〟として表出したものであると批判している〔布施、二〇〇六〕。

『ALWAYS』が昭和三〇年代の現実そのものではないにしても、〝昭和三〇年代ブーム〟とは、高度経済成長にいままさに突入し、「夢と希望にあふれていた日本」を現在の地点から夢見ているのである。過去に夢を見るという倒錯した現代社会のあり方は別にして、現実が語られていると思わせる映像が巧みに配置されることによって、映画は成功したともいえる。その意味で、私たちはその仕掛けに乗せられているだけかもしれない。そもそも、この映像の外部になにがしか真なる現実があると想定したり、ユートピアを夢見てしまう態度はナイーブというべきものであろう。しかし、それでもなお、現在と過去を結びつけ、その歴史とされるもののなかに現実的感触を感じていることもまた事実である。つまり、映像やその他のテクストを含めて、そこで見た世界にリアリティが感じられるとき、テクスト外部である生活世界と呼応していると考えることができる(6)。

ちょうど経済成長が一般的に認知されたのが、一九五五（昭和三〇）年ごろである。神武景気といわれた時期は五五年からの三年であり、電気洗濯機、冷蔵庫、掃除機（のちにテレビ）の「三種の神器」がもてはやされ、五六年の『経済白書』が「もはや〝戦後〟ではない」と報告している。その意味で、『ALWAYS』が描く昭和三〇年代とは経済成長する「夢と希望にあふれていた」時代へリアリティが強化され、その方向に国のベクトルが強烈に向かう時代であった。そして、『ALWAYS』の一九五八（昭和三三）年が東京タワーを象徴としつつ、

「三種の神器」の一種が掃除機からテレビへと移行するテレビ時代の日常的な定着を見事に表現していたのである。

二〇〇万部を超えるベストセラーとなったリリー・フランキーの自伝的小説『東京タワー　～オカンとボクと、時々、オトン～』（扶桑社、二〇〇五年）において、東京タワーは戦後日本の特別な象徴として描かれている。東京タワーは「独楽《こま》の芯のようにきっちりと、ど真ん中に突き刺さっている。東京の中心に。日本の中心に。僕らの憧れの中心に」ある特別な存在である。テレビ塔である東京タワーは、テレビというメディアによって人々の「憧れ」を喚起する「芯」となり、媒介となる。テレビ映像は「僕らの憧れ」の伝達装置となるのだが、そこには経済成長によって「憧れ」をもつことが許される社会的雰囲気が基底となっていなければならない。東京タワーが象徴として「憧れ」と端的に節合されている時代状況とは、あの二人の老人（二章七節）が抱いた「我慢の感情」が古きものであるとの社会的認識が醸成してきたことを意味する。

そして、本書で対象とするプロレスもこの時代に生み出され、力道山もまたこのような文脈のなかで理解される典型でもある。しかし、力道山がプロレスラーとしての活動に向かうのは昭和三〇年になる前である。力道山がプロレスラーの修行を開始したのは一九五一（昭和二六）年であり、力道山がはじめてテレビから強烈な光を放ったのは五四（昭和二九）年二月一九日の夜のことである。テレビ本放送開始がその前年である。そして、現時点で議論している力道山プロレスは、五八（昭和三三）年に街頭テレビから、茶の間に据え置かれる家庭メディアへと変質していくころでもあった。

野上元のメディア論的解釈によれば、『ＡＬＷＡＹＳ』は「ラジオからテレビへ」というメディア史的なメッセージを読み込むことができるとされるが、この読解から導かれるのは、「アナログからデジタルへ」という現代のメディア状況と重層する効果であるという。映画では、東京タワー建設の進展が組み込まれているが、当時の新メディアの電波塔である東京タワーは、二〇一二年の東京スカイツリーの完成とともに、「東京という都市空間に歴史性を付与する特権的メディアのひとつ」となる。つまり、『ALWAYS』の東京タワーとは、「夢と希望にあふれていた」とノスタルジックに現在のわれわれが振り返る昭和三〇年代の集合的記憶を司る中心的メディアだったのである。ちなみに、映画のラストは完成された東京タワーを登場人物が眺めるシーンである〔野上、二〇一〇：一〇五—一〇六〕。

この野上の議論に付加すべき点がある。野上が指摘するとおり、テレビというメディアは昭和三〇年代の集合的記憶を司る中心的メディアではあったが、それは街頭テレビ時代と家庭メディア時代というメディア史的時代区分を設けておく必要があるということである。つまり、日本人の集合的記憶の場が街頭から家庭へと変化したのである。特にプロレスを焦点とすれば、顕著な変化であった。この区分は本書のみが指摘するものではない。例えば、稲田植輝の整理によれば、テレビの発展は四段階となっている。まず一九五三年から五七年までを草創時代。五八年から六七年を基礎時代、そして六八年から八〇年が発展時代、八一年以降を混迷時代としている。稲田の整理から一七年ほど経っており、二〇一一年の全面的なデジタル放送を目の前にした現在であれば、新しい段階を設定できるだろうが、本書で扱っているのは、草創時代と基礎時代ということになる。

この時代変化は模索時期から繁栄の基礎固めの時期であり、国民生活に強い影響を与えた時代として整理されている。もちろん、この変化の背景にあるのが高度経済成長であるが、ちょうどVTR技術が輸入されたのもこのころであり、テレビカメラの小型化も行われている。これらの技術が番組制作の効率化や保存を可能にし、番組内容を変化させていったという点も重要なメディア史の出来事である。つまり、テレビ番組の原型が基礎時代に作られていくのである〔稲田、一九九三：六四—八五〕。ちょうど、プロレスがテレビ番組として定期放送を迎えるのは、まさに基礎時代に突入したころだったわけである。

一九五八〔昭和三三〕年ごろまで、先に触れたとおり、日本人の家庭メディアの中心はラジオであった。茶の間にはラジオがあり、そこでニュースやラジオドラマなどを聴取するのが家庭の当たり前の光景であった。街頭テレビは家庭外のメディアであり、映画や演劇などを見物にいく経験に近かったといえる。それゆえ、家庭の外にあったメディアが家庭に侵入してきたことは大きな転換であった。日常生活のなかにテレビを組み込んだ生活が意識化されたのが、このころということになる。それゆえ、テレビという新しいメディアによる日常生活の変化、あるいは人間の変化が問題視されるようになる。

ここで、二一〇ページの写真を振り返ってもらいたい。この写真は『ALWAYS』の一場面である。力道山の空手チョップが外国人レスラーを叩きのめすのをお茶の間のテレビで見て、人々が拍手している場面である。この映画では、映画の中心となる小さな自動車修理工場を経営している家庭にはじめてテレビがやってくる。それを自慢げに、そして素直に喜び、近隣住民がテレビを見に押し寄せてくるのである。

吉見俊哉は、当時のテレビは「買う」のではなく、家に「やって来る」ものとして表象されていたと的確に指摘している。そこで、吉見が指摘するのは、五〇年代以降、「テレビを通じたナショナルな神話やネーションを主題化するイデオロギーの場が各家庭のレベルに個別化し、拡散していった」（吉見、二〇〇三：三七）という場所性の問題である。以降、近代家族化が進む家庭こそが、ナショナルな神話の再構成と国民のアイデンティティ構築の基盤になったというのである。

この吉見の指摘に従うなら、この『ALWAYS』のテレビ観戦の写真からは違和感が生み出される。なぜなら、写真には家族以上に近隣住民が多いからである。確かに、テレビ放送開始間もなくならば、テレビを購入した家庭に近隣住民がテレビ視聴のために訪れたことはあっただろう。本章一節の村松少年の例を思い出しておこう。しかし、一九五八年には、これほど多くの人々が一つの家庭に訪れて、日本社会の縮図のような地域社会を構成して、テレビ視聴をしたとはあまり考えられない。先に取り上げたように、「テレビのもらい湯」などという表現があったように、あくまで家族が中心であり、地域社会ではないのである。このようなテレビ受容の場所性と集合性の関係を考慮するなら、この写真は、かつて街頭テレビの前の群衆や飲食店でテレビ観戦していた観衆、そして電器屋に設置してあるテレビの前に集まった人々を投影したノスタルジーによって構成された地域社会像なのである。あるいは、街頭テレビでの視聴スタイルを引き継ぐ最後の、そして非常に短い期間の出来事でしかなかったのである。

先に取り上げた大宅壮一の「一億総白痴化論」は、このテレビの日常生活への侵入に対する一つの反応であり、家族がもつ伝統社会的性格の保護を訴えるものであった。雑誌『思想』(岩波書店)がテレビ特集を組んだのも、一九五八年一一月であり、そのなかでテレビ論の古典といえる清水幾太郎論文「テレビジョン時代」で、テレビが家族を一つの部屋に集めながらも、家族同士の会話自体を禁じると説き、「人間をノックアウトする映像」と危惧したのは、このような文脈上にある〔清水、一九五八〕。確かに、歴史上はじめて家庭内に動く映像が組み込まれたのである。

同年、加藤秀俊は、テレビを家庭メディアとしながらも、既存の見世物の延長線上に位置づけることが可能なメディアであることを指摘し、「観劇ないし観戦」価値と同時に「社交」価値も存在することを指摘した〔加藤、一九五八〕。家庭におけるテレビ視聴が、家族間のコミュニケーションの活性化をもたらすとしたわけであり、清水が抱いた危惧とは相反する見解を述べている。これら相反する見解が生み出されたのは、テレビが家庭に、あるいは日常生活に組み込まれるという新しい社会状況に、どのように対応するべきかを予測しようとする理論的誠実さともいえる姿勢があったことを意味している。

このように、家庭メディアへとテレビが定着しはじめると、当然のことではあるが、既存の見世物のままで電波にのせるわけにはいかない。家庭において、家族団欒に適合した番組内容が求められるようになる。力道山のプロレスは街頭テレビとして最高の人気を獲得していたが、ここで群衆が見物するものから、家族が視聴するものへと変化していかざるをえなかったのである。それゆえ、インターナショナル選手権を中心とした物語性を強調した番組内容にしなければならなかったし、次節で説明するように、「ワールド・リーグ戦」という新しい企画や、ファイト内容の変化が必要とされたのである。

このように考えてくると、一九五八（昭和三三）年はメディア史においても転換点だったのである。この年にプロ野球でデビューした長嶋茂雄には、街頭テレビの匂いがまったくといっていいほど感じられない。このような実感は、テレビが家庭メディアとして普及しはじめたのがこのころであったことを意味する。テレビはこうして、非日常性を抱えるメディアから家庭という日常に滑り込んできたのであった。五九年には、テレビ受像機の普及にもっとも大きな影響を与えた皇太子「御成婚」パレードのテレビ中継があった。当時の日本人は、このパレードを見てみたいとテレビ受像機の購入に突き進む。このとき、社会の中間層が購入可能な豊かさを獲得していたのであり、ここに一家に一台という時代が到来する。テレビと家庭の繋がりが明確に意識化される時代になってきたのである。

第五節　「テレビ・プロレス」の確立

一九五九年に、力道山は大きな企画を立ち上げる。世界中の強豪を日本に呼んで、日本全国を巡業する「ワールド・リーグ戦」である。これもまた、テレビに適合した番組内容を構成するために企画された一年一度の「春の本場所」である。インターナショナル選手権を中心とした連続物とは別に、一年というサイクルのなかで特別なイベントが催されることになったのである。「プロレスはサイド・ストーリーを過剰生産してきたジャンルである」〔古川＝岡村編、二〇〇二〕が、その基本形が明確な形となってきたのである。五八年九月の定期放送開始時には、「インターナショナル選手権」のインパクトもあり、一時的に人気を取り戻したプロレスであったが、鍋底景気（一九五八〜五九年の不況）のさなかであり、不振が続いていた。定期放送化した日本テレビのプロレス番組は、一一月からは後楽園ホールからの放送で、力道山は出場していなかったということもある。

「ワールド・リーグ戦」は世界中の強豪が総当たりリーグを行い、真の世界一を決めるという触れ込みで、十分なプレミア感をもっていたが、テレビ放送のための企画であった。その前振りの試合中継が行われている。

この年（一九五九年——引用者）はテレビ・プロレス（日本テレビ、三菱電機）定期番組の強化に、外人選手が代わる代わる来日、ブラウン管を賑わす。（略）

四月三日のテレビ・プロレスに、赤いマントに赤覆面の怪人ミスター・アトミックが初登場。南米帰りの芳の里を相手にして〝凶器入り頭突き〟にパンチの連打、果ては必殺の決めわざ、ネックブリーカーで仕止め、漸く家庭にテレビが普及しはじめたから、当時人気番組の「月光仮面」のプロレス版のかたちで人気が盛り上がる。

〔田鶴浜、一九八四：七九〕

この言説は、プロレス評論第一人者の田鶴浜弘による当時の解説である。この資料である『日本プロレス30年史』では、力道山以前の日本のプロレスにも触れながら、力道山が日本にプロレスを〝輸入〟して三〇年に及ぶプロレス史を概説している。この本のなかでは、プロレスとテレビの関係についても、テレビ放送関係者の証言も数多く取り上げられており、プロレスとテレビの蜜月関係について詳述されている。ここで「テレビ・プロレス」なる表現が使用されているが、街頭テレビに言及する際は使用されていなかったことに留意しておきたい。

確かに、街頭テレビ時代には、力道山がテレビというメディアの特性を意識していたとはいえ、プロレスを単純に中継放送していた。つまり、街頭テレビは、テレビ的編集演出があまりなされていなかった。田鶴浜が意識していたかはともかく、「テレビ・プロレス」なる言葉によって、プロレスとテレビの関係を位置づけたのは、プロレスがテレビのコンテンツであることが意識されていることを意味する。実際、「定期番組の強化」のための、プロレス改編である。さらに、テレビの家庭への普及に言及し、ミスター・アトミックという覆面レスラーというスキャンダリズムと物語性が前面に出る試合内容もまた、テレビをより意識した構成にプロレスが変化したことを意味する。ここにきて、プロレスはテレビに従属するようになりはじめたのである。(7)

ミスター・アトミックの大暴れの一週間後の四月一〇日、皇太子「御成婚」パレードのテレビ中継が行われている。メディア論にとって、必ずといっていいほど議論の対象となるこのパレードのテレビ中継は、かつてであれば民衆にとって存在しないに等しい皇室の結婚の儀のなかにテレビカメラが入り込み、詳細を一部始終映像化し、大衆あるいは国民の多くがそれを享受することを可能にした。しかしながら、より重要なのは、テレビカメラがあるゆえに、捉えられる現実、知りうる現実が存在することを知らしめたことである。ブーアスティン〔一九六四〕が、テレビが構築する現実を「疑似イベント」と定義づけ、事実より「本当らしさ」が重要になり、「本物か偽物か」「現実かコピーか」という二分法的理解に限界が生じることを示唆したことは、メディア論の常識的知識とさえなっている。通常、私たちは現実があって、その後にメディアによる報道が行われるという、現実とメディアの時間的関係を想定するが、メディアによって映し出されたものが現実のコピーであるとはかぎらない。「御成婚」パレードの経験は、まさにブーアスティンのいうように、沿道で参加した現場での「本当らしさ」

皇太子結婚パレードの模様（http://doracat.web.fc2.com/ki00/50_60/3c/3c.html）

と、テレビ視聴者がテレビによって構成された「本当らしさ」という二つの体験を社会に組み込むことであった。

石田あゆうは、「御成婚」パレードを含む「ミッチー・ブーム」のメディア分析を行い、「御成婚」パレードの社会的意味を先達の研究をレビューしながら、メディアイベントとして的確に要約している。石田によれば、「御成婚」イベントは、民衆の直接経験の欲求を乗り越え、メディアによるドラマ化として社会に広く提示され、このドラマ化の力が優勢な体験であった。それは国家的儀礼に参加することと同時に、テレビ的に編集された映像を家庭において体験したということでもあった。メディアを通じたイベントへの参加経験が重要な社会的広がりをもつメルクマールであったのだが、民衆はヒーローやヒロインを中心とした物語を享受することを選択したのである[8]〔石田、二〇〇六：一一四―一二〇〕。

ここで、「御成婚」パレードのメディア論に言及したのは、プロレス観戦もまた現場で観戦することとテレビで視聴することとは、その体験が異なっていることを指摘したいというだけではない。テレビと家庭が結びついたとき、大衆が悦ぶのはテレビ的に編集され、なおかつヒーロー中心のドラマ仕立てのコンテンツであるということだ。つまり、田鶴浜が「テレビ・プロレス」なる表現をしたのは、ドラマ仕立てであることを強調するプロレスが必要になったことを意味していたのである。当時、力道山は永田貞雄の日新プロや吉本興業との協力関係を断ち、独力でプロレス興行を行いはじめた時期である。そのため大田区池上の自宅を担保にして興行資金にしたようである〔『週刊サンケイスポーツ』一九五八年一一月二六日号：七二―七三〕。これは力道山による日本プロレスの興行に関する全権保持という流れであると同時に、興行師による興行からテレビとの関係密度が重要な興行へと変化していく時代的流れの現れだったのである。

「ワールド・リーグ戦」は日本に世界の強豪プロレスラーを集めて総当たりリーグ戦を行うという新企画であった。南米遠征から帰国したプロモーター力道山は、「世界で最初の企画」と胸を張った。マスコミもまたこの企画に好意的な反応を示している。『サンデー毎日』(一九五九年五月二四日号)は、「プロ・レス起死回生策　レスラー兼プロモーター・力道山」と題し、力道山プロレスの軌跡を追いながら、「ワールド・リーグ戦」開催に向けた紹介記事を掲載している。

それに、元来、プロ・レスの世界選手権者は、アメリカにあるプロモーター組織がつくり出したもので現にパット・オコーナーとキラー・コワルスキーという二人の世界選手権者がいるが、それに対抗して、世界から一流レスラーを集めたんだからという理由で日本製の世界選手権者をつくり出しても不思議ではないとすれば、世界中の視聴を集めるといってもよい。

〔『サンデー毎日』一九五九年五月二四日号：六九〕

この記事では、権威づけについては、「プロモーターの腕の見せ所」と冷静な評価をしているが、全体のトーンとしては「世界初の企画」「日本製の世界選手権者」を肯定的に評価している。ほんの少しばかり時間を遡れば、力道山は「インターナショナル選手権」という〝世界級〟の選手権者になったばかりであったが、さらなる「世界」の称号が付与される「世界初」のリーグ戦と、「世界」なる表象がいくつも重ねられた企画であった。岡村によれば、「ワールド・リーグ戦」のアイデアの元は浪曲興行にあったという。戦前全盛であった浪曲は戦後の娯楽の多様化によって卓越した一人の座長率いる一枚看板興行から脱却せざるをえなかった。そこで興行師永田貞雄が一枚看板の浪曲師を集めて全国を回るオールスター興行を行い、大成功を勝ちとる。永田は、力道山プロレスの興行師でもあったことはすでにふれている。彼の興行を観察してか、あるいはアドバイスを受けてのアイデアかは不明だが、力道山の企画に永田の影響があったと考えられる（岡村、二〇〇八：一六五―一六六）。

村松の理解は次のようなものである。

一対一の勝負や、タイトル・マッチの威厳に止まらず、その上に優勝の行方を推理するサスペンスを加えたのが、ワールド・リーグ戦という発想だ。アメリカのプロレス史上にも、それまでにこのような実験をした例はなかった。それを日本という土壌で成り立たせたのだから、力道山にとっては快挙以上の成果だった。

（村松、二〇〇〇：一八九）

この村松の言説から読み解くことができる「ワールド・リーグ戦」から生み出される「超越性」は、当然「世界」でもあるが、と同時に「日本」という「世界」と対峙する地域性の意識が背後に控えている。「日本」という場所で、「世界初」であることが、テレビの前の、そして会場に集まった日本人の心性に訴えたということである。また、「推理するサスペンス」なる表現からは、「サイドストーリーを過剰生産する」というプロレスの物語性に対する意識がうかがえる。

では、ここで第一回「ワールド・リーグ戦」の物語性について議論を展開していくことにしよう。

先に触れたとおり、「ワールド・リーグ戦」シリーズ開始前の四月三日、赤覆面のミスター・アトミックが初登場し、芳の里を〝凶器入り頭突き〟、パンチの連打などラフファイトで圧倒、フィニッシュは必殺技ネックブリーカーで仕留めてみせる。村松は「このミスター・アトミックの登場ぶりはすさまじかった」（村松、二〇〇〇：

一八五〕と振り返り、岡村は「アトミックの悪党人気はピークに至った」〔岡村、二〇〇八：一七一〕と述べている。どちらにしても、ミスター・アトミックが強烈なインパクトを残したことはまちがいないようである。この時点で、ミスター・アトミックは「ワールド・リーグ戦」参加選手ではなかったが、自ら参加を申し出、力道山も日本勢が次々に〝血の海に沈んでいく〟のを見て、北海道巡業でテストマッチを敢行、結果ドイツ代表として参加することになる。

ミスター・アトミックはいくつもの物語が巧妙に組み合わされ、興味深いキャラクターに仕立て上げられている。まず、いま触れたように、急遽参戦という「ワールド・リーグ戦」にハプニングが組み込まれる。次に、覆面レスラーという新しいレスラー像の登場があげられる。リングネームについては、当時人気のあった漫画『あとみっくおぼん』からつけられているが、その漫画を知らなくとも原爆を連想させる名前であり、禍々しい暴力性を象徴している。また当時はテレビドラマ『月光仮面』が人気であり、その人気が覆面レスラーに波及したということもあったようである。その覆面に凶器を忍ばせるという手口も、当時としては刺激的であった。そして、覆面を付けている理由が、ボクシングで鳴らし、プロレスラーになったが、そのラフファイトが対戦相手から敬遠され、覆面をかぶって試合をするようになったという触れ込みであった。それだけではない、そのときのリングネームはマスクド・ザ・プリチュアなどであったが、傷害事件を起こし執行猶予中のため、そのリングネームを使用することができず、リングネームを変更し、〝日本上陸〟を果たしたということである。もちろん、これらのキャラクターづけがトール・テールになってはいるが、プロレスにおいてでさえ、覆面レスラーはキワモノという意識がある。ニューヨークでは、一九七五年まで、ニューヨーク・アスレティック・コミッションの認可がなされず、覆面レスラーの登場はなかったほどである。

プロレスを「スポーツ」として定着させようとしていた力道山にはマスクマンという選択肢はなかった。しかし、テレビのレギュラー番組となるに及んでプロレスは単なる「スポーツ」では物足りなくなって、新たなテレビ的刺激が求められるようになっていた。（岡村、二〇〇八：一六八―一六九）

岡村の指摘するとおり、スポーツであるという正当性を付与可能な体裁以上に、マスクマンという高いエンターテイメント性が選択されるようになったのは、「テレビ・プロレス」を意識しての力道山の戦略であった。ミスター・アトミックは、このシリーズの立役者となる。五月二一日、東京体育館にて、「ワールド・リーグ戦」は開幕、全国主要都市を巡業、六月二五日に東京体育館に舞い戻るまでの全二六戦、どこも大入り札止めであった。優勝決定戦は力道山、エンリキ・トーレス、ジェス・オルテガ、そしてミスター・アトミックが残り、力道山とアトミック、トーレスとオルテガが準決勝を争うことになる。

この準決勝で、力道山とアトミックは「試合というより男の意地をかけた果たし合いに近く」「激情、興奮、狂暴、修羅場……といった様相」（村松、二〇〇〇：一八七―一八八）のラフファイトであった。このような試合展開は、ルー・テーズ戦のような正統的な試合、あるいはストロングスタイルではないし、これまで力道山が見せたどのような試合よりも刺激度の強い試合であった。この試合で、力道山はアトミックのラフファイトとたび重なるベアナックルによる反則攻撃に猛反撃、アトミックの覆面をはぎ取り、空手チョップの乱打で流血に追い込み、ついには反則負けとなるのである。この時点で、力道山の決勝進出、優勝はなくなったと思われた。もう一方の試合は時間切れ引き分けになるも、くじ引きで勝者を決めることになるが、アトミックの負傷がひどく、決勝戦出場辞退となり、三者の抽選で決勝戦進出を決定する運びとなる。

第一回プロレス・ワールド・リーグ戦第一九戦（最終戦）　一九五九年六月一五日（月）東京体育館
観衆一万五千人

ワールド・リーグ戦決勝トーナメント八分三回一本勝負
エンリキ・トーレス（延長一回時間切れ引き分け）ジェス・オルテガ
ミスター・アトミック（反則　三回三分四〇秒）力道山
ワールド・リーグ戦優勝決定戦トーナメント八分三回一本勝負
力道山（体固め、二回〇分三五秒）ジェス・オルテガ

村松はこのようなドラマチックな展開を次のように振り返っている。

このいきさつにも、今にして思えばプロレスらしいキナ臭さを感じないでもないが、初めから仕組んだ人がいたら、その人を尊敬すべきだという気がする。

何しろ、アトミックを叩きのめす力道山を見た上、死んだはずの力道山が浮上して、あの宿命の敵たるオルテガと戦うことになったのだから、その日の観客は家を出るときに想像した、何十倍ものハイライト・シーンを見物できたことになる。

〔村松、二〇〇〇：一八八―一八九〕

ここでは、会場での観客の反応について語られているが、茶の間でテレビを視聴していた人々もまた期待以上の映像を楽しんだことになる。村松はこのようなドラマ仕立てで喧嘩のような試合展開のプロレスについて、「とにかく観客はうまさ、華麗、潔さなどよりも、激しさ、強さを求めはじめていたような気がする」〔村松、二〇〇〇：一八七〕と観客の欲求に焦点を当てているが、同時にテレビ番組として要請された物語性に合致していたのであった。ミスター・アトミックというキャラクターは、このような試合内容と連続ドラマ的な物語性に見事にマッチングした役割を果たした。

翌日の毎日新聞（一九五九年六月一六日）では、「力道山が王座に」との見出しで、詳細が報じられている。ドラマティックな死闘の末、力道山は「世界」なる称号をまた身につけたのである。

「ワールド・リーグ戦」シリーズ大成功ののち、オルテガ、トーレス、アトミックは日本に留まり、追撃戦「ワールド選抜シリーズ」に参戦、大当たり興行となる。インターナショナル選手権も行われ、力道山は「ワールド・リーグ戦」で決着のついていない強豪アトミック、トーレスの挑戦を受け、退けている。

興行の方式、レスラーの演出などにおいても、このシリーズは日本のプロレスの雛形になったということかもしれないのである。〔村松、二〇〇〇：一九〇〕

村松の指摘どおり、「ワールド・シリーズ」が、のちの全日本プロレスの「チャンピオン・カーニバル」、新日本プロレスの「MSGシリーズ」「IWGP大会」「G1」などのルーツとなる。と同時に、「テレビ・プロレス」の「雛形」でもあったと位置づけられる。

雑誌メディアに視点をズラしてみると、一九五九年には、雑誌『週刊平凡』（平凡出版、現マガジンハウス）の創刊という出来事があった。いわゆる当時の週刊誌ブームを背景としている。一九六二年には、五〇年もの歴史をもつ『講談倶楽部』『少年倶楽部』が廃刊になっている。

『週刊平凡』のメディア論的位置づけを明確にするために、週刊化する前、つまり月刊誌時代の『平凡』(凡人社、のちに平凡出版)について押さえておくことにしよう。まず、この月刊誌『平凡』は、戦前平凡社という別の出版社から出版され、すぐに休刊となった『平凡』(平凡社)の名前を譲り受けたという経緯があった。一九四五年一一月、凡人社より月刊誌『平凡』は刊行される。刊行の時期が敗戦後間もなくということも象徴的であるが、日本の成長に歩調を合わせるかのような大衆社会化の進展と重なる雑誌メディアといっていい。

一九五〇年代初頭の『平凡』誌面は、戦争映画に関連付けながらの戦争記述が多いことが特徴であった。この特徴が変化するのは、一九五〇年代半ばである。ちょうど太陽族が注目を浴びるころであり、誌面に石原慎太郎も登場し、「僕ら若い世代」論が強調される。そこでは、「青春期の心身をめぐる問題系」と「読者たちの生活環境」が論の中心となっている。つまり、一九五〇年代において、大衆社会の関心は戦争という問題系から彼ら彼女らを取り巻く社会の問題系へと変化していったのである。『平凡』では、高度経済成長に適合するかのように戦争への関心を切り捨てていくようになったのである。そして、この関心の変化とは大衆社会化への適応でもあった〔成田＝岩崎ほか編、二〇〇九:二一九―二四三〕。

そして、『週刊平凡』になると、「ゴシップの雑誌」として、グラビア主体の誌面構成となり、芸能人に関する読み物を提供するメディアとして構成される。『週刊平凡』は「テレビのある茶の間の娯楽雑誌」として創刊され、その最初の誌面上のスターは美智子妃であった。一九六〇(昭和四〇)年になると、橋幸夫などのテレビを中心として活躍する「テレビ映りのよい歌手」が誌面を賑わすようになる。つまり、アイドル誌となるのである〔阪本、二〇〇八〕。

高度経済成長を実感する時代へと日本社会が離陸していくとき、家庭に組み込まれていくテレビというメディアのもつ力学が大衆文化を覆いはじめた時代、それが一九五九年だったのであり、プロレスも同様に巻き込まれ、プロレスのスタイルや内容の変化を要求されたのであった。要するに、戦後日本の大衆文化を総体的に眺望するとき、大衆の関心が戦争から社会へ、そして娯楽あるいはメディア文化へと広がっていたということを確認することができるということである。

第六節　力道山の「豊かな社会」

戦後、丸山眞男をはじめ日本の知識人は、我が国の精神的風土を欧米との比較で位置づけてきた。特に、近代化の遅れをマイナス面として説明する流れが主流であったように思われる。よって、戦後思想において、日本とアメリカの〝密接〟な関係から、日本におけるアメリカニズムの浸透をどのように位置づけるのかという問題が重要な関心となってきた。日常生活という水準では、大型冷蔵庫に象徴されるような豊かな物質文明、消費的な欲望の先鋭化としてアメリカニズムは浸透してきた。

しかし、日本人の欲望が戦後急速に肥大化したわけではない。例えば、神島二郎は明治期まで存続していた武士的エートスが消え去ったあとに、抑制のきかない欲望が肥大化する精神構造が日本に広がったとしているが、この「欲望自然主義」がアメリカ的な豊かさへと節合され、消費主義的な欲望の「膨張主義」を必然化したのである。日本人的な感性からすれば、自然とは人間と対立して存在するものではない。人間も自然もまた「自然」

なのである。よって、一つの欲望の解放は、「自然」と位置づけられ、欲望の充足を目指す精神構造や行動原理は膨張していく。この神島の議論からすれば、戦後の日本において、アメリカは「自然」と化したということになるだろう〔神島、一九六一〕。それゆえ、「親米」と「反米」〔吉見、二〇〇七〕、あるいは「拝米」と「排米」〔亀井、二〇〇〇〕という矛盾する心理を「自然」として受容し、矛盾を矛盾と意識しないで生きることができたのではなかったか。アメリカが議論の対象となるときにかぎって、先鋭的意識はこの矛盾を察知する。

力道山はアメリカ文化をいち早く取り入れた一人であった。戦後間もなく、アメリカの豊かさを享受していたことは、第一章ですでに述べたことでもある。しかし、一九六〇年代になると、そのアメリカ的豊かさがだれにでも分かるように表面化する。戦後間もなく、力道山がアメリカ的豊かさを身にまとっているにもかかわらず、弟弟子若乃花がその豊かさを見落としてしまったことと比較すれば、アメリカ的豊かさに対する日本人の受容のあり方が変化したということもあったろう。

力道山夫人の田中敬子によれば、「基本はシャツの上にチェックのジャケットを羽織るアメリカンカジュアルが定番」、「アメリカに行ったとき、服も靴も気に入ったら一ダースぐらいまとめて買ってきました」と振り返り、力道山の消費文化への志向を指摘している。

それとアメリカの影響はかなり受け、自分も好きだったみたいです。生活スタイルにも取り入れたりしていて、毎週生活費として五万円を渡されていました。家の中にもかなりのアメリカ製品があり、ＧＥ製の皿洗い機、乾燥機、温蔵機など当時の日本人が憧れていたものすべてが揃っていました。

〔田中、二〇〇三：一一六〕

この「日本人が憧れていたもの」とは、アメリカン・ウエイ・オブ・ライフであり、物質的豊かさであった。三種の神器の時代に、その先にある「皿洗い機、乾燥機、温蔵機」を享受していた力道山の生活は、テレビのホームドラマのなかにあるアメリカのようであった。リキ・アパートメントのなかにはプールがあり、そこは当時の政界、財界、芸能界にスポーツ界の社交場でもあった。リキ・アパートメントは占領期にアメリカが命じて日本につくらせた連合軍家族用のDH（Dependents Housing）住宅がモデルでもあり、その発展形であった。リキ・アパートはこのようなコンセプトにマンションという豊かさを加えた住居兼施設であった。DH住宅は既存の集合住宅とは異なり、広い区画内に公共施設を伴う「団地」型の住宅であった。

力道山はアメリカナイズされたモダンなデザインの住居を、新しい日本の豊かさとして捉えていた。かつて占領軍に命令されて外国人用につくられた住宅は、その後、日本人の中産階級の住居である団地のモデルとなっていく。そして、力道山はアメリカでの経験を生かすことによって、日本人用の高級住宅を実現するのである。また、当時まだ一般的とはいえなかったゴルフを趣味としていた。しかし、そのような豊かな生活を享受する反面、節約家という一面をもっており、家ではご飯にみそ汁の純和食を好んだという。リキ・アパートメントの紹介を取り上げておこう。

渋谷区赤坂台町の高台に、地下を含めると八階というデラックスなアパートが、この三月中旬完成する。プールやゴルフ練習場まで備えたこのアパートは、約三千六百平方メートル（千百坪）の敷地で、総工費二億円。八十二世帯を収容するという。昨年暮れから力道山は建設中のアパートに自室だけを急造させて引き移り、暇さえあれば工事現場を回っている。

〔『サンデー毎日』一九六一年二月一九日号〕

力道山が住む八階は、百坪のパーティ用の大広間、当時としては珍しい横幅二メートルもある熱帯魚の水槽、ホームバー、専用エレベーター、そして庭にプールがあった。入居者第一号は「黒い花びら」でレコード大賞を受賞した水原弘、のちの総理大臣中曽根康弘も入居している。

このような贅を尽くした部屋に住みながらも、力道山はこのような豪華マンションに満足していたわけではない。

　このアパートだってハッタリで建てたんじゃない。アメリカにはこういう豪華アパートがいくらでもあるんだ。そのうち、こんなアパートはゴミみたいになる時代が日本にもきっとやってくる。そのときのサンプルみたいなもんだよ、これは。〔百田、二〇〇三：六八〕

このような力道山の住居観は、この時代では特異なものであろう。なぜなら、日本においては、一九五五年に日本住宅公団が設立され、鉄筋コンクリートの建築物で2DKの部屋に住むことが、近代的な幸福の形態とされていたからである。一九五八年ごろには、「団地族」なる言葉が使われていたような時代であった。ガルブレイスのいう「豊かな社会」〔ガルブレイス、一九八五〕を目の前にし、夢に手が届きはじめたころ、リキ・アパート自体が「夢のまた夢」のような住宅であるにもかかわらず、力道山はそれ以上の住宅を視野に入れていたのである。そもそも2DKの団地が憧れとなる貧しい時代であったのだ。

当時の日本人の生活はアメリカを模倣した。その典型が、近代的な2DK住宅でもあった。同時に核家族化の進行があり、専業主婦が一つの夢として表象される時代であった。もちろん、こうした主婦や住宅の「五五年体制」は、男女の役割分担と高度経済成長のカップリングを強化していたのである。このような当時の住宅状況を勘案すると、力道山はアメリカを模倣しつつ、当時の一般的な日本人が手にすることができない「アメリカ」や「豊かな社会」を暮らし、それらの表象をビジネスという領域でさらに展開する人物であったことになる。当時の日本人は、アメリカの豊かさを羨望のまなざしで見続けていた。

戦後、貧しさの底にあった日本は、一九五〇年代のアメリカという人類史においてももっとも「豊かな社会」を見せつけられ、そこに、自分たちの生活からまったく想像もつかない豊富な物資があり、やさしそうな父親と美しい母親と明るい子供たちの姿があることに愕然とした。そしてそこには、彼らが住む白い郊外の家があった。（三浦、一九九九：一二四）

力道山はアメリカ的な豊かな家庭もまた先んじて表象していた存在である。力道山の次男である百田光雄によれば、リキ・アパートに引っ越す前の浜町の家では、力道山は家族全員での食事が一番の楽しみであったという。また一六頭の犬を飼い、当時では珍しいラジコンなどで子供たちと遊ぶことがよくあったようである。そこで見守っていたのは「文子母」（力道山の二人目の妻）である（百田、二〇〇三：一六―三四）。また、『週刊文春』（一九六一年一二月二五日号）では、多忙な仕事の合間を利用して、「日曜日位は子供サービス」とのレポートが掲載されている。この記事に描かれている家族像は、子供の教育を語る頼もしい父親を中心とした近代家族像である。

戦後間もなく、力道山はアメリカ的豊かさを、そのディアスポラな身体にまとっていた（一章一節）。そのころの「豊かな社会」を見せつける〝メディア〟は、占領軍の豊かな物資やチョコレートであった。それからときが経ち、一九六〇年前後になると、「人類史においても最も豊かな社会」を見せつけるメディアは、テレビドラマ『パパは何でも知っている』や漫画『ブロンディ』へと変化していった。

オフィスでの力道山 (http://wildman.seesaa.net/category/2654358-2.html)

亀井俊介によれば、日本人のアメリカ観には、批判派、受容派どちらにしても、特に文化の領域で、アメリカを未来の日本像として見立てる傾向を有しているという。高度経済成長期の日本もまた、アメリカン・ウェイ・オブ・ライフを日本の未来像としていた。と同時に、アメリカ文化が魅力的であるのは、日本の文化との異質性にある〔亀井、二〇〇〇：一一二六〕。

占領軍のような身体を媒介とする現示的メディアではなく、『パパは何でも知っている』や『ブロンディ』などの再現的メディアや機械的メディアなど、つまりはメディア文化になっていく。そして、力道山のプロレスもまた「テレビ・プロレス」として、メディア文化化していくのである。その力道山の「豊かな社会」を先取りするライフスタイルは、雑誌などのメディアのなかで紹介されてもいく。当然、力道山はプロレスにおいて表象される「超越性」とは異なる次元で「超越性」を発していたことになる。力道山の豊かさは、日本人の当時の「夢の夢」でしかなく、その意味で、異質性を有してしまう。

戦後間もなくの力道山もアメリカ的な豊かさを有していた。そして、高度経済成長期においても、アメリカ的豊かさを先取りして身にまとう。常に、力道山は一般的な日本人の数歩先の「豊かな社会」を体現する「超越性」を有する、そのような存在として、日本人の前で表象されていたのであった。しかし、それは同時に、日本人の生活の未来性を有しており、羨望の対象ともなるのである。そして、強調すべきなのは、このような「アメリカ」的な「豊かな社会」を「超越性」として、人々に提供するのはメディア文化というべき領域であったことである。

そもそもメディアとは、中野収の的確な定義からするならば、「価値と意味におおわれているもの、価値と意味を担うもの、あるいは価値と意味において人とかかわり合うもの」の総称である〔中野、一九九七：八〇〕。当時の日本人は雑誌やテレビなどのメディアを通して、「豊かな社会」に暮らす人々や価値、そして意味との関係を構築したように、少なからず、その「豊かな社会」を力道山という「価値と意味を担う」〝メディア〟との関係性において受容し、羨望のまなざしを、あるいは未来の自己の姿として想像したのである。その意味で、力道山は日本人にとって〝メディア〟であったのだ。

よく知られるように、力道山は事業家であった。事業家としての志を以下のように語っている。

日本はこれからもっと発展し、アメリカのような社会に間違いなくなる。ゴルフブーム、マンションブーム、高速道路の建設ラッシュなど日本は必ずアメリカを追いかけ、ひょっとしたら追い抜くかも知れないぞ。俺はそれをアメリカで身をもって体験しその先端を切る。だからやるんだ。〔田中、二〇〇三：一三二〕

また、力道山はアメリカのショー・ビジネスにも大きな関心をもっていた。プロモーターとして外国の大物ミュージシャン招聘を夢見ていたようでもあり、自ら経営するナイトクラブであるクラブ・リキからは松尾和子や森サカエ、フランク永井など戦後日本を代表する歌手を輩出している。

このような消費文化であり、かつアメリカ文化を「身をもって体験し」、積極的に取り入れた力道山に関して、一般週刊誌を中心としたメディアも「空手チョップの億万長者」〔『サンデー毎日』一九六一年二月一九日号：一八―二二〕、「億万長者をねらう〝怒濤の男〟」「実業家として世界雄飛を夢見る多角経営者・力道山」〔『週刊文春』一九六一年一二月二五日号：七九―八三〕などと人目を惹く見出しをつけ、実業家としての力道山に焦点を当てた記

リキ・スポーツパレス（http://wildman.seesaa.net/category/2654358-2.html）

事を掲載するようになる。

力道山は五つの会社を設立し運営していた。

①日本プロレスリング興行株式会社（一九五四年設立）
　プロレスの企画宣伝、興行
②リキ・エンタープライズ株式会社（一九五四年設立）
　リキ・アパートやリキ・スポーツパレスなど不動産管理運営
③リキ・スポーツ株式会社（一九六一年設立）
　②にある商業施設や店舗の経営
④株式会社リキ・ボクシング・クラブ（一九六一年設立）
　伊集院浩氏を代表に迎えたプロのヘビー級ボクサー養成のためのジム経営
⑤リキ観光開発株式会社（一九六三年設立）
　相模湖畔のゴルフ場など観光開発、新事業

（百田、二〇〇三：六四）

プロレス以外の事業は、一九六〇年ごろからスタートした事業が多い。②のリキ・スポーツパレスも一九六〇年着工、翌年完成である。力道山はアメリカ的豊かさを〝輸入〟すべく娯楽の事業化に着手している。

プロレスと親密なメディアである東京スポーツは二〇一〇年で五〇周年を迎え、創刊五〇周年企画として「東スポ時空自在」と題して特別連載をスタートさせた。その第一弾は「日本プロレスの父」力道山であった。プロレス評論家の菊池孝は「リングを降りれば超敏腕実業家」と題してコラムを寄せ、力道山の事業について、以下のように述べている。


ここ（リキ・スポーツパレス——引用者）には、会場、道場のほか、ボウリング場とサウナ風呂が営業していた。どちらも東京で三番目の古さだった。

このころには政財界との付き合いも増えていた。政財界では力道山の後援者になることが一つのステータスシンボルだったのである。

力道山は六三年一二月に急逝したが、当時は相模湖畔にゴルフ場を造成中で、三浦半島の油壷にはヨットハーバーの用地を買収していた。

力道山は急逝した時点で、日本プロレス、リキ・エンタープライズ、リキ・スポーツ、リキ・ボクシングジム、リキ観光開発の五つの会社のオーナーで、各社とも営業成績は順調だった。

不慮の死を遂げなければ力道山は、リキ・コンツェルンの帝王として政界に進出、日本を動かす男になっていたろう。戦後最大のヒーローは、スポーツマンの枠を超えたスーパースターだったのである。

（東京スポーツ、二〇一〇年四月七日：一二）


力道山は、娯楽という事業としては新しい領域を視野におさめ、実際にその事業に力を注いでいたのである。

もちろん、このような事業はアメリカで培ったアイデアである。常に時代を先取りしていた力道山は未来を表象する〝メディア〟であったのである。そして、そのアイデアの源泉には、必ずアメリカが控えていた。さらに、プロレスやスポーツという分野を超えたとして、力道山はプロレス自体を「超越」した表象を獲得していたのである。

第五章

「テレビ・プロレス」の完成と力道山の死

第一節　プロレス・スタイルの変化

一方、プロレスは、かつてのように人々に熱心に見てもらえるジャンルとはいえなくなってきていた。村松は、一九六〇年の第二回「ワールド・リーグ戦」を以下のように振り返る。

> プロレス中継の視聴率は三八パーセントという驚くべき数字を示していたが、一般人とプロレスファンの隔たりは大きくなる一方だった。関心事がかさなり合わぬ上、オリンピック的興味とも呼応せず、ダッコちゃんというグッズをイメージさせるワルドーの人気が、プロレスを狭いジャンルに閉じ込めている印象があった。私は大学二年になっており、八人いた下宿人の中で、プロレスの中継時間を気にしているのは、私ひとりだったはずだ。〔村松、二〇〇〇：二〇四〕

三八パーセントという非常に高い視聴率を獲得しているにもかかわらず、プロレスに関心を示す者が少ないという実感から、村松は「プロレスを狭いジャンルに閉じ込めている」との印象をもっている。このプロレス人気に対する、錯綜した認識はどうして生まれたのだろうか。

岡村は、「村松のワルドーの活躍を一大事と見なすにはあまりに知性ある大学生になりすぎていたと言えるかもしれない」〔岡村、二〇〇八：一七七〕とプロレスの大衆文化性と村松の知性との間に存在するであろう齟齬《そご》に着目している。確かに、岡村の指摘は説得的である。しかし、ここで着目しておきたいのは、前年のミスター・アトミックもまた漫画『あとみっくおぼん』や『月光仮面』というメディア文化からの〝引用〟であったように、ワルドーもまた大衆化が進展するなかで流行現象となっていた「ダッコちゃん」を連想させるものだったということである。つまり、プロレス側が意識しているかいないかに関わらず、ワルドーもまたメディア文化からの〝引用〟だったのである。とすれば、日本プロレスの第二回「ワールド・リーグ戦」は、前年と同様の戦略で運営されていた可能性が高い。

一九六〇（昭和三五）年を村松は、「とにかく硬軟とりまぜて、おびただしい出来事があった」年であり「戦後の日本がはらんでいたあらゆる問題が、飽和状態のレベルまで膨らんだ年」〔村松、二〇〇〇：二〇五〕と位置づけている。確かに、安保闘争にはじまる政治運動が高揚していくのはこの年であり、村松の理解の象徴的出来事である。当然、冷戦体制に関するコミットメントの問題や、資本主義システムの恒常的危機についての議論もさかんではあった。しかしながら、大衆の日常感覚のなかでの関心は、高度経済成長にともなう、ライフスタイルの都市化、合理化、生活環境の機械化、あるいは電化、そしてメディア文化であった。ダッコちゃんや、先に取り上げた雑誌『週刊平凡』のアイドル雑誌化はその具体的現れであった。

メディア文化の進展は、それまでの有名人がいる風景を変化させる。『週刊文春』編集長を務めた花田紀凱《はなだかずよし》らが、美智子妃を「戦後最大のスター」と位置づけるような社会意識の成立は、メディアによる平準化作用の現れであるといっていい〔花田、『別冊宝島　皇位継承と宮内庁』二〇〇四：七五〕。阪本博志によれば、当時の『週刊平凡』は、異なるジャンルのスターを組み合わせた写真を表紙としていた。例えば、王貞治（野球）と桑野みゆき（女優）、浅沼稲次郎（政治家）と若尾綾子（女優）という組み合わせである。このジャンルの垣根を越えた共演を日常的な光景にしたのは、「テレビ時代」であったからという〔阪本、二〇〇八：一五二〕。テレビは、皇室を含めて、異なるジャンルの者たちをブラウン管のなかに包摂してしまうのである。ここに、スターの平準化が起きる。

桜井哲夫は、一九五三年の英国エリザベス女王戴冠式における分析から、テレビの社会的機制について議論している。大衆社会では、公共的儀礼が、見世物的性格を帯びるとともに、階層秩序を超えて、大衆が平等にテレビを通じて、式典に参加可能となるのである。つまり、テレビによる民主化である〔桜井、一九九四b：一四四―一四八〕。桜井が指摘するのは、テレビの受け手側の水準での民主化であるが、同時に「テレビ時代」はテレビに登場するスターを平準化したのである。(1)

「ワールド・リーグ戦」に「ダッコちゃん」キャラクターのレスラーを登場させたことは、スターの平準化という視角からすれば、ユニークな解釈を生み出す。つまり、比喩的ではあるが、力道山と「ダッコちゃん」の競演がテレビ画面のなかに存在したのである。「天皇の次に有名」と評される男が、流行の一キャラクターと並列化しているのである。とすれば、かつての街頭テレビ時代と比較すれば、「力道山は時代を大きく動かすヒーローというよりも、テレビの主役に収まっていった感がある」〔岡村＝岡村編、二〇〇二：二三九〕程度の存在感になりはじめ、力道山の「超越性」は、少なからず形骸化している。

テレビは登場人物を平準化し、ジャンルを並列化し、受け手を民主化してしまう。このようなテレビのメディアとしての力学が、先の村松の錯綜した認識を作る一因でもあった。かつて、街頭テレビで特別な光を放っていたプロレスは、テレビが家庭メディア化していくにつれ、他ジャンルのテレビ番組と平準化され享受される。さらに、『週刊平凡』の表紙のように、テレビはあらゆる領域の社会的出来事をも並列化してブラウン管のなかに映像化してみせる。この時期のプロレスがあまり強い印象として残らなかったとの村松の評価は、プロレス自体が魅力に欠けていたかはともかく、かつての街頭テレビを媒介して受容されたプロレスの衝撃と、家庭メディアとしてのテレビを媒介として受容された平準化作用後のプロレスとの落差に、その一因があったと考えられる。

1960年9月30日台東体育館、馬場と猪木のデビュー（http://blogs.yahoo.co.jp/kpgcm339/60250222.html）

また、それにも関わらず、他の番組では獲得不可能な高視聴率を上げることができたのは、前年の大盛況と街頭テレビの〝貯金〟があったからと考えることができるからではないだろうか。

ところで、一九六〇年はプロレス史にとって、大きな出来事があった。のちのジャイアント馬場（馬場正平）とアントニオ猪木（猪木寛治）の入門である。二月、力道山は二度目のブラジル遠征を行い、サンパウロで当時一七歳の猪木少年をスカウトする。帰国後、人形町の道場に、元プロ野球読売巨人軍投手の馬場が待っていた。二人は四月一一日、同日入門を果たしたことになる。デビューは九月三〇日。これまた同日デビューである。力道山がプロレスの後継者を考えていたのかどうかは定かではないが、以降、二人の活躍が力道山亡きあとのプロレス史の中心となっていく[2]。

さて、当時の力道山のファイト内容はどのようなものであったろうか。力道山がインタビューで、どのようなプロレスを志向するのかについて語っているものがある。力道山はファンがフェアなファイトを求めると考えていたが、他のスポーツでは味わえないファンを熱くさせるものを提供する必要があるとも考え、さらに、プロレスは勝負の結末はあまり問題ではなく、過程を見てもらうものと言及し、以下のように続ける。

プロ・レスは八百長だという見方があっても、われわれレスラーがリングのうえで相手になぐられて怒る。その気持ちにウソはない。現在の私は「プロ・レスは八百長だ」とか「真剣ではない」といって怒ってくれるファンを有難いとさえ思っている。

〔報知新聞、一九五九年五月二五日〕

このインタビューは、第一回「ワールド・リーグ戦」シリーズ成功を振り返る企画であった。二つの着目すべき論点がある。一つには、ルー・テーズ戦のような正統的なプロレスではなく、喧嘩のようなラフファイトを観客が求めていること。二つ目には、かつてであれば、真剣勝負であることを強調していた力道山の姿勢が、この時点では、変化していることが理解できる。

第三章第五節で議論したように、テーズとの試合は競技スポーツの形式になっている。しかし、この〝ストロングスタイル〟に固執しないということは、プロレスを「真剣モード」として提示することに固執しないということである。その理由は、視聴者やファンの需要であり、趣向である。「八百長だ」「真剣ではない」と怒るファンをありがたいとする意識とは、「真剣モード」に固執しない受容モードが生じているということを想定できる。それは競技スポーツとしての体裁にこだわらないということである。

かつて（一章四節）、プロレスを〝輸入〟するとき、日本人が真剣なものを求めているので、「プロ・レスの輸入にしても、八百長のない真剣なものを呼びたい」、「ただ単なるショウではなく、真剣な試合を見せることがこれから普及しようという日本では肝要です」〔報知新聞、一九五四年三月一一日〕との主張を振り返れば、この時点で、プロレスを提供する姿勢に変化があることを確認できる。

ただし、力道山が自身のプロレスを八百長であると認めたということではない。あくまで「真剣」にこだわりつつも、大衆娯楽として柔軟な試合を提供しようという姿勢なのである。それゆえ、やはり「真剣」を捨て去ることはない。

もちろん私の空手チョップをまともにやったら、一発で人は死んでしまうでしょう。だから、まともにはやっていない。しかしプロレスを八百長だという人がいるが、きたえればここまでできるという見本を、打ち合わせなしに真剣にやるというところに魅力がある。その鍛錬と実績が私の値打ちです。

〔『サンデー毎日』一九六三年二月三日号〕

このような力道山の言説を分析すると、競技スポーツと親和的な「真剣」にこだわらず、大衆娯楽として柔軟な姿勢を見せながら、競技スポーツとは異なる水準で、「真剣モード」を提供しようとしていることが理解できる。では、プロレスを提供する姿勢が変化したのはなぜだろうか。力道山がいうようにファンの欲求が変化し、真剣勝負であることに固執しなくなるような、エンターテイメントとしての受容が広がったからだろうか。それだけではない。

まず一つには、力道山の体力低下やプロレスの技術に限界があったことが挙げられる。インターナショナル選手権の初防衛戦で対戦したドン・レオ・ジョナサンは一九七センチの大型レスラーであったが、力道山は彼との対戦で「強さ」を表現できなかったようである。村松は「ジョナサンのごとく若くて体力も技術もある相手が、ややしんどくなってきているように見えた」（村松、二〇〇〇：一八二）と振り返っている。また、力道山はそもそもテクニシャンタイプではなかった。

二つ目には、日本にプロレスを普及させること、日本のプロレス界で頂点となること、プロレスの頂点であるテーズを追いかけ「世界一」の称号を獲得すること、これらが力道山のプロレスでの目標であった。これらの目標を実質達成したと同時に、力道山は実業家として活躍の場を広げている。力道山は「世界一」のテーズに勝利した。「プロレスラーとしての書生っぽい夢」（村松、二〇〇〇：一九二）は実現し、一つの終着点でもあった。もちろん、興行会社の社長でもあり、団体を率いるエースレスラーとしての責任はあるものの、かつてのプロレスへの情熱は変質したと思われる。

力道山自身がプロレスラーと事業家の両立に腐心していることを認めている。「もっときたえて強いところを見せなければいけないが、現役プロレスラーと事業の両方に心、気、体の三つを使っているので、過労気味だ。でも、レスラーとして出発した私が、個人の感情で〝明日からやめた〟ということはできない。できるまでやりますよ。リングの上でのびちゃったら、私は一番幸福だろうね……」（『サンデー毎日』一九六三年二月三日号）と力道山はインタビューに答えている。当時のタッグマッチでは、自身の出番が少なくなっていたことも、力道山自身認めている。

三つ目には、やはり「テレビ・プロレス」に適合したコンテンツを制作する必要があったことである。そこで重要になるのが、視聴者やファンの需要と欲求である。そこで、供給するのに適したコンテンツが喧嘩まがいのラフファイトなのである。これは一つ目の理由と重なる部分でもある。

第二節　「テレビ・プロレス」の最高傑作

力道山はボボ・ブラジル、ダラ・シン、ドン・レオ・ジョナサン、エンリキ・トーレスら、いずれも一流のストロングスタイルの雄を再招聘しなかった。そして、ミスター・アトミック、ジェサス・オルテガなどのラフファイターの招聘に力を入れる。

激しさ、強さ、タフさ、乱暴さ、狂暴さなど……いずれの面においても度外れた怪物が求められるようになるという直感を抱いたのではないか。そして、この傾向はむしろ力道山の望むところであり、ストロングスタイルは理想として追い求めるべき世界だが、喧嘩ファイトならもともと力道山にもっともフィットするやり方、お手のものというわけだった。〔村松、二〇〇〇：一九二〕

岡村はこのような傾向を力道山の「喧嘩」志向としている〔岡村、二〇〇八：一八一―八二〕。そして、「チョップ、キックの打撃戦、反則、凶器、流血、場外乱闘であり、『レスリング』を思わせる動きは二の次」〔岡村、二〇〇八：一八七〕というプロレスのイメージになっていくのである。

このようなプロレスのイメージは、実はテレビのコンテンツとしては見事に適合的といっていい。六〇年代に入り、テレビが家庭に、あるいは茶の間に位置を占めるという歴史的に新しいメディア状況は、映像メディアが人々の日常と結合した最初の出来事であった。それゆえ、テレビは日常的な人間的コミュニケーション欲求のすべてを吸収するかのようなメディアとなっていくのである。例えば、ジャーナリズムだけではなく、噂話やゴシップなども組み込んでいくように。そして、日常と非日常の境界を揺るがせ、スポーツのビッグイベントや芸能、あるいは皇室行事という非日常でもある社会的文化的景観をこちら側に運んでくる。ブラウン管の向こう側は少なからず彼岸であり、非日常性を有している。このようなブラウン管のなかと茶の間の対立構造は、ブラウン管のなかに非日常性やスキャンダリズムを要求する。しかしながら、その非日常性やスキャンダリズムは、受容する場である家庭において受容可能な程度の〝濃度〟にしておかなければならない。それでなければ、家庭の日常性が破壊されてしまうからである。では、どの程度の〝濃度〟であればいいのだろう。

中野収は、テレビがスキャンダリズムを要請するメディアであるとして、スキャンダリズムを以下のように定義づけている。

> スキャンダルとは、法にふれているかもしれないが、あるいは「市民的」な道義には抵触しているかもしれないが、ある文化的状況に固有の倫理や規範に触れないことがら、ということになる。
>
> 〔中野収、一九八七：一一二〕

このような中野の論理はプロレスに見事に符合する。それはバルトのプロレス論とも重なる（三章四節）。よって、テレビはプロレスに非日常性やスキャンダリズムを組み込むことを必然化していたのである。そして、その力学に適応することが「喧嘩」志向として見いだされるのである。付け加えるなら、「世界」を争うことと、連続ドラマのような構成もまた非日常性やスキャンダリズムを呼び込む仕掛けともなる。かつて映画の大スターがテレビ時代に、結局テレビタレントとして成功しなかったのは、大スターがテレビに背を向けたということだけではなく、大スターであるという非日常性の〝濃度〟を薄めたり、テレビの要求する程度の非日常性やスキャンダリズムを提供できなかったというメディアの日常化・大衆化の問題があったからである。それゆえ、テレビはテレビタレントを、そしてアイドルを要求する。このようなテレビの日常化と非日常性の〝配達〟機能を考慮すると、力道山プロレスはメディアの大衆化に見事に適合していたのである。

そして、このような「テレビ・プロレス」の存在様式は、大衆を見事に魅了するユニークな作品を作っていく。一九六一（昭和三六）年の第三回「ワールド・リーグ戦」は、カール・クラウザー（のち改名したプロレスの〝神様〟カール・ゴッチ）、正体不明の覆面ビッグ・ミスターX（ビル・ミラー）、そして〝シベリアの密林王〟グレート・アントニオなどが参加して開催される。クラウザーは開幕戦で吉村道明とテクニカルな名勝負を展開するも、外国人側の主役ではなかった。ファンの注目を浴びたのは、グレート・アントニオであった。

四月二八日、アントニオは神宮外苑でデモンストレーションを行う。連結された大型バス三台を引っ張ってみせたのである。バスのなかには、子供たちが乗っていた。これは、力道山の演出である。アントニオの「怪物」ぶりをテレビで見た人々は、全国各地の会場に詰めかけた。アントニオの「怪物」ぶりを田鶴浜は次のように表現している。

> 二〇〇キロの巨体とヒゲも頭髪も伸び放題、木樵姿という異様な風態で、首には太い鉄の鎖を巻きつけ、その鎖の先をグレート・トーゴーがしっかり握って羽田空港に姿をあらわし「ウォー、ウォー」と吼えて、まず日本のファンの度肝を抜かす。
>
> 〔田鶴浜、一九八四：九五〕

アントニオは開幕戦で、リングアナウンサーを襲い、リング外に投げ捨ててしまう。試合も若手選手との一対二、あるいは一対三というハンディキャップマッチを行い、「怪物」ぶりを存分に発揮する。田鶴浜は「グレート・トーゴーの演出にちがいないが、その最高傑作」と評している。このような「怪物」性は既存の見世物と連なりながら、お茶の間という日常世界に適度な非日常性を与えることに成功したのである。(3)

決勝戦は力道山とミスターXによって争われることになる。試合ではいくつかの見せ場がある。ミスターXは覆面のしたにコインを仕掛け、頭突き、力道山は悶絶。なんと力道山が負けてしまうのである。しかし、工藤《くどう》雷介《らいすけ》コミッショナー事務局長がレフリーにアピール。凶器が発見され、判定が覆る。典型的な「喧嘩」まがいの

“プロレスの神様”カール・ゴッチ〔テーズ、1995〕

グレート・アントニオを紹介する子供向け新聞（昭和こども新聞）

昭和こども新聞

驚天動地の怪物レスラー来日！

グレート・アントニオ バス3台を牽引

5月1日、日本プロレス恒例のワールドリーグ戦が開幕した。このリーグ戦で話題を独占したのが、カナダの密林男グレート・アントニオだ。はたして、その実力は？

人力駆動の新型バス導入

第3回プロレスワールドリーグ戦報告

初来日ミスターX、カール・クライザー 実力派レスラー大活躍!!

注目の“新人対決”は巨人に軍配

正平くん

背が伸び〜る

試合であり、混沌とした展開であった。さらに、完全決着をつけるべく、両者はインターナショナル選手権を賭けて相まみえることになる。ミスターXは負ければ覆面をとって素顔をさらすと宣言するも、力道山の軍門に下り、自ら〝大物〟ビル・ミラーが正体であることを明かすのである。これらの仕掛け、そしてドラマ性、見事に「テレビ・プロレス」の様式なのである。力道山敗戦という異常事態、つまりスキャンダリズム、そして適度な〝濃度〟でパフォーマンスされる市民的な道義と抵触する「暴力」、これらがお茶の間という日常のなかの非日常となって、視聴者に刺激を与えたのであった。

一九六一年八月一八日から、プロレス中継は定期放送を毎週行うようになる（岡村、二〇〇八：一九九）。このころのプロレスは、一九六〇年にはじまったニールセンの調査によると、関東地区で平均五二％という高視聴率、三〇％を切ることはなかった。全テレビ番組中トップである（田鶴浜、一九八四：二二六）。一九六二年三月二八日、米ロサンゼルスのオリンピックオーディトリアムで、力道山はフレッド・ブラッシーに勝利、第二代WWA世界ヘビー級選手権を獲得する。この新しい柱は、日本とロサンゼルス両方を舞台として、力道山、ブラッシー、白覆面のデストロイヤーとの三つ巴の闘いを展開する、当時のロサンゼルス・マットは、不可解な試合展開、裁定、選手権移動などが多く、〝伏魔殿〟と呼ばれていた。この〝伏魔殿〟ぶりが興味を引く物語を作り出していく。選手権は「テレビ・プロレス」の新しい柱になったわけである。

そして、「テレビ・プロレス」のハイライトが訪れる。一九六二年四月二七日、神戸市西灘王子体育館で力道山、グレート東郷、豊登VSテーズ、ブラッシー、マイク・シャープの六人タッグマッチが行われた。前週の力道山とブラッシーの選手権試合は、六〇％の視聴率を稼いでいたが、この試合はなんと七〇％を記録する。ドキュメンタリー作家森達也は、この試合を次のように記述している。

試合はいつからか、ブラッシーと東郷とのシングル・マッチの様相を呈しはじめていた。ブラッシーに噛み破られた東郷の額からは、血がポンプのように噴出した。しかし東郷はひるまない。血みどろの顔でニヤニヤと笑いながら、下から突き上げるような独特のフォームで頭突きを繰り返す。試合は結局収拾がつかなくなりノーコンテストとなった。

〔森、二〇〇五：一六〕

噛み付き、急所打ち、おびただしい流血、そして不気味な「ニヤニヤ笑い」という阿鼻叫喚の試合展開であったわけである。この試合には、これまで議論してきたスキャンダリズム、非日常性、「喧嘩」などが組み込まれた「テレビ・プロレス」の要素があふれている。東郷にしてみれば、アメリカでの試合と同様の見せ場を作ったということだったと思われる。しかし、この試合は社会的〝事件〟となってしまう。

翌二八日朝日新聞夕刊に、「プロレスでショック死」との見出しの記事が掲載された。いわゆる「老人ショック死事件」である。二三日に行われた力道山とブラッシーのWWA世界選手権試合でも、流血試合にショックを受けた老人が亡くなった〝事件〟があった。そして、二七日の試合では、京都で七六歳女性、愛知で六三歳男性がショック死したと伝えられた。もちろん、試合と死の因果関係は不明であるし、高視聴率であり大多数の日本人が視聴していたことからすれば、病弱であった老人が、不幸にもテレビ視聴中に偶然亡くなったと考えるべきだろう。試合が仮にきっかけであったとしても、死因は持病など他の要因である可能性が断然高い。

しかしながら、大阪府警は「プロレスのテレビ中継は青少年への有害興行に該当する疑いがある」として、プロレスのテレビ中継の規制に動き出す。テレビ局側は、このプロレスバッシングを受け、青少年に有害と思われるシーンを避けるとの意向を示したと伝えられたが、警察からの圧力は実質なかったようである。岡村はこのような報道の推移を丹念に読み解き、朝日新聞の「勇み足」報道と指摘している〔岡村、二〇〇八：二一四―二一六〕。

それでも、「老人ショック死」は、青少年有害論へと広げられていき、正統メディアでプロレス批評が展開されるようになる。

　このときの批評は、かつて力道山対木村政彦戦後のプロレス暴力論とは異なっている。朝日新聞夕刊（一九六二年四月二八日）において、日本アマチュアレスリング協会理事南一清《みなみかずきよ》は、「プロレスはショーとしてもスポーツとしても行きすぎ」として、ブラッシーと東郷が見せた流血試合は「見るものに不快な思いをさせ」、「社会常識からいって行きすぎ」と指摘し、アマレスにまで悪評が広がるとの不快感を示している。ボクシング評論家平沢《ひらさわ》雪村《せっそん》は、視聴者が「大和魂のようなものを見て興奮」しているが、「ショーなのだと割り切って見物すべき」と、日本人がプロレスの見方を知らないといけないと批評する。このように、プロレスにおける暴力性を問題視するのではなく、プロレスの見方へと論点が移っている。

　同年五月一五日には、すでにプロレス報道を行わなくなっていた毎日新聞が、「プロレスも教養」として、「ショーとしてみれば面白い」と相対化した視線から、プロレスをテレビ番組から排除するのではなく、「一種の興奮剤としながらも、気楽に楽しめるようになる」べきと指摘し、子供たちもテレビを冷静に見るための「教養」と位置づけることを提案する。つまり、メディア・リテラシー論を展開している。

　このような正統メディアだけではなく、『サンデー毎日』（一九六二年五月二〇日号）でも大きく取り上げられている。『サンデー毎日』は、「プロレスは『茶の間の殺し屋』か?」とのショッキングなタイトルをつけて、亡くなった人たちの当日の様子、プロレスの人気の高さとその理由、テレビの扱

フレッド・ブラッシー〔田中、2008〕

い方に対する批判、そして力道山の見解をレポートしている。そのなかで、社会心理学者の島田一男は、プロレスの魅力を、勧善懲悪劇が日本人向きであること、機械化された社会における開放感、人間本来がもっている残虐性の発露が代理的体験となること、あるいは発散方法であると指摘している。この指摘には説得力があるように思われるが、現代社会批判を組み込んだ力道山常識論といった趣旨である。全体の趣旨としては、朝日新聞夕刊（一九六二年四月二八日）や、毎日新聞（五月一五日）と同様、「行き過ぎ」であること、「ショーして見る」という見解に落ち着いている。

このような見解に対して、力道山は識者による青少年への悪影響論に対して、プロレスを通じて、青少年に「強さ」を教え込むことができると反論し、次のように続ける。

> プロレスがショーである限りもっと刺激があってもいい。観衆や視聴者をエキサイトする場面でも、ルールは守られているのだ。
> 〔『サンデー毎日』一九六二年五月二〇日号：二六〕

力道山はあくまで、「刺激」「エキサイト」のあるスキャンダラスを含むジャンルであることが、プロレスのユニークさであり、人々に受容されている理由であると理解している。この記事のなかで、加藤秀俊も見解を述べているが、プロレスをスポーツではなくショーと見ること、そして、視聴者が「テレビを見ない権利」を行使し、テレビ局を「飼育」していく必要性を訴えている。しかしながら、ショーと割り切ることが興奮を生み出さない方法とはいいがたい。岡村は力道山対ブラッシーの試合展開を要約しながら、プロレスの魅力を以下のように指摘する。

……こんな展開が延々と繰り返されるのである。誰だって、苛立ちを覚え、思わず興奮することになる。プロレスはショーにはちがいないが、観客を興奮させ、その心理を手玉に取るショーなのである。ショーとして見たから冷めて見えるというものではない。

〔岡村、二〇〇八：二一八〕

この岡村の見解からすれば、プロレスをショーとして理解したうえでテレビを視聴するメディア・リテラシーには限界がある。なぜなら、加藤秀俊自身が指摘していたように〔四章四節〕、テレビは見世物メディアであるからである。この『サンデー毎日』の記事のなかで、亡くなった老人たちは、「なにをおいても今晩のプロレスは見逃せない」、「『力道あぶない』大声で叫び、両コブシを頭上にかざした」、「テレビ観戦中は『ひどいなあー』『また、かみついた』を連発」、「プロレスばあさんといわれる」、「テレビにかじりついていた」とブラウン管に夢中になり、興奮していたのである。そして、テレビ局に対して、大衆の要求は「有害」を求めるものなのである。

刺激性の強い場面、つまり、ブラッシーがかみついたり、顔が血だらけになるところはカメラをロングにすればいいのでしょうけれど、それは大多数のテレビ・ファンがなっとくしてくれません。〝なんだ、あのカメラは、もっとアップでやれ〟といった電話がすぐに来ます……。

〔『サンデー毎日』一九六二年五月二〇日号：二五〕

吉見はこのころのプロレスを、「相変わらず視聴率では圧倒的な人気を誇っていたが、家庭のテレビにはふさわしくない逸脱的なものと見なされはじめていた」〔吉見、二〇〇七：一八〇〕と分析している。確かに、正統メディアを中心とした論調は、そのようなものであった。しかし、この「テレビ・プロレス」を享受していたそのときの、大衆やファンといわれる主体の心理状態や思い入れの多様なあり方を推測するならば、否定的な見解だけで、この文化状況を理解したことにはならない。例えば、『サンデー毎日』における亡くなった老人たちやテレビ視聴者の声は、この時点で、テレビを「家庭にはふさわしくない」などと夢想もしていない。このような知識人的、あるいは「市民的」な批判は、「家庭にふさわしくない」「テレビ・プロレス」に対して、先のメディア・リテラシーを具体的な対抗策とする。

しかしながら、おおよそ七〇％もの視聴率として計算された大多数の大衆は、「市民的」な道義に抵触し、スキャンダラスな刺激を欲望し、そのようなテレビのあり方を肯定した。大衆やファンは、日常のなかで受容可能な「有害」を求めていたのである。外出して見世物を見るのではなく、見世物の方を家庭のなかに呼び入れること、このような「便利さ」を享受したのである。少しときが経てば、東京オリンピック、東大安田講堂での攻防戦、よど号ハイジャック、浅間山荘事件の中継放送……、そしてワイドショーへと……、六〇年代以降のテレビ文化の成熟を迎える。これら劇場社会的状況の構成要素が非日常性、見世物性、「有害」であることを指摘するのは容易いことである。確かに、これらは社会的事件としていまでも語り継がれるべき出来事であった。しかし同時に、テレビの存在がこれらの社会的出来事を作り上げる独立変数ともいえる文化的現象であったことも意義深い。とすれば、プロレスと「老人ショック死」事件とは、六〇年代に成熟する劇場社会化するメディア文化的現象の先駆けだったという評価が可能である。それゆえ、このようなスキャンダラスな「老人ショック死」のあとも、力道山プロレスはどのテレビ番組よりも高視聴率を上げ続けるのである。先駆けであるがゆえに、人々はより魅了されたとも考えられる。加えて、「老人ショック死」事件自体が、プロレスの「市民的」道義に抵触し、スキャンダラスなコンテンツであることを補強する物語にさえなってしまうのである。

と同時に、かつて街頭テレビで、力道山の敵を「鬼畜米英」としてイメージするような力道山常識論は後退しているといわざるをえない。ミスター・アトミックの覆面、グレート・アントニオの〝野蛮人〟、ブラッシーの噛み付き魔ぶり、そしてデストロイヤーの白覆面など、それらキャラクター性が前面に出ているのであって、アメリカ性をそれほど意識するようなことはなかった。つまり、「テレビ・プロレス」に登場する力道山と対峙するプロレスラーが喚起したイメージは、反米ナショナリズムであるというよりも、より見世物的な不気味な存在、怖い存在、強い存在など多様なイメージに開かれるようになっていたのである。

ところで、このころの村松は下宿屋のテレビでプロレスを見ていたが、その下宿屋のお父さんのプロレス視聴を次のように綴っている。力道山が攻勢に転じたときである。

力道山が外人を痛めつけると、お父さんの肩がくっ、くっと痙攣した。平沢雪村氏の言う〝大和魂〟が、暗い部屋で画面に目を凝らすお父さんの躯の底から、じんわりと焙《あぶ》りだされているようだった。その後ろ姿から立ちのぼる匂いは、清水の波止場の電気屋の茶の間で、初めてプロレスを見た時にいた老人と同じだった。

〔村松、二〇〇〇：二二八〕

高度経済成長も進み、「豊かな社会」へと前進する日本社会のなかに、戦後間もない屈辱の時期を生きた人間の意識が、「テレビ・プロレス」の前に生き続けていたことも忘れてはならない姿である（一章七節）。

第三節　晩年の力道山の「闘い」

力道山はルー・テーズを破り「インターナショナル選手権」を獲得、「ワールドリーグ戦」は第一回（一九五九年）から第五回（一九六三年）と五回連続優勝、さらにWWAという米西海岸新興団体の世界ヘビー級王座を獲得するなど、プロレス界の巨星となる。「ワールドリーグ戦」では、世界でもっとも権威があるNWAの元チャンピオン、ルー・テーズ、ディック・ハットン、パット・オコーナーにも勝利をおさめている。プロレスの世界では、これ以上ない地位を築きあげていた。と同時に、力道山は日本プロレスを支える社長でもあり、興行師でもある。他のビジネスに力を注ぐにしても、プロレスを〝回して〟いく必要がある。そして、番組の送り手として、「テレビ・プロレス」を家庭に届けていかなければならない。「ワールドリーグ戦」のような大きなシリーズであれば、豪華メンバーの来日や、興行としての信頼が観客動員数や視聴率獲得につながる。しかし、通常シリーズではそうはいかない。耳目を集める〝売り〟が必要である。このような要求に応えようと、前章でも指摘したように、力道山のプロレスの質は変化していた。つまり、「テレビ・プロレス」的スキャンダリズムや演出が〝売り〟となるのである。

一九六二（昭和三七）年九月一四日の試合で、力道山は右胸鎖関節亜脱臼の負傷、全治四週間の診断を受ける。しかし、一九日の大阪府立体育会館の試合に出場する。そのとき、力道山はアメフトのショルダーパッドを付けてリングに上がり、蹴りを主体に試合を展開、観衆から大喝采をあびる。後日、アジアタッグ選手権試合でも、ショルダーパッド姿で試合を行い、防衛を果たす。このときは、対戦相手から挑発を受け、試合後パッドをはずし、投げつけるというパフォーマンスを演じてみせる。さらに、シリーズ終盤になると、徐々に肩も回復、空手チョップを解禁するようになる。最終戦では、ケガを負わせたムース・ショーラックと「インターナショナル選手権」を賭けて対戦、防衛を果たす。

村松は、「回復のサスペンスがファンを魅了した」と評して、このころの力道山プロレスを次のように位置づける。

> トレーニングと体調を最高の状態で維持して試合に臨むというより、ハンディやアクシデントをもみずからの凄味を引き出す要素にしてゆく。力道山プロレスは、そのような旋回をし始めていたのではなかろうか。
> 〔村松、二〇〇〇：二四〇〕

ショルダーパッド姿で闘う力道山〔田中、2003〕

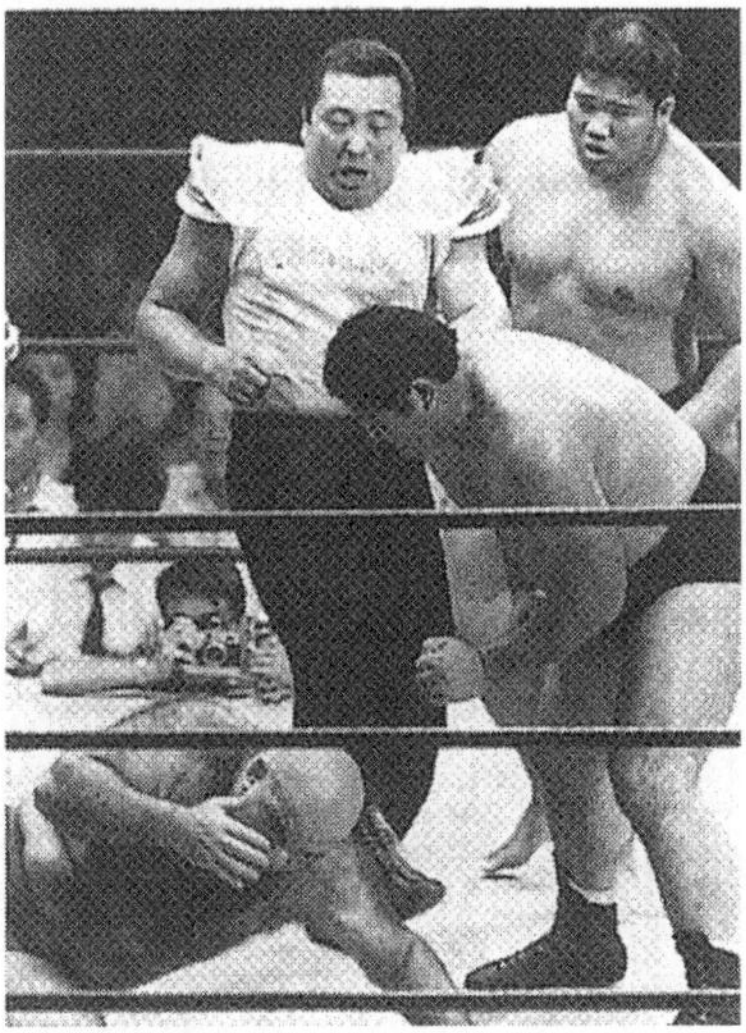

もちろん、このような試合スタイルは、「テレビ・プロレス」に適合している。翌年になると、力道山が失ったWWA選手権を獲得した白覆面の〝魔王〟ザ・デストロイヤーとの抗争がクローズアップされる。注目はデストロイヤーの必殺技「四の字固め」である。「四の字固め」は現在でこそ、プロレスの古典技としてポピュラーではあるが、当時の人々にとって、はじめて見るミステリアスな技であった。つまり、独特な意味を担った記号性を有した必殺技だったのである。会場で「四の字固め」が

かかっているシーンは、決して見栄えのいいものではない。しかしながら、「テレビ・プロレス」は必殺技の記号論を見事に〝テレビ的〟に表現した。一九六三年五月一九日、大阪府立体育会館で力道山対デストロイヤーの初対戦が行われる。ノンタイトル戦であった。力道山が「四の字固め」をかけられると、天井のテレビ・カメラが二人を映し出した。村松は以下のように振り返る。

そのとき、天井のテレビ・カメラが四の字固めをかけたザ・デストロイヤーとかけられた力道山の姿を、真上から映し出した。のちになって、どうしてあんなところにあらかじめカメラが設定されていたのか……と取り沙汰されたシーンだが、当時の私にはそんな詮索する知恵はなかった。四の字固めをかけられて苦悶する力道山、その体勢を裏返しにされて咆哮するザ・デストロイヤー……これを見て息を呑むのは、シャープ兄弟来日当初、ロープへ届きそうで届かない溜め息をする、プロレスの原点を思い起こさせるシーンだった。

〔村松、二〇〇〇：二五〇〕

この天井のテレビカメラが映し出す映像とは、メディアの遍在化の端緒ではなかったろうか。会場で見るという体験では、十分に理解しがたいシーンも、天井にカメラをセットしておけば、意味作用が明確になる。とすれば、それまで見ることができなかったシーンとは、存在しないに等しかったのである。テレビカメラだからこそ捉えうる現実、そして、そこで生じる意味作用が存在している。このようにメディアによって見る体験は、人々の精神活動、あるいは意味の領域に侵入していき、ここでは、「四の字固め」の記号性を拡充していくことになる。まさに典型的ともいえるメディア文化の自律を観察することができる。つまり、天井のテレビカメラからの映像を見る体験とは、われわれの認識構造、あるいは行動や価値観に、メディアが有機的かつ構造的に組み込まれ自明化していく出来事なのである。それゆえ、このようなはじめてといっていい体験は、村松をこの映像に巻き込むことに成功し、あくまで事後的に「どうしてあんなところから」という違和感を生じさせるのであった。

五月二四日の東京体育館で、力道山はデストロイヤーのＷＷＡ世界選手権に挑戦する。「四の字固め」の記号論の悦びを知ったプロレスファンや視聴者たちは、六四％の視聴率として記録されることになる。

だからといって、ハプニング、スキャンダル性、テレビカメラの活用によってのみ、力道山プロレスが成立していたわけではなかった。村松は、ショルダーパッドの力道山プロレスを「観客は大歓声をあげたが、私は背筋にぞっとするものを感じた。力道山の過剰な気迫に呑まれたせいにちがいなかった」〔村松、二〇〇〇：二三九〕と振り返っている。この村松の言説は、ハプニングやスキャンダル性に回収不可能な、力道山プロレスの魅力を予期させる。

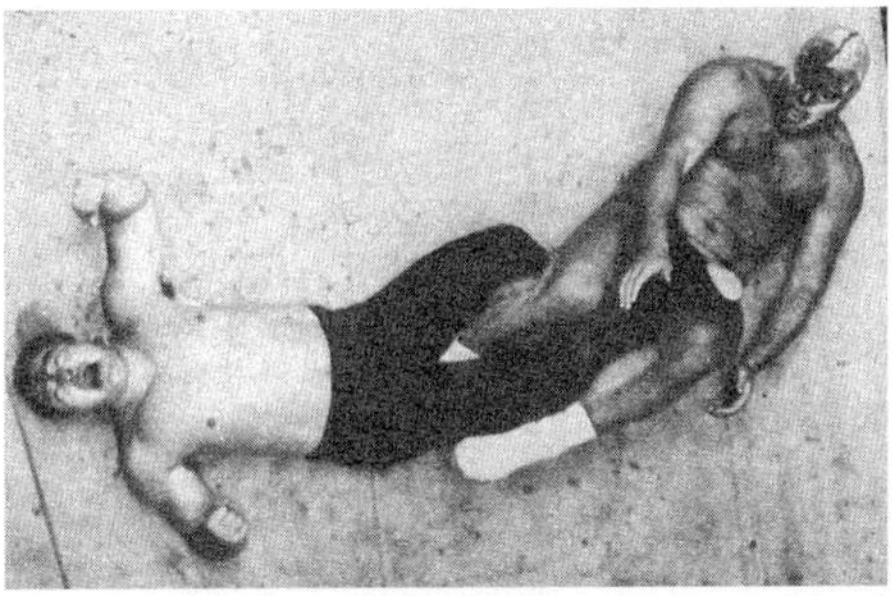
力道山対デストロイヤー、天井カメラからの映像〔『Number』70号〕

デストロイヤー戦はまたも壮絶な試合となっていた。試合内容は「テレビ・プロレス」的なラフファイトの応酬であり、力道山の空手チョップでデストロイヤーが白覆面を赤く染め、力道山も噛み付き攻撃で大流血。幾度となく繰り広げられる場外での乱闘、あるいは急所打ちなど「両者死力を尽くし、血しぶきをあげての果たし合い」という様相であったが、ついに力道山がデストロイヤーの「四の字固め」につかまってしまう。「四の字固め」が決まり八分経過しても、力道山はギブアップをせず、ついに両者試合続行不能との判断から、レフリーストップの裁定が下る。「四の字固め」で絡み付いた足を解くのに一八分も時間がかかったとされる。デストロイヤーは前歯三本を折り、顔面にいくつもの裂傷を負い、また足を紫色に腫らし、自ら歩くこともできず、慶応病院に搬送される〔百田、二〇〇三：二六八―二七三〕。確かに、テレビが記号の伝達効率を加速化させていたかもしれない。と同時に、プロレス的な演出が組み込まれていたことも想像できる。しかし、力道山プロレスには、「テレビ・プロレス」の論理に回収不可能な魅力が残されていた。

試合後、自らの力でからみ合った足を解けぬ両者のリング・シューズのヒモを、ハサミで切っている若手レスラーの姿が、戦いのすさまじさを物語っていた。反射神経と反射神経、本能と本能をぶつけ合ったような力道山対ザ・デストロイヤーの一戦は、ある意味でルー・テーズとの戦いよりも新しいプロレスの試合と言えるかもしれない。〔村松、二〇〇〇：二五二―二五三〕

この村松の言説からすれば、新しい時代のプロレススタイルが垣間見える試合であったことが理解できる。実際、デストロイヤーは既存のプロレスでは見られなかった「四の字固め」や華麗なアームホイップなど新しい技を披露している。その意味で、「喧嘩」に華麗な技術が組み込まれた構成のプロレスになっている。そして、この技術以上に重要なのが「戦いのすさまじさ」である。

試合後の有名なエピソードがある。力道山もダメージがひどく、向こう脛の骨がへこんでしまうほどであり、青息吐息で控え室に戻ってきたという。そこで力道山は、「どうだい、お客さんは喜んだろう」と発した〔村松、二〇〇〇：二五二〕。ここにプロレス的なトール・テール的装飾がないとは断言できない。競技という水準からすれば、「お客さんは喜んだ」との発言に表れているサービス精神は不要のものかもしれない。しかし、この「鬼気迫るサービス精神」と過酷な試合、肉体的な限界状況と相まって、第二章第八節で議論した「生きざま」「闘魂」なる「超越性」に触れていると考えられる。それゆえ、人々に感染する。

だからテレビで力道山がブラッシーやデストロイヤーなんかをやっつける姿を見たらね、俺も興奮したけどさ、親父とかおふくろはそれこそ命懸けで大騒ぎしていたよね。いつもは物静かなおふくろが狂喜乱舞しながらね、夫婦喧嘩の３倍ぐらいのパワーを出していたもん。

〔村西、『紙のプロレス』一四三号：八九〕

このような「親父とかおふくろ」の受容が、力道山常識論を招き寄せながら、また、村松が指摘するようなプロレススタイルの〝進化論〟にも関わりながら、それらの論理に回収しきれない受容の意味を付随させてしまう。力道山はリングのなかで、あるいはブラウン管のなかで、「鬼気迫る」世界を表現してしまう。そして、「親父とおふくろ」はその「鬼気迫る」世界を受容し、「夫婦喧嘩の３倍ぐらいのパワーを出し」てしまうほどの不可思議な力を発揮してしまう。稚拙な表現を許してもらえるなら、力道山の「凄さ」が「親父とおふくろ」、そして、ブラウン管の前の人々に乗り移ったとはいえないだろうか。とすれば、人々は力道山によって、ある「衝動」に駆られるはずだ。この「衝動」は、この時点で、なにかの手段でもなければ目的ともならない、自己完結的な性格をもっている。それゆえ、力道山を体験した者たちは「生きざま」「闘魂」なる意味内容を確定しえない言葉を紬いでいくしかなかったのである。

現在のプロレス人気の凋落の理由として、村西はプロレスが物語を供給できなくなったことを挙げている。そして、力道山プロレスを「ああいう時代はもう二度とこないのかなあと思うけど、それが私どものプロレスですよ」と大きな評価をしている。

精神力、忍耐力、筋力、持久力、瞬発力……人間のあらゆる可能性というものを見せるのがプロレスラーですよね。あらゆる角度から万華鏡のように人間の可能性を見せてくれるのがプロレスラー。そういう意味でプロレスというジャンルは凄い存在なんですよ。（略）

プロレスもそうなのよ。だからもう一つ感情移入ができない。象徴的な闘いをやって、マスメディアやいろんなものを巻き込んでね、物語の一つもつくれないのか、と。四六時中物語を作れっていってるんじゃないよ。物語の余韻というものが必要でしょう。プロレスラーは人生の春夏秋冬を見せるべきなんですよ。

そこにある種のインテリジェンスというか人間のコクというかね、詩人ということまでは期待してないけど、やっぱり詩的な世界もプロレスにあってしかるべきだろう。〔村西、『紙のプロレス』一四三号：八九〕

村西がいう物語の不在という問題点は、正確にいうと物語の既視感によるリアリティ構築の困難さと、もう一点、物語の共有不可能性である。現在のプロレスは、小さな物語があまりに乱立し、かつてあった物語をなぞったり、パロディ化したり、ネタ化してしまっている。あるいは、レスラーがキャラ化してしまって、レスラーである前にキャラになってしまってさえいる。そのため、レスリングがもつ「強さ」にリアリティを与えることに成功していない。あるいは、数を認識できないほどの多団体化により島宇宙化してしまった結果、共約可能な物語を構成することができないのである。しかし、ここで着目したいのは、力道山プロレスにはあった「精神力、忍耐力、筋力、持久力、瞬発力……人間のあらゆる可能性」、「人生の春夏秋冬」、「ある種のインテリジェンスというか人間のコク」「詩的な世界」という意味内容を確定しがたい言説である。

また、田中敬子は力道山の空手チョップを以下のように解釈している。弟子から聞いた秘話だとして、次のようなエピソードを語っている。

力道山先生が若いころに不良アメリカ人とケンカをした話がありますけど、理由があったんだと思います。それは祖国を三八度線で二つに分断したアメリカに対する怒りだったんです。リングの中で外国人に炸裂する空手チョップには、その思いが秘められていました。〔田中、二〇〇三：一六〇〕

この話を受けて、田中は力道山プロレスを以下のように解釈する。

私はこの話を聞いて、主人の空手チョップに当時の日本人が熱狂したわけがようやくわかりました。力道山の活躍ぶりは韓国や北朝鮮でも報道されていたといいますから、主人が両国で英雄視されたことも納得がいきます。空手チョップから発する怒りが大衆を高揚させたのでしょう。

主人は生前、雑誌のインタビューで戦争について質問されたときに「戦争に行っていたら戦ったかもしれないけど、運良く行かないで終わった。相撲の巡業で慰問に行ったときに戦地を見たけど、どこも悲惨だった」と話していました。

空手チョップには戦争に対する憎しみ、祖国を分断された怒り、そして自分にはどうすることもできない苛立ちをはじめ、複雑な思いが込められていたんだと痛感しました。〔田中、二〇〇三：一六二〕

この田中の言説からは、「憎しみ」「怒り」という明確な意味を担う感情と、「どうすることもできない苛立ち」「複雑な思い」という意味内容を確定できずに発せられる言葉が並列している。これらの言説と先の村西の意味内容を確定しがたい言説は、力道山体験という記号表現の意味内容でもある。とすれば、同じ行為に対して、その行為の意味内容を言説化しようとした結果、多様な言説が生成されたことになるだろう。村西の言説においては、その言説が生み出されるコンテクストが、日米の対抗的な図式のなかで、日本が劣位にあるという社会的意識、あるいは、勧善懲悪劇という物語的リアリティである。田中の言説においては、戦前の力道山の体験から生じたであろうアメリカに対する意識、そして、祖国に対する愛着、その祖国を分断させたアメリカに対する意識、そして日本人であるという意識と、さらには故郷喪失の意識がコンテクストとして機能し、多様な言説を構成している。

これらの言説は、それぞれ異なる力道山体験があったということではなく、力道山体験という同一の出来事、あるいは記号表現に対するそれぞれの体験を解釈した結果が多様な意味内容とならざるをえなかったということである。むろん、これら多様な言説は決して排他的なものではない。また、ある一つの読みによって生じた言説が、唯一決定的な言説なのではない。その意味では、力道山常識論は言説のエコノミーにおいて、強力な言説であったということである。つまり、もっとも流通した理解であった。そもそも力道山にどのような思惑があったにしても、リング上でプロレスという「闘い」を行っているだけなのである。敗戦や対米コンプレックスが余りに強烈で、ある人物の意識を支配しているとすれば、力道山常識論が力道山体験それ自体である可能性を捨て去ることができないにしても、力道山体験のコンテクストである敗戦や日米対抗図式を本質化してしまっている。そもそも、個々の体験とは、それぞれ主体の思惑や視角によって、つまり主体が依拠するコンテクストによって、その体験の意味を確定しようとすることに他ならない。それゆえ、力道山体験に対応する、明確な感情を意味する言説、複雑な感情を意味する言説、そして不確定な意味内容としかいいようがない言説を構成したのである。それゆえ、力道山が生成する「超越性」は多様に見えるのである。それでもあえて、この「超越性」に命名するなら、田中の言説は「怒り」を記号表現としていることから、「闘魂」とするのが適切であろう（二章八節）。

第四節　力道山の死と「超越性」の形骸化

一九六三（昭和三八）年六月五日、力道山はホテル・オークラで田中敬子さんと結婚式を挙げ、そのまま世界一周の新婚旅行に出かける。一二月には「ザ・デストロイヤー・シリーズ」を開催、宿敵デストロイヤーと「インターナショナル選手権」を賭けて対戦、場外でのバックドロップで防衛を果たす。一二月七日、浜松市体育会館での六人タッグマッチが、人生最後の試合となってしまう。

　力道山の一存で、この試合は急遽メインイベントをはずれ、セミファイナルに繰り上がっている。力道山が帰京を急いだからであり、夜行列車を利用さえしている。翌八日、相撲協会理事の高砂親方（四代、元横綱前田山）が力道山宅を訪れている。この訪問に合わせたがゆえの行動であった。相撲協会はロサンゼルス巡業を計画し、当地の興行の実態を知っている力道山に協力を依頼してきたのである。力道山は相撲廃業に追い込まれた経験をもつ。その複雑な感情を抱かせる相撲協会が、力道山に頭を下げてきたのである。力道山はすこぶる上機嫌であった。その後、料亭「千代新」に、そしてＴＢＳのラジオ番組にゲスト出演、ナイトクラブ「コパカバーナ」の予約を取り消し、赤坂の「ニュー・ラテンクォーター」に向かう。そこで、事件が起こった。

　八日深夜、力道山は店内で住吉連合小林会組員の村田《むらた》勝志《かつし》と喧嘩となり、刃渡り一三センチの登山ナイフで左下腹部を刺されてしまう。刺されたあと、力道山はステージに上がり、「この店は人を雇って俺を刺した」と叫び、近くの山王病院で応急処置を行い、一旦帰宅する。村田の親分である小林楠扶《こばやしくすお》が、村田とともにリキ・アパー

力道山が刺されたとの事件報道〔読売新聞、1963年12月9日〕

力道山、ナイトクラブで
ケンカ、刺される
ヤクザの乱闘を派生
警官70人くり出す
逃げ遅れ焼死
発炎筒で列車とめ
山手線ガード

トへ謝罪に訪れ力道山も落ち着くが、村田は外で待機していた東声会組員たちから暴行を受けている。その際、村田は東声会の一人を刺しており、一〇〇人もの警官が出動する大騒ぎになった。当然、この事件は一般紙で翌日取り上げられる。

一方、力道山は秘書の吉村義男の運転で再度山王病院に向かう。山王病院は力道山の力士時代からの贔屓であった長谷和三院長がいたのだが、産婦人科医院であり、聖路加病院の外科医長を呼びだし、緊急手術を行った。力道山が山王病院にこだわったのは、事件の発覚を恐れたことからの判断であったようである。手術後の経過は順調で、全治二週間程度の怪我、あるいは一カ月程度の静養が必要との発表であった〔岡村、二〇〇八：二四七―二五八〕。

この事件が生じた時点では、力道山が亡くなるということは想像外であった。また、当時の新聞の社会面には数度、力道山が飲んで暴れたという記事が載ることもあった。そのため、「この記事を読んだとき、私はさほどおどろかなかった」〔村松、二〇〇〇：二六〇〕程度の受け取り方だったようである。と同時に、村松は事業家としての成功や〝世紀の結婚〟から、力道山に対する受容の変化を感じていたようである。

> 単なるプロレスラーから、このような立場を獲得するのはたしかに夢の実現なのだろうが、まだ二三歳で社会人になったばかりの私は、力道山が天界から下界へと堕ちてしまったような受け取り方をしていた。清

濁あわせ呑む大人……かつて私にとってスーパーマンだった力道山が、見るうちに俗界の成功者に成り果てていくという感覚が、少し前から私をつつんでいたのだった。〔村松、二〇〇〇：二六一〕

街頭テレビから発せられたアウラ、テーズとの正統的試合が見せた「プロレスの神髄」、そして数々の死闘で表現された「闘魂」が、この事件や当時の力道山周辺からは生じてこなかった。つまり、村松は「俗界」とは異なる次元にある「超越性」を力道山から感受して、ファンであり続けてきたのである。

実際、村松は当時の力道山の試合スタイルの変化にも言及し、力道山の「超越性」に綻びが見られるようになったことを指摘している。力道山の試合は、空手チョップを中心とした〝原始的〟闘いであった。それこそ、「闘魂」が胚胎していく装置でもあった。ところが、力道山は「テレビ・プロレス」とともに、プロレスらしい技を試合に織り交ぜるようになる。フライング・ヘッド・シザースや飛び蹴り、バックドロップなど。村松はこのような試合スタイルの変化に対して、「空手チョップの神秘性を殺ぐ効果とも結びついた」「力道山が力道山を演じることが、そろそろ苦しくなっているのだな」〔村松、二〇〇〇：二六三〕と評している。家庭メディアと化したテレビは、世界の諸々の事象をブラウン管のなかに包摂し、出来事を平準化してしまうことは先に述べた。とすれば、力道山は「テレビ・プロレス」に適合することとひきかえに、街頭テレビのときの「超越性」を形骸化していくことになったのではないだろうか。

ところで、力道山は極秘裏に訪韓している。(4) 一九六三年一月八日、周囲の者も知らぬ突然の出来事であった。周囲には「ゴルフに行く」といって、秘書の吉村のみが随行した。自民党副総裁で日本プロレスリングコミッショナーであった大野伴睦ら力道山周辺の政治勢力との関係から、おそらくは、日韓基本条約締結に向けての民間外交であった〔李、一九九六：二三一―二四〇〕。

東京中日新聞（現在の東京中日スポーツ）が、力道山訪韓を報道するが、その記事のなかには、以下の文面が含まれていた。

韓国の少女からたくさんの花束を受け歓迎された力道山は記者会見で「二〇年ぶりに母国を訪問でき感無量です。長い間、日本語ばかり使っているので、韓国語はさっぱり」といっていたが、インタビューのあと「カムサ・ハンミダ」とつけくわえていた。

（東京中日新聞、一九六三年一月九日）

力道山が朝鮮半島出身であることは、相撲関係者や在日朝鮮人の一部にとっては既知の事実であったかもしれないが、〝一般〟の日本人の知るところではなかった。マスコミでもタブー扱いであった。力道山はこの報道に激怒し、東京中日新聞を取材拒否した。

ここで、当時のプロレスと活字メディアの関係を整理しておこう。かつて日本プロレスを後援していた毎日新聞は、一九五八（昭和三三）年ごろから、他の正統メディア同様、スポーツ欄でのプロレス報道を行わなくなっていた。代わって、スポーツニッポン（略称スポニチ）が後援することが多くなった。特に、五八年ごろからスポニチの主催興行が増えている。スポーツ紙としては後塵を拝していたスポニチは、プロレス報道に力を入れることによって、部数倍増となる。この戦略は、毎日新聞整理部出身の宮本義男が編集長となってからのものである。実際は後援しているという程度ではなく、地方興行の請け負い、前売り券の切符手配、興行時の警備、売上金の管理まで行い、五九年には事業企画部がプロモーター資格を獲得、プロレス事業を行っていく。つまり、日本プロレスとスポニチは、手を組み合って商売していたのである。ここに日本テレビの福井三郎が加わり、力道山の「テレビ・プロレス」時代を支えていったのであった。ちなみに、当時のスポニチは「プロレス新聞」といわれていた。一九七〇年ごろまで、スポニチはプロレス報道を続けていくが、力道山が亡くなると、その姿勢を変えていく〔岡村、二〇〇八：一四九―一五二〕。

現在のわれわれからすれば、「プロレス新聞」というイメージをもつのは東京スポーツである。東スポは一九六〇（昭和三五）年四月一日、国民タイムズ新社が国民タイムズを廃刊、代わって、夕刊東京スポーツを発刊。一〇月に社名変更し、東京スポーツ新聞社となる。実質的なオーナーは右翼の大物であり、大野伴睦と親しかった児玉誉士夫《こだまよしお》である。発刊当時の東スポは、「スポーツ・芸能・時事・教養」を提供する大衆娯楽情報紙として、高度経済成長期の娯楽に飢えていた大衆の人気を獲得していく。当初、東スポの一面はプロ野球中心であったが、六一年四月に井上博編集局長が大幅な路線変更を図り、プロレス一本といっていい紙面作りを行うようになる。この路線は大成功、「プロレス一色で紙面を塗り潰すような新聞」というまったく新しい形式を打ち立てる。六二年九月、東京スポーツに改題する。力道山の死によって、他のスポーツ新聞はプロレスに力を入れなくなるが、以前にも増して、東スポはプロレス色を強くしていく。ここに、プロレスと東スポの蜜月時代が始まるのである〔東スポ探検隊編、一九九一：一一六―一二二〕。東スポは実質的なプロレス専門紙として、「力道山プロレスのあおり役」となっていた〔牛島、一九九五：一八一〕。

また、一九五五年八月に創刊された『プロレス』（ベースボールマガジン社）は、一九五七年一月にボクシング専門誌『ボクシング』を吸収し、『月刊プロレス&ボクシング』に改題される。のちの『週刊ゴング』編集長の竹内宏介は、一九六三年四月に『プロボク』をはじめて購入する。竹内、一六歳のときである。

一軒の小さな本屋さんがあった。いつもは漫画本などを買っていた行きつけの本屋さんであった。その店先に力道山の笑い顔がアップになった一冊の本が置かれていた。普段だったら何気なく見過ごすところだが、この日は何かその表紙に心ひかれるものがあった。私は自転車を停めて、その雑誌を手にした。『プロレス&ボクシング』の五月号であった。

〔竹内・山本、一九九九：二〇―二一〕

竹内は『プロボク』との初遭遇以前から、「プロレスに対する情熱は断続に続いていた」という関わりをもっていた。そこで、彼が接していたメディアはテレビ中継とスポーツ新聞であった。東京スポーツとは偶然出会った程度である。竹内は初遭遇で、『プロボク』を迷うことなく購入し、試合内容がどんな形で掲載されているのかに興味を抱き、その内容に新鮮な驚きを感じたという。竹内が本格的にプロレスファンになったのは、このころからである。以降、竹内は毎日、スポーツ新聞を買い、スクラップブックを作り、足繁くリキ・スポーツパレスに通うコアなファンとなっていく(5)。

この竹内の体験からすれば、ファンと雑誌メディアの親和性に着目することができる。テレビや新聞とは異なるマニアックな情報を専門誌から受容し、それを悦びとする傾向である。『プロボク』には、力道山やプロレスのコアな情報やトール・テールを含むさまざまな物語が組み込まれている。しかしそれは、有名人がそうであるように、豊富でありながらも断片化され幻影化した記号であり、情報である。それゆえ、ある種の意味や面白さや意外性を喚起してくれる。そこで、ファンは全体像の把握を望むだろう。それゆえ、力道山やプロレスについて、次から次と追加される新しいイメージは、情報や記号への意味の付加となり、解釈を喚起する。ここにファンとメディアとの情報を巡る循環構造が成立する。竹内はこのループに組み込まれたのであり、そこに悦びを見いだしたのだ。それゆえ、東スポもこのループに組み込まれ、力道山が刺されたあとの状況を毎日報道したのである。

これらプロレスを取り巻くメディア状況を概観すると、正統メディアはプロレスを対象外とする。テレビやスポーツ新聞は大衆を対象とする。雑誌メディアはファンを対象とする。そして、東京スポーツは大衆とファンを架橋する位置にあるメディアである。このようなメディアと受容層のグラデイエーションが、プロレスというジャンルで、かなりな確度で成立していることを観察できる。

一般紙からプロレスは消えてしまった。そして、当時のプロレスを報じるメディアはプロレスに内属するメディアでもあった。元『週刊ファイト』編集長の井上譲二は、プロレス業界とマスコミの関係を「プロレスマスコミの護送船団方式」と指摘し、力道山時代を経験したベテラン記者の言葉であるとして、次のように記している。

もちろんプロレスが真剣勝負でないということは誰もが知っていたけれども、もしそれを書けば、命を狙われるのではないかという緊張感があったよ。仮にリキさんが何も圧力をかけなかったとしても、視聴率五〇％を取っていた巨大ビジネスであるプロレスの裏側は怖くて書けなかった。

〔井上、二〇一〇：六三—六四〕

このように、力道山時代には、記者の身に危険が生じるという雰囲気があったようである。ただ、このような恐怖だけが、プロレスマスコミの方向を決めたわけではない。当時のマスコミは、先のスポニチがプロレス内部に組み込まれていたように、選手と記者は利害関係を共有する一心同体であった。当時の巡業では、旅館の大広間で選手も記者も一緒に食事をし、花札に興じたりしていた。そこで、力道山の勝利を書き立て、プロレスに関するアイデアを交換したりしていたのである。力道山からすれば、マスコミは仲間内であり、自身がその頂点にいるとの認識にちがいなかった。

つまり、プロレスマスコミとは、プロレスのＰＲ〔パブリック・リレーションズ〕メディアなのであった。ＰＲは顧客の要求に応じて、大衆の意見や行動を方向付けようとする営みである〔ユーエン、二〇〇三〕。とすれば、

力道山死亡の報道〔読売新聞、1963年12月16日〕

入院の力道山死ぬ
刺された傷がもとで
プロレス界に大きなショック
力道山
道路の大穴で転倒
トラックにひかれ死ぬ

当時のプロレスマスコミは力道山プロレスを見事に宣伝し、その闘い模様に多様な意味づけや物語を組み込み、力道山という顧客の意向に沿った情報を提供し続けていたわけである。

と同時に、プロレスに対するジャーナリズム精神を失ってもいる。力道山の極秘訪韓を東京中日新聞がすっぱ抜いたとき、力道山が激怒したのは、すでにプロレス外部といっていい一般紙がジャーナリズム性を発揮したからである。力道山にとって、メディアとはPRに矮小化されていた可能性がある。[6] 当然、プロレスマスコミは訪韓について一切触れていない。力道山が〝日本人〟であるという体裁を保つのは、それがタブーであるということと同時に、利害を共有しているからであったろう。

一九六三年一二月一五日午後九時五〇分、力道山は死亡した。翌一六日の各紙がいっせいに報道を行う。力道山は順調に回復しているとのことだったが、一五日の朝、腸閉塞にて急変し手術するも、静かに息を引き取ったのである。二〇日には、葬儀委員長を大野伴睦（自民党副総裁）が務め、池上本門寺で葬式が行われた。なお、大野は日韓交渉でソウルに滞在、葬儀委員長代理として児玉誉士夫が務めた。列席した各界の大物を見ると、力道山死去という事実の社会的影響の大きさを感じさせる。

力道山葬儀の主な列席者〔田中、2003〕

児玉誉士夫（葬儀委員長代行）、**河野一郎**（自民党）、**楢崎渡**（自民党）、**関義長**（三菱電機社長）、**今里広記**（日本精工社長）、**安倍重作**（住吉一家元総長）、**田岡一雄**（山口組組長）、**岡村吾一**（北星会会長）、**町井久之**（東声会会長）、**新田松江**（故新田新作夫人）、**田中勝五郎**（力道山夫人の父、警察署長）、**永田貞雄**（興行プロモーター）、**林弘高**（吉本興業社長）、**大鵬**（横綱）、**若乃花**（横綱）、**藤田卯一郎**（松葉会会長）、**正力松太郎**（読売新聞社長）、**松尾国三**（日本ドリーム観光社長）、**市村清**（三菱グループ総帥）、**伴淳三郎**（芸能界）、**美空ひばり**（芸能界）、**江利チエミ**（芸能界）、**田宮二郎**（芸能界）、**清川虹子**（芸能界）、**金田正一**（野球）、**張本勲**（野球）他

しかしながら、「この戦後の『英雄』の死についての一般の全国紙の扱いは、彼のかつての国民的人気からすれば不自然なくらい冷淡なものであった」〔吉見、二〇〇七：一八二〕。実際、先の力道山が刺されたという記事と死亡記事の扱いに大差はない。特に、力道山の死を暴力団との確執と絡めた正統メディアの視線もあった。力道山の葬儀の列席者を参考にするまでもなく、政財界と興行界、あるいは裏社会との関係は公然の秘密であるというよりは、自明なものであったにちがいない。それゆえ、今現在では信じられないことだが、葬儀列席者のなかに政治家も実業家も、そしてやくざや芸能人も、当然のように席を同じくしている。しかしながら、正統メディアが力道山と暴力団の関係を取り上げ、「力道山というスーパースターの虚像を暴くという姿勢が、何となく穏やかに匂ってくる」〔村松、二〇〇〇：二六五〕との社会状況は、席を同じくすることに違和感が生じていることをも意味する。

力道山が亡くなった直後、『週刊サンケイ』（一九六三年一二月三〇日号）では、「スーパーマン・力道山の死」と題して、一般の人々の数多くの声を載せている。この記事には、小学生と中学生の意見も組み込まれており、力道山のこれまでの功績に対して「英雄」と評価しながら、「プロレスは終わりだろ。力道山でもっていたんだから」「相手がヤクザだなんてくだらないケンカだよね」「リング上で死んだんだったら、もっと英雄だったんだがね」などと意見を述べている。これら「よい子」の意見を編集部が総体的に要約すると、「英雄観をこわされた子供たち」ということになる。この記事は暴力否定というこれまでの力道山批判を踏襲してもいる。これまでも、力道山は木村戦、老人ショック死事件など、暴力批判と闘ってきたのだが、皮肉にも、最後まで暴力批判から逃れることはできなかった。と同時に、子供たちでさえ、力道山が有していた「英雄」という「超越性」を半減させつつ受容していることが見てとれる。子供たちは、力道山がスポーツマンであること、世界選手権者であること、事業家として成功していることに憧れを抱き、この死に対して「悲しい顔でうったえる」が、それ以上に「あんなつよい人でも刃物には弱いことを思い知らされた」「かわいそうやなあと思う」「前ほど人気がなくなっているけど、だんだんショーってことがわかってきたからな」「ヤクザとケンカしたことが原因だときいて、いやな気持ちや」と否定的な意見を述べている。

このような状況からすれば、晩年の力道山の「超越性」は、力道山の突然の死によって、社会的に形骸化されていることを確認できる。ただ、村松は力道山の「超越性」の形骸化をすでに感じていたようである。それゆえ、「力道山の死を知って、奇妙な安心感をおぼえたことを、あざやかに記憶している」（村松、二〇〇〇：二六二）と振り返っている。その理由は、「テレビ・プロレス」に適合した力道山の試合ぶりに限界を感じていたこと、そして、「力道山が力道山を演じることが、そろそろ苦しくなっている」と「強さ」を表現するプロレスというジャンルの本質に由来すると考えている。

そして、子供とは当然のことながら、大衆である。(7) とすれば、プロレスは大衆との親和性をも半減させていくことになる。力道山の死はそのはじまりであった。一九六三年ともなると、翌年に新幹線開通と東京オリンピック開催を目前とするころであり、日本人の生活も戦後の混乱期からは著しい発展を遂げている。つまり、基礎的欲求充足の領域において生活革新が進み、派生的欲求充足に向かう人々も出てくるころである。とすれば、画一的であるとされる大衆に差異性が生じるように見えてくる。それゆえ、力道山もまた、正統メディアからは「不自然なくらい冷淡」な扱いをされ、子供たちからもカリスマ性を感じさせなくなってしまっているのである。しかしながら、力道山の「超越性」がすべての領域で形骸化されたり、喪失されたわけではない。

プロレスは、プロレスを好む独特のファンに支えられるものとなり、世間一般はその世界とは一線を画して、〝ゆたかな日本〟へ向かって突っ走っていた。力道山の死には、それを惜しむプロレス・ファンと裏腹に、一般世間から冷ややかな目を向けられたのもたしかだった。〔村松、二〇〇〇：二六八〕

村松の力点は「冷ややかな目」の方にあるが、「独特のファン」が胚胎しはじめていたことも事実である。竹内宏介は力道山の葬儀にも一般ファンとして列席し、その模様を写真撮影し、「この力道山の死をきっかけにしてプロレスから遠ざかって行ったファンの人たちは多かったが、私は逆に力道山の死が自分自身のプロレス熱に、さらに拍車をかけたような気がする」〔竹内・山本、一九九九：二二二〕と振り返っている。かつて、プロレスファンといえば、すなわち力道山ファンであった。しかし、竹内の言説から読み取れるファンは、力道山ファンであるだけではなく、プロレスなるジャンルへのより強い志向性を自覚する存在へと変貌している。

また、力道山をテーマに出版した石田順一は、「私が力道山を見たのはたった二年間だけでしたが、その後も力道山を忘れられない自分は、力道山に関する読物や書物をよく読みました」〔石田、二〇〇五：一六四〕と述べ、この想いが「私だけの力道山伝説」というテーマに向かわせたことを述べている。この石田の言説からは、日本人全体が受容した街頭テレビのプロレスではなく、「テレビ・プロレス」を媒介として力道山に魅了されていることが理解できる。この両者の見解からは、大衆というカテゴリーからはみだしてしまうファンなる主体像が見いだされるが、と同時に、確かに街頭テレビのころの「超越性」とは異なっているが、新たに再編された「超越性」を発見可能である。

しかしながら、このファンもまた大衆の一つの現れでもある。なぜなら、大衆の差異性が表面化したものがファンであると考えられるからである。このころの日本社会においては、正統文化が十分に機能し、人々をある程度包摂していたことだろう。それと同時に、大衆からの差異性を図る人々がその共通性を確認し合う領域を意識しはじめ、確認し合うような一種の消費行動が表面化してきたと考えられる。それゆえ本書では、それぞれの共通性を確認し合う主体を、暫定的にファンと記述してきたのであった(8)。

プロレス業界内でも、当然のことであるが、力道山の死は大きなショックを与えた。それゆえ、多くのマスコミは「これで日本のプロレスも終わった」との記事を載せていた。それは、これまでプロレス報道に力を入れてきたスポーツ新聞でも、同様の見解を載せ、実際、かつて「プロレス新聞」といわれたスポニチまでもが、プロレス撤退に向かう。しかしながら、力道山のもっとも横にいた付き人アントニオ猪木は、「私は何故だかそのとき、絶対にプロレスの火は消えない、と確信していた。根拠はないが、あの力道山がつくりあげた物が消えてしまうなんてありえないと思ったのである」〔猪木、一九九八：七二〕と振り返っている。そして、東スポはこれまで以上に、プロレス報道に力を入れていくようになる。力道山の「超越性」は確かに形骸化され、正統メディアも撤退していくのだが、ここには「消えてしまうなんてありえない」と「超越性」を信頼し、継承する者と、それらを伝達するメディアが残ってもいたのである。

このころになると、戦争体験の風化を観察できるようになった。それは、「戦争を知らない世代のみならず、戦争体験世代にとっても『戦争がすでに各人の体験と実感を超えた抽象物となりかけて』いた」〔小熊、二〇〇二：五六〇〕との診断がなされるほど、あの「声を発することもない日本人」（二章七節）とはまったく異なる「心情」の時代に入っていたのである。日本人と西欧人の優劣を問う質問に対して、一九五一年では「日本人が優れている」が二八%で、「劣っている」が四七%と劣等感は強いが、力道山が亡くなった六三年では、「優れている」が三三%で、「劣っている」が一四%となっており、高度経済成長による日本人の他国への感情の変化が観察できる〔NHK放送世論調査所編、一九八二〕。

力道山が亡くなった翌年に開催された東京オリンピックは、日本経済に大きな波及効果をもたらした。一兆円超の投資、高速道路やホテルの建設ラッシュ、地下鉄の拡張、そして新幹線の新設があった。そして、あの焼跡や闇市という象徴的景色は見られなくなり、テレビも街頭テレビから家庭メディアへの変化というばかりではなく、「オリンピックをカラーで見たい、カラーで見せたい」という広告が見られるカラーテレビの時代に入ろうとしていた〔深川、一九九一：九七〕。力道山の死を境に、日本社会は新しいステージに入っていったのである。

三菱テレビのポスター〔深川、1991〕

終章　力道山体験と「闘い」の感染

第一節　力道山体験の「芯」

ここまで、さまざまな検証をしながら、力道山体験を描いてきた。そこで、以降は力道山体験の諸相について若干の考察を加え、結論としたい。ただ、力道山が亡くなったからといって、力道山体験が終わったわけではない。本書の対象は、力道山がリングで実際に闘っていた時期に限定してあるが、その後の力道山体験について、若干の議論をすることから結論へと歩んでいくことにする。

力道山が亡くなった翌々年、一九六五（昭和四〇）年は戦後二〇年という節目の年であった。それゆえ、メディアは戦後のスーパースターであった力道山に触れることが多かった。『週刊大衆』（一九六五年八月二六日号）では、力道山特集が組まれている。このような戦後の節目となると、メディアが力道山に言及することは非常に多い。また、日本のテレビ放送開始に言及するメディアが、力道山と街頭テレビの群衆を取り上げるのも〝お決まり〟である。ちょうど今年（二〇一一年）は地デジ元年ということもあり、地デジへの全面変更に向けて、テレビ史を振り返る企画も散見される。

日刊スポーツ（二〇一〇年一一月二八日）では、「昔のテレビは面白かった」として、力道山が「シャープ兄弟やルー・テーズと戦ったのを黒山の人だかりで見たのは忘れ得ない」、街頭テレビが「天空に浮かんでいるよう」な高い位置にあったため、子供にとっては、「力道山は、見上げた、その薄っぺらい画面の中で確かに戦っていた」などと振り返られ、力道山体験の一片が語られている。

プロレスと親密なメディアである東スポは、二〇一〇年で五〇周年を迎え、創刊五〇周年企画として「東スポ時空自在」と題して特別連載をスタートさせた（四章六節）。その第一弾は「日本プロレスの父」力道山であった（東京スポーツ、二〇一〇年四月七日）。このように、メディアが力道山体験を振り返ったり、他の企画のなかで言及したりすることは枚挙にいとまがない。

このようなテレビ体験とは異なったテーマで、力道山が語られることも多かった。まず、力道山と木村戦の真実をテーマにするもの。あるいは、力道山の死因の解明に関して。そして、特に注目されるのは力道山の出自に関してである。第一章でも述べたように、力道山はディアスポラな主体ではあった。しかし、プロレスラーとして、日本人の象徴であることを義務づけられており、日本人であるという体裁を取らねばならなかった。また、メディアも例外はあったにしても、空手チョップでアメリカ人を倒す日本人として言及し続けてきた。

力道山が朝鮮半島出身であると取り上げたのは、一九八三年三月、雑誌『Ｎｕｍｂｅｒ』の力道山特集、翌年の『週刊プレイボーイ』のスクープ記事であった。実際には、一九七三年に、『朝日ジャーナル』で「力道山＝朝鮮人説」に触れた記事や、一九七七年に雑誌『潮』が、牛島秀彦による「続・もう一つの戦後史発掘――茶の間の英雄・力道山の光と影」という記事が出自について取り上げるなど、力道山の公的なプロフィールの虚偽に言及するものも散見できる。また、プロレス専門誌が噂を扱うような表現で、朝鮮半島出身であることに触れたこともあった。一九九二年、毎日新聞（一〇月八日）が「力道山は『民族の英雄』」と題して、北朝鮮の『統一新報』の報道を元に、北朝鮮での力道山評価を紹介している。このころから、力道山が朝鮮半島出身であるとの事実認定がなされたように思われる。さらに、一九九六年には、本書でもたびたび引用してきた李淳馹『もう一人の力道山』（小学館）の詳細なルポルタージュが、朝鮮人としての力道山を浮き彫りにし、一九九九年には朴一《パクイル》『在日という生き方』（講談社メチエ）にて、ディアスポラとしての力道山のライフヒストリーを描き、力道山が朝鮮半

北朝鮮での試合を報道する『週刊ファイト』(1995年5月18日号)

島出身であることの社会的意味について言及するようになった。

　このような力道山体験の新たなる社会的意味に注目させたのは、一九九五年にアントニオ猪木が中心となって新日本プロレスが開催した、北朝鮮でのプロレスイベント「平和の祭典」であった。メーデー・スタジアムで二日間の興行を行い、それぞれ一九万人の動員を達成する。アントニオ猪木とリック・フレアーの試合は、かつての力道山組とシャープ兄弟戦が再現されたかのようなプロレス初体験の趣となっていた。それまで、プロレスマスコミは力道山の出自については曖昧な姿勢を取ってきた。しかし、力道山の直弟子であるアントニオ猪木が、力道山が朝鮮半島出身であることに言及するようになり、力道山と国の関係、そして、その関係とプロレスとの関係に注目しなければならなくなった。ちなみに猪木は、先の毎日新聞の記事を読み、北朝鮮に力道山の娘がいることを知ったと言及している。このような動向から、百田家の人々も力道山の出自に関して言及するようになり、業界内のエピソードも語られるようになっていく。二〇〇六年には、日韓共同制作で映画『力道山』（ソン・ヘウン監督）が公開され、夫婦の情愛と民族差別に焦点を当てている。

　本書では、この力道山の出自を知っていく力道山体験に関する考察は行わないが、村松は力道山の出自を知ることによって、「世間の人々は、プロレスを蔑視し、軽視することにいそしんで、渦の中心で力道山が苦闘したハンディキャップ・マッチに気づくことはなかったのだ」〔村松、二〇〇〇：三二九〕と言及している。つまり、金信済は出自の差別感を力道山という覆いで隠していたが、力道山という存在の大きさが民族問題へと引き戻してしまったと村松は解釈するようになる。同様、アントニオ猪木は、力道山の空手チョップがもつ人々を熱狂させてしまう力の背後に、民族差別や日本人のヒーローであることと望郷の念との間で生じる葛藤や悲しみがあったのではないかと言及している。

このような力道山死後の力道山に関する情報は、力道山体験を再構築する。力道山の死因の真相、木村戦の真実、そこから読み取ってしまうプロレスの「虚」と「実」、出自の問題や民族差別、それらの問題系はプロレスというジャンルを理解するための素材にはなる。それゆえ、素朴にこれらの情報を確認し、事実を確定できると信じ、力道山の真実を理解したとする者もいるだろう。

しかしながら、これらの情報は力道山体験を常に更新し続けてしまい、力道山の真実に辿り着かせるわけではない。そもそも上記のそれぞれの問題系は、どれが上位の情報であるなどと階層性を確定することはできず、力道山体験の物語性を同一性の原理に絡めとることを拒否する。それゆえ、村松は次のような感慨をもつのである。

> だが、ラッキョウの皮をいくら剥いでいっても、力道山という芯には到達できない。第一、一枚ずつ剥いだその皮の裏には、必ずフィクションが貼りついているのである。そして、すべての皮を剥ぎ取ったそこに芯はなく、ラッキョウの中心が空洞になっている……そんな感じなのだ。いくら求めても、力道山の真実はあらわれてこない。〔村松、二〇〇〇：三三五〕

村松は本一冊を費やし、自らの力道山体験を綴り続けた。しかし、力道山の「真実」、あるいは「超越性」の正体を手中に収めることはできなかった。それと比して、これまで議論してきたように、朝日新聞や読売新聞など正統メディアの言説、あるいはプロレスを外部とする者たちの言説はある種の客観性を有していた。それゆえ、社会的な説得力をもっていた。当然のことであるが、正統であるがゆえの権力性に依拠もしている。

正統メディアの姿勢と村松の姿勢には大きなちがいがある。力道山プロレスを体験する以前に、正統メディアはすでにプロレスというジャンルに関する知識を有している。あるいは早稲田大学講師のように(二章二節)、近代的知から暴力に関する知見を有している。彼らはこれらの知見から力道山プロレスを観察するのである。しかし、このような姿勢とは、記事を書くという行為のために、傍観者であることに傾いてしまうのではないだろうか。それゆえ、「力道山という芯」を問う姿勢が希薄なのであった。したがって、正統メディアの言説では、力道山プロレスの体験、つまり「芯」、あるいは「真実」に踏み込んでいたとは、どうしてもいいがたい。

なぜ、このような指摘ができるのか？　それは、村松少年や声を発することもなく見入っていた老人がもつ存在の形式とは明らかに異なるからである。おそらくは街頭テレビの前で白いシャツを着て力道山の姿を見ていた者たちも同様の存在の形式をもっていた。つまり、傍観者ではなく、出来事の体験に巻き込まれながら存在していたのである。村松が力道山体験の数十年ののち、力道山論を書くという行為の意味とは、テレビや会場で見た光景を自身の内面の光景として、同時に自身の内面の光景をテレビや会場で見た光景として、この両者を往復しつつ紙のうえに記すということである。つまり、体験を紙のうえで再現し記憶を確認することなのである。そこで記憶の確認は二重の意味を有してもいる。一つは自身の記憶を真実として確認すること。それは、正統メディアの傍観者としてのあり方、客観性とはまったく異なる水準にある。もう一つは、この真実を同時に体験した者たちと、あるいはこの体験の意味を理解できる者たちと共有し、体験の真実性を確認しようということに開かれている。しかし、村松少年と白いシャツを着た大衆にもちがいがある。おそらく大衆の多くは敗戦を心に宿して、あるいは戦後復興を目指すという状況を生きている。村松少年もまた戦後の状況を受容してはいたとしても、中学生特有の感受性が力道山体験の主要な媒介になっていたように思われる。ここに世代という変数からの偏差を見いだすことができる。

しかしながら、それでもなお、「力道山の芯」を発見することができなかったのである。[1] プロレスに魅了された者は「力道山の芯」に接近しようとする。これまで幾度か引用してきた石田もまた、そのような試みを〝実証主義的〟に組み立てようとしていた。

何か力道山の供養になるようなことはできないだろうか？　みんなに少しでも力道山のことを偲んでもらえれば——という思いが、この本を出版した動機だったのですが、力道山時代の後援新聞社、毎日新聞とスポーツニッポンをベースに掘り起こしたこれらの史実のなか以外にも、まだまだ興味深い価値モノが数多く眠っているように思われる反面、力道山時代の記録調査の困難さを、またしても再認識させられました。

〔石田、二〇〇五：一六五〕

石田は「史実」を確定しようとして、「興味深い価値モノ」を発見する。この発見は、「伝説が伝説を生み、ナゾがナゾが呼ぶという、伝説とナゾに包まれ」（序章四節）、結局「真実」に接近する「困難さ」に直面するしかない。石田もまた、さまざまな問題系の情報を取り込みながらも、「芯」にたどり着かないのである。石田の発見はファン的、あるいはオタク的な感性と親和的である。なぜなら、深度のある情報を見いだそうとする欲望に貫かれているからである。実際、彼は能動的に地方紙にまで手を広げ、古い新聞の情報を収集した。ファンは第三者には関心のない情報収集の欲望に貫かれ、その情報をある程度加工し、新たな情報として増幅する。さらに、彼は出版までして、他者との共有を目指したのである。ここにも、村松同様のコミュニケーションの志向性がある。この一連の情報の収集、加工、共有というコミュニケーションにファンの悦楽がある。そして、このコミュニケーションを支える目的論的水準に「力道山とはなんだったのか」という問いが控えていたのである。しかし、この力道山の本質を問う先に、彼は「困難さ」を発見する。つまり、深い情報の先に「芯」は見いだせなかったのである。

注意しておきたいのは、これら村松や石田の営みによって、「芯」の存在が否定されているわけではないことだ。村松は「いくら剥いでいっても」、「芯」は「空洞」のようであり、「力道山の真実はあらわれてこない」と言葉を綴った。しかしながら、彼は力道山体験の「真実」を求めて、「書く」という行為を行ったのである。事実確認的な水準において、この時点で、「芯」は「空洞」であったが、「芯」を求め、「書く」というメディア行動から意味を求め続けてきたのである。つまり、行為遂行的な水準で、「芯」の存在を前提としているのである。石田も同様である。また、村西の両親は「芯」に接近する営みを行わず、「空洞」を「芯」とした（五章三節）。しかし、どちらにしても、「芯」を前提としているのである。その姿勢と比して、正統メディアでは、先に触れたとおり、「芯」を近代スポーツ論や暴力観などの既存の知識から接近し、「虚」か「実」かという水準で判断可能なものとしていたのである。とすれば、第一章第四節で正統メディアの言説に依拠して設定したプロレス受容に関するモードとは、力道山の、あるいはプロレスの「真実」である独特の存在形式をもった「芯」と重なりながらも、一致する理解枠組みではなかったともいえるのである。それでもなお、「真剣モード」であることが、近代スポーツにおける正当性であること、つまり、道理にかなっていると信じられているがゆえに、もっとも重要なプロレス評価の枠組みとして機能してきたのである。

このように、力道山プロレスの「真実」を追及していく営みは、結果的に不可解な存在形式をもった「芯」にたどり着いた。本書では、この「芯」を「日本一」「世界一」「強さ」「英雄」「生きざま」「アメリカ的豊かさ」などの「超越性」として見いだそうとしてきた。あるいは、「あらゆる角度から万華鏡のように」発見される、「人間のあらゆる可能性」「人間ってこんなに凄いぞ」「人間の不条理」「人間の真実」「人間のドロドロ」などのある意味で不明瞭な言説としてすくい上げてきた。もちろん、これらが力道山常識論と重層したり、あるいは、まったく無関係であるなど、力道山体験の意味作用は複雑かつ多様であるとしかいいようがない。繰り返しになるが、このような複雑性と多様性を発見すると、力道山常識論は限定的な理解でしかないのである。さらに、これらさまざまに姿を変えてきた「超越性」が「超越性」それ自体といえるのかは疑問が残る。なぜなら、本書で見いだされてきた数々の「超越性」は、「鬼畜米英」など力道山体験を理解する社会的コンテクストと同様、求めても到達不可能な「芯」が成立する場の社会的コンテクストを構成していることもありうるからだ。

そのうえで、これら「超越性」のなかで、あえて「芯」に命名するなら、第五章第三節の最後に述べたように「闘魂」としておきたい。なぜなら、プロレスは「闘い」を形式とするからであり、またこれまで議論してきたとおり、力道山はプロレスに「強さ」が必要であると考えていたからである。それゆえ、演劇化するプロレスにおいて、ルー・テーズがもつプロレスの正統性を力道山は追いかけ、自らもその正統性を獲得していったのである。もちろん、この正統性とはテーズが述懐するレスリングの高度な競技性であり、「強さ」のことである。もちろん「芯」であるゆえに、「強さ」が競技性において計測可能なものに限定されるわけではないことも確認しておきたい⑵。

第二節　力道山、唯一の街頭テレビスター

これまで議論してきたとおり、力道山は街頭テレビから家庭メディアとしてのテレビに適合したプロレスを提

供することに成功していた。しかし、吉見が指摘するとおり、五〇年代後半、力道山神話が終焉し、テレビが脱プロレス化したとの社会学的評価がなされてもいる。つまり、力道山体験は街頭テレビ体験として記憶され、その部分で評価されているのである。と同時に、力道山と街頭テレビのカップリングが、家庭メディアとしてのテレビに適合する形式へと変容したことは、「この国の人びとはすでに、力道山の身体が表象するような『戦後』と決別しつつあった」〔吉見、二〇〇七：一八二〕との大きな時代的転換の認識と同時進行することでもあった。

しかしながら、繰り返すが、力道山プロレスは街頭から家庭へと視聴の場所の変化に見事に適合するコンテンツを制作していたのである。では、どうしてこれほどまでに力道山と街頭テレビのカップリングが戦後社会の歴史的出来事として公共的な記憶を構築しているのだろうか。

二〇〇三年の「テレビ五〇年」という歴史的節目に当たって、『テレビはどう見られてきたのか——テレビ・オーディエンスのいる風景』（せりか書房）という社会学におけるテレビ研究として、非常に有意義な論文集が刊行された。この本の序において、次のような指摘がなされている。

そこでは（テレビ研究では——引用者）、テレビが存在することも、テレビを見るという経験も、テレビを見る人がいることも、日常的生活の文脈において生じているということがすっかり忘れ去られている。しかし、まさに、この日常性の中にテレビをめぐるさまざまな問題の本質が存在しているのだ。こうした日常の自明性そのものを批判的に問い直そうとするテレビ研究が、まったくといっていいほど試みられてこなかった。

〔小林・毛利編、二〇〇三：八—九〕

確かに、テレビ視聴の体験は当然テレビの置かれている空間と時間の相関として観察されることである。しかし、かつてのテレビ研究は一部の例外的な古典的労作はあったにせよ、そのような視点を欠き、「日常生活の文脈」での体験を抽出する方法を欠いていた。このような既存の研究方法への批判から、『テレビはどう見られてきたのか』では、カルチュラル・スタディーズの視角を組み込みながら、新しいテレビ研究の方法論の必要性を説くのである。筆者もこのような方法意識を共有するし、それと付随するオーディエンスの被構築性を明らかにしようとの方法意識は本書においても共有している。

しかしながら、テレビ視聴が「日常的生活の文脈」にのみあると固定化していいのかには疑問がある。つまり、本書の問題意識に引きつけるならば、街頭テレビによる力道山プロレスは「日常的生活の文脈」とはいいがたいということである。より一層『テレビはどう見られてきたのか』の主張に寄りそうならば、街頭テレビ体験が一九五四年ごろの日本社会の「日常的生活の文脈」に置かれながらも、その体験自体は非日常性、あるいはアウラ（一章六節）を有していたということである。とすれば、街頭テレビと家庭メディアとしてのテレビは異なるメディアの力学を有していたと考えなければならない。両者を理論的に異なるメディアと見なすことによって、発見できることがあると考えるべきである。

さて、われわれの時間的感覚は日常性のなかでは、直線的で不可逆的な性質、あるいは規則正しく合理的に進む性質をもつと考えられる。しかしながら、小熊英二の戦後日本人の「心情」の歴史理解をみると、戦後の一〇年は革命と闇市に象徴される激動の「戦後」であり、五五年は高度経済成長と五五年体制に象徴される繁栄と安定へと日本社会の「戦後」の質が変化するころである（三章一節）。このような時間的流れは、日常的な時間感覚に貫かれているとはいいきれないと思われる。ましてや、敗戦による劣等感に停滞していた者、あるいは虚脱状態から脱しきれない者もいたにちがいない。このアナーキー状態のいくつかの具体的現れが、本書で議論してきた「戦勝国たるアメリカに対するコンプレックス」や「鬱憤」（一章六節）、「戦後の屈辱の時間の中で」「ただう

なずき合っていた」老人（一章七節）などが見せる停滞や虚脱感である。(3)

このように考えると、力道山がテレビ画面のなかで空手チョップを振るっていた時代、日本人の「心情」として、戦中と戦後の区別は曖昧模糊として、戦後という平和の時代を享受しきれないままであったのではなかったか。戦中と戦後などという時代区分はどこかで破綻した感覚を伴っている。と同時に、日常的コミュニケーションはともにあり、日々営まれる生活に埋没したり、新しい文化やアメリカ的な豊かさを目の当たりにもするのである。このような雑多な日常に挟み込まれるように力道山体験が存在する。ここからは仮説的ではあるのだが、翌五五年からの高度経済成長、「戦後は終わった」なる時代意識は、力道山体験が非日常性を有し、日常の曖昧模糊とした感覚に裂け目を入れることに成功したことを契機とするとは考えられないだろうか。小熊のいう『戦後』の展開点と力道山体験の時間的一致には、つながりがあるように思われる。

そのような社会的コンテクストのなかで、一九五四年に力道山が街頭テレビで、アウラを帯びた身体として、人びとの前に立ち現れたとき、時間感覚に裂け目が生じたとしてもなんら不思議はない。それゆえ、非日常性とともに、力道山と街頭テレビのカップリングが精彩を放ち、歴史的出来事として浮上したのである。それゆえに、力道山体験の受容のコンテクストのちがいにも関わらず、力道山体験は「想像された共同体」としての日本を意識させるような効果を有したのである。そして、街頭テレビの前の群衆、白いシャツを着た似通った人たち、彼らこそが戦後の日本人の姿の一象徴となったのであり、このような大衆像は、二〇一一年現在においても戦後の風景として公共的な記憶となっている。ちなみに「テレビ・プロレス」の時代に入れば、大衆やその変装としてのファンの集合的記憶となっていくのである。

それゆえ、街頭テレビは家庭メディアとしてのテレビとは理論上区別しておくことができる。また、見世物や映画と親和的なメディアであったことは先に触れたが、それらとも当然異なる。ここで、力道山と街頭テレビのカップリングの特異性についてさらに整理するために、有名性という概念と節合しつつ考察することにする。その作業によって、力道山とメディアの関係における特異性が鮮明になると思われるからだ。

マーシャル〔二〇〇二〕によれば、有名人は現代の権力の一つの形式であり、われわれの欲望を実現した記号として機能している。それゆえ、有名人は意味の安定とコミュニケーションのシステムを構成する。そして、有名性はその形式や内容を時代によって変化させてもいる。その変化を促進させる役割を担うのがメディアである。

一九世紀、活字ジャーナリズムが発展するなかで、文学の領域で有名性を獲得し、熱狂的な崇拝者や模倣者を生み出したということもあった。二〇世紀に入り、映画産業が繁栄していくなかで、映画を媒介とした有名性が大衆に大きな影響を与えるようになった。観客はスクリーン上の登場人物に陶酔し没入していくようになったのである。この完成形がハリウッド映画の繁栄と結びつき、「スターシステム」を確立する。「スターシステム」では、マリリン・モンローやジェームズ・ディーンといった人気俳優の疑似宗教的な性格、つまりカリスマ性を創り出し維持するようなメディア戦略を採るようになる。ファンはスターの魅力を彼らの半神的性質にあるとして、半ば崇拝の対象に祭り上げていた。

この「スターシステム」と対比的に取り上げることができるのが、「アイドルシステム」である。日本では高度経済成長に伴い人々が豊かになるにつれ、崇拝の対象としてのスター像は薄れていく。そこで生み出されたのが「アイドルシステム」である。スターが発する疑似宗教的な魅力ではなく、それを作り上げるメディア自体へと関心がシフトしていく。「アイドルシステム」が目に見える形となったのが一九八〇年代であった。かつて、スターは半神的性格であったが、アイドルは「メディアがつくった虚構」として、ファンの熱狂の対象であるにしても、その「超越性」は形骸化しているのである。

稲増はこれら有名性システムの変遷をメディアとの関わりから次のように要約している。

ちなみに、かつての「スターシステム」を支えていたのが、映画館という非日常空間で鑑賞される「映画」というメディアであったのに対し、「アイドルシステム」を主に支えていたのが、一家団欒や個室などの日常生活空間で視聴される「テレビ」というメディアであったことは重要である。〔稲増、二〇〇三：一六二〕

稲増は、先の『テレビはどう見られてきたか』において、テレビが「日常性の文脈」にあるというテレビ論の胆を的確に要約し、映画の非日常性と対比させることに成功している。スターは映画というメディアの力を伴うことによって、「超越性」を獲得してきた。しかし、テレビは映画スターも政治家も、あるいは一般の人々も同じ画面のなかに包摂する民主的メディアであり、同時に脱神話化作用を促進する。力道山の晩年や死に至る経緯の報道を見るかぎり、先に議論したとおり、「超越性」の形骸化を指摘可能ではある。その意味で、力道山に対しても、テレビの力学としての脱神話化作用を見いだすことは少なからず可能に思われる。

しかしながら、力道山はテレビによってスターとなった者たちとは明らかに位相が異なる「超越性」を有している。力道山はテレビを媒介として、大衆が憧れた存在ではあるが、あたかも「スターシステム」のような「人間のあらゆる可能性」「英雄」「天皇の次に有名」などとして理解される半神的存在であった。とすれば、この力道山の特異な「超越性」は、家庭メディアとなる前のテレビが街頭に置かれていたからこその結果ではなかっただろうか。つまり街頭テレビはテレビでありながら、「映画館という非日常空間」を組み込みながら、街頭という場に特異な非日常性を生成させていたと指摘できる。それゆえ、力道山と街頭テレビのカップリングが際立つのである。街頭テレビによって有名性を獲得した他の存在としては、日本初のボクシング世界チャンピオンの白井義男を挙げることができるが、彼と街頭テレビのカップリングを強調することは少ない。白井以前に遡れば、水泳の古橋廣之進が世界新記録（非公式）を出したのが一九四七年で、敗戦直後の日本人を勇気づけた（序章一節）。有名なラジオ実況が語り継がれている。テレビ放送開始の前年、一九五二年のヘルシンキ五輪に出場した古橋だったが、自由形八位の結果であった。NHKの飯田次男アナウンサーは「日本の皆さん、どうか古橋を責めないでやって下さい。古橋の活躍なくして戦後の日本の発展は有り得なかったのであります。古橋に有難うを言ってあげて下さい」と涙ながらにアナウンスした。彼の活躍を伝えたのは新聞であり、ラジオであった。

このような経緯からすれば、力道山とは唯一の「街頭テレビスター」なのである。この固有性こそが、「天皇の次に有名だった」との独自の「超越性」を人々に抱かせ、プロレスという、いわば〝いかがわしい〟大衆文化であるにも関わらず、戦後史の重要な一コマとして、公共的な記憶を構築することに成功した理由なのである。付言すると、村松が指摘していたように、テレビの脱神話化作用が力道山にも及ぶ前に、幸か不幸か、力道山は亡くなってしまったのだ。

このようにテレビが街頭に置かれていることに着目することは、テレビ研究の方法論の問題としても重要な視角である。それは、先の『テレビはどう見られてきたのか』と共有する視角でもある。テレビも含めてメディアはそれ独自に存在しているのではなく、ある社会空間との関係性のなかで理解しなければならない。テレビはお茶の間で、そして個室で、あるいは電車のなかで視聴されるメディアとなっており、それぞれの場によって視聴のあり方や体験がもつ意味が左右される。それは街頭や電器屋の前、あるいは競技場の大型スクリーンで見る経験も同様検討されなければならない問題でもある。

このような視聴の場に着目するなら、力道山体験にとって、繰り返しになるが、街頭テレビは非常に重要な意味をもつ。力道山体験は、一九五四年に一瞬立ち上がった「街頭テレビスターシステム」によって、力道山というプロレスラーを送り手として、街頭テレビの前に集まった群衆を受け手として、「スターシステム」的な疑似宗教的な場が構築された結果であった。ここで確認しておきたいのは、テレビの受け手が視聴者であるということとともに、群衆という個々人の感情が同一方向に向けられる集団精神であったことである。古典的ではあるが、ル・ボンが指摘したように、群衆はいったん群衆として形成されれば、一時的でありながらも決定的な一般的性質を備える存在である。それゆえ、もっともこの時代に大衆が信じやすい敗戦コンプレックスの昇華や反米ナショナリズムという力道山常識論を文化資源として参照することになったのである。

実は、われわれは二万人、あるいは三万人もの群衆が集まり、街頭テレビを見ていたことを自明の出来事としている。彼ら街頭テレビの前方に並んだ者たちは、画面のなかでなにが起こっていたのかを自身の目で見ることはできる。しかしながら、当時は二七インチのテレビが二台並列し、人びとの頭上少し高いところに設置されていただけである。また、当然画像も鮮明ではない。とすれば、群衆の後方で、テレビを見ていた者たちが、画面のなかでなにが起きていたのかを自身の肉眼で確認することなどできなかったはずである。にもかかわらず、どうやって人びとは街頭テレビを媒介として力道山を体験し、熱狂したのであろうか。

それは、彼らがテレビ視聴者であるばかりではなく、やはり群衆であったからである。群衆は階級や教養のちがいを無効化し、だれもが「ひとつの共通した精神なき感情」〔ル・ボン、一八九五＝一九九三〕へと融解する。タルドはこの群集心理学を社会学の論理にまで昇華し、群集心理を「模倣の法則」として位置づけ、この法則に社会の法則の原形を見いだす。タルドにとって、自然的所与としての人間は多様で異質な存在にすぎない。しかしながら、この分散的な諸個人を結合させるのが他者の模倣なのである。人々が模倣するのは、だれでもいいというわけではない。それは卓越した個人であり、彼がもつ威信に依拠するのである。タルドは人々の手本となる存在の卓越性を強調した。この非理性的な感情の同一化は、過剰刺激に飲み込まれたままであれば、人間精神の停滞を意味する。しかし、個人の卓越性は社会生活の革新性と発明性の現れであり、この卓越性の発現がなければ、

1950年7月の新橋駅西口広場〔『週刊昭和』29号〕

社会は停滞する。ちなみにこのような卓越性を有した個人を「ウルトラ社会的人間」〔タルド、一九六四〕という。

このような群衆理論を念頭におけば、街頭テレビの前に集まった人々は、テレビ画面のなかの力道山の卓越性、つまり本書における「超越性」に魅了された。そして、テレビ画面をよく見ることができなかったにしても、その「超越性」に感染し、群衆の一番後列にまで広がっていったということが想像できる。テレビの前の観衆は、力道山が発揮した当時の日本人の想像を超える卓越した個人の威信に魅了されていたのであった。人々は卓越した個人を手本として模倣し、同質的な分身になったのである。力道山の卓越性が日本人に感染していくとき、戦後日本社会の結合を想像的に実現したのである。そもそも群衆は一つの塊として見いだされる人間集合である。その意味で、このとき立ち現れた群衆とは、国民や民族として理解されるような集合性の凝縮した形式でもあった。それゆえ、日本人の戦後の公共的な記憶としていまも息づくのである。そして、それを媒介することに成功したのが街頭テレビであり、力道山は「ウルトラ社会的人間」として立ち現れたといえるのである。序章第一節冒頭で引用したはかまは、「その小さな画面が遠くから観る人々に、現在の大型ハイビジョンくらいに鮮明に映った」と理解している。しかし、そうではなく、群衆は鮮明な映像を見たのではなく、その意味を、あるいは「超越性」を身体的に受容したと考える方が妥当である。

村西とおるを敷衍して、あえて〝暴論〟を述べさせてもらうなら、力道山の「闘魂」が街頭テレビを媒介として感染し、人々は力道山の「闘魂」を模倣し、日々の生活や仕事に邁進していくエートス（行動様式）を獲得する。その結果が高度経済成長であったなどと、筆者は夢想してしまう。

このような日本社会のターニングポイントの時代、労働観もまた大きな変化を見せている。小熊英二は労働観の変化を議論するのに、教師の無着成恭の言葉を引用し、「二宮金次郎の薪を背負って読書する像の前で『忍耐』と『勤勉』の道徳をたたきこまれ、『人が八時間働くなら、十時間働け』と教えられてきた私は、この子供たちの、そのような『忍耐』や『勤勉』の中にかくされたゴマカシ、即ち貧乏を運命とあきらめる道徳にガンと反抗して、貧乏を乗り越えて行く道徳へと移りつつある勢いに圧倒されるのでした」（小熊、二〇〇二：三〇一）と過去の日本人の姿を捉えていく。ここで無着がいう「貧乏を運命とあきらめる道徳」が旧秩序であり、「貧乏を乗り越えて行く道徳」が高度経済成長と歩調を合わせる新秩序である。旧秩序では「あきらめ」が、結果地主や資本家への隷属と迎合を生み出すとの評価がなされ、そこに旧秩序に対する批判や変革の要請という意識が胚胎するところではある。このような意識から「新秩序」は個人の自立と社会的連帯という意識へと結びついていたのである。

ここでは、このような社会変革の是非を問うのではなく、労働観の変化に少しばかり着目したい。旧秩序を維持したエートスは「忍耐」と「勤勉」であり、そのモデルが二宮金次郎である。ウェーバーが論じた資本主義の精神とは、労働の自己目的化である。プロテスタントの予定説が、労働を天職とする考えを生み出し、禁欲主義をエートスとした。このような西洋的な資本主義の精神を日本的にアレンジした格好のモデルが二宮尊徳であった〔小室、二〇〇六：三八三―三八四〕。彼の唱えた報徳思想は、経済と道徳の融和を実現しようとの思想であり、労働を金儲けとするのではなく、労働の専心が社会的貢献として自己に還元されると考える。この思想は宗教ではないにしても、プロテスタンティズムと同様、道徳の供給源であった。この労働救済説はあたかも予定説の役割を果たしたかのようであり、その具体的エートスが「忍耐」と「勤勉」であった。そして、「薪を背負って読書する像」が労働と教育を繋ぎ合わせ、日本人の理想モデルとなったと考えることができる。

そして、一九五五年を境にこのような二宮尊徳モデルでは説明できない道徳心やエートスが生み出されていた。ここからは、より詳細な検討が必要であり、問題提起としておきたいが、学校の校庭にあった二宮尊徳像には、無着がいう「貧乏を運命とあきらめる道徳」を旧秩序とするモデルがあるとして、「貧乏を乗り越えて行く道徳」を高度経済成長と歩調を合わせる新秩序とするモデルはなんであったのだろうか。戦争による経済的な貧困、地主や資本家への従属や迎合、これら社会関係への批判や「心情」が、旧秩序からの解放を「貧乏を乗り越えて行く道徳」として要請するとき、なにがしかモデルが必要ではなかったか。そのモデルとして、力道山は適合的なモデルではなかったろうか。それゆえ、アメリカへの劣等感を乗り越えるだけではなく、「超越性」を有するアメリカ的な豊かさを先進的に身にまとう人物が必要だったのではないだろうか。

これまでも引用してきた力道山史研究家の石田は、スポーツの経済効果を参考に、どんな経済書にも出ていない「力道山景気論」を唱えている。

　力道山からエネルギー、パワーをもらった人々は、一生懸命働いて、家庭にテレビを購入し、力道山のプロレスを見てさらに労働に励んだ――つまり力道山のプロレスは、戦後の日本国民に、心理的、経済的効果を与えたのです。

〔『スポーツの20世紀⑦』、二〇〇〇：四〇〕

力道山はプロレスラー転身前に、周囲の者は気づかずにいたが、すでにアメリカ的な豊かさを享受していた（一章一節）。プロレスラーに転身すると、プロレスというアメリカ的文化を〝輸入〟する。さらに、プロレスという限定的な領域を超えて、ビジネスマンとして多角的な事業を展開し、「豊かな社会」を先取りする（四章五節）。力道山のエートスは思想や社会変革と関係するような道徳ではなく、テレビや洗濯機に象徴される「豊かな社会」を志向する大衆的道徳であった。例えば、力道山はおしゃれであった。街頭テレビの前の群衆の写真からも分かるように、当時の日本人の服装は総じて似通ったものであった。しかし、力道山は西洋人の外側を模倣するのではなく、鍛え上げられた肉体とプロレスラーとしての成功を背景に、洋装を着こなし、「当時の一様な日本人男性のファッションとは差異化されていて、個性的だ」という。このようなファッション性は、経済的に成長した、「新しい時代の日本を牽引するモデル」（小野原＝岡村編、二〇〇二：一一八―一四二）であると評価される。

このようなおしゃれに象徴される生活水準での豊かさを目指す、消費社会化する日本の先駆けとして、自らも「その先端を切る。だからやるんだ」と力道山は生き急ぐかのように生きていた。その姿は「貧乏を乗り越えていく道徳」を率先していく。

空手チョップを振るう「闘魂」という「勤勉」は、人々の新しく具体的な「勤勉」モデルであった。そして、力道山の報酬としてのアメリカ的な豊かさは、高度経済成長において、個々人が享受する「豊かな社会」という世俗化された大衆道徳だったと考えられないだろうか。このような戦後日本社会のあらたな二宮尊徳像として、人々のモデルとなったその諸端が力道山ではなかったろうか。それゆえ、福田は「プロレスが最初に世間に風穴を開け」、「世間をリードし、引っ張っていたのだ」（序章一節）と言及し、村西は「力道山を頂点として動いていた時代なんじゃないかな」（二章八節）と、そして、唐は「力道山の闘い振りは、生活の道しるべか、それを見た」

〔三章六節〕などと、力道山を日本社会の未来のモデルとして位置づける言説を綴らざるをえなかったのである。

当時のテレビは現在のように録画して繰り返し見ることなどはできない。そして、力道山のプロレス自体が日本人の前にはじめて披露されたといっていい状況であった。つまり、街頭テレビは、その場一回かぎりで人々が集う、同期性の強いメディアであった。そして、多くの人々が群衆として構築される場であった。そこで、作り出された臨場感は特別なものがあったとしかいいようがないのである。テレビが家庭に組み込まれていくとき、このような臨場感を構成することは不可能である。多くの人々が実際に身体を接触させながら、同時体験することを可能とする場を街頭テレビはつくりだしたのである。

われわれの生きる生活世界において、「超越性」を人びとに提示し、社会的連帯を担保する伝統や慣習、価値観を構築するのが文化である。それゆえ、世俗化が進展する近代社会において、『『文化』とは、世俗的経験的に共有される『宗教』に他ならない」〔遠藤、二〇〇九：一三〕。それゆえ、現代社会において、有名人やキャラクター、あるいはオタク的な萌えの対象のキャラまで文化的アイコンは日常的なありふれた存在でありながらも、個人の過剰な関与を生みだし、少なからず「超越性」を有するのである。それは「テレビ・プロレス」によって力道山の「超越性」が形骸化された以上に、形骸化を促進しているにしてもだ。と同時に、これら文化的アイコンは文化的ヘゲモニーの一般的形式を確立し、ある価値観を日常的な常識へと「偽装」（バルト）することも忘れてはならない。力道山はこのような文化的アイコンとして、街頭テレビがもつメディア力学をテコにして、独自の輝きを放ったのである。ちなみに、昭和プロレスを伝え、テレビ解説を担当してきた桜井康夫は、「人の魂を揺さぶる」ことを文化であると位置づけ、かつてのプロレスがこのような文化力をもっていたと主張する。

僕はプロレスは文化だと思っているんですよね。要するに、人間の魂に影響を与えるものが文化だと。そういう意味では、「昭和プロレス」というのは、ひとつの文化であるというのが僕の持論なのです。これは堂々と胸を張って言えるね。やっぱり力道山と猪木のプロレスで、どれだけの人々が魂を揺さぶられて、影響を受けたのか。これはまさに文化なんですよ。〔桜井、『Gスピリット SPECIAL EDITION』一号、二〇一〇：四八〕

この桜井の言説には、プロレスが遠藤のいう「文化」であるとの認識を共有しているように思われる。このような文化理解に即するなら、力道山体験とは、「世俗的経験的に共有される『宗教』」であったと位置づけられる。そして、この世俗的「宗教」の仕掛けとして、実にタイミングよくほんの短い期間に成立した、街頭テレビと群衆の力学が相乗効果を生む「街頭テレビスターシステム」が存在したのである。「街頭テレビスターシステム」とは、「スターシステム」と「アイドルシステム」の間で、強烈でありながらも、一時的であったがゆえに、看過されてしまった有名性構築の特異な形式であった。しかしそれでもなお、確認しておくが、力道山体験の本質、つまり「超越性」は「芯」のように不可解であり、多様な現れとなるものであった。

最後に、力道山夫人の田中敬子の言葉に耳を傾けることにしよう。

力道山の魅力はなんといってもあの笑顔です。プロレスラーでニッコリ笑っているブロマイドというのは、おそらく主人が初めてではないでしょうか。それほど力道山の笑顔は素敵でした。〔田中、二〇〇三：二〇七〕

まさに現代的なブロマイドに象徴される世俗化された「宗教」的偶像＝アイドル、そのもっとも強烈な体験として、力道山が存在したのである。

注

序章　力道山プロレス論の視角

（1）プロレス研究の第一人者である岡村正史は以下のようなエピソードを載せている。有名地方紙の運動部の記者は大のプロレスファンであった。紙面でプロレスを取り上げたい、特に彼が好きなブルーザー・ブロディを取り上げたいと考えていた。彼の胸の内を察したデスクは「いいか。おまえが思うほどプロレスは世間には知られていないんだ。ただし、力道山は別だ。力道山の話だったらいい。だが、馬場や猪木の名前を出してはいけないぞ」と言い放ったという。プロレスファンからすれば、力道山と馬場、猪木の間にこのような一線が引かれること自体理解しがたいと思われるが、「世間」的には力道山のみ取り上げる価値があると認知されていることになる〔岡村編、二〇〇二：八〕。

（2）力道山と裏社会の関係については、ホワイティング〔二〇〇〇〕に詳しい。

（3）当時の総理大臣である吉田茂は、民放テレビが娯楽よりになることを贅沢であるとして、時期尚早と考えていた〔田鶴浜、一九八四：一八二〕。

（4）例えば、小森・紅野・高橋ほか〔一九九七〕、金子・高橋・吉田〔二〇〇〇〕参照。

（5）言説分析を応用したメディア分析に関する方法論的議論としては岡井〔二〇〇四〕。

（6）言説分析が実証主義からはみだす方法であるということは、社会学における言説分析が文学研究の言説分析になっていいということではない。赤川学によれば、文学研究のそれは特定文学者の言説を特権化したり徴候化したりする傾向に留まっているという。そこには分析者側の個人的な趣向が組み込まれている可能性がある。そこで、社会学の言説分析が目指すべきは、「言説が意味ではなくモノ＝物証のようにみえてくるまで、必要な十分な量の言説を収集し、読みこなす」〔赤川、二〇〇六：四五〕ことである。ここで「物証」という表現を用いていることから、社会学における言説分析は実証主義の否定ではなく、実証主義それ自体ではないにしても、実証主義的な説得力が要請されるのであり、ここには、社会学における社会の語り方に対する実直な方法意識がある。なお、言説分析の社会学における方法論的な議論は本書には手に余る作業であるが、言説分析に関しては、ヴィヴィアン〔一九九七〕、佐藤・友枝編〔二〇〇六〕、赤川〔二〇〇六〕、木下〔二〇〇三〕を参考にしている。

（7）本書はデータ対話型理論を厳密に適応しての質的研究を行おうというものではない。理論的サンプリングやデータが概念として浮上する解釈の意義などを参考にして、理論的飽和がなされないにしても、事例研究やエスノグラフィとして分析結果を提示する意味があると考えている。

（1）　朝鮮人差別に関しては、当時の力士から「リキちゃん。朝鮮出身だから絶対に横綱になれない」〔田中、二〇〇三：四九〕とよく指摘されていたようではある。

（2）　グレイシー柔術とは、ブラジルに移民した柔道家前田光世が日本の柔術と欧米を回って身につけた格闘技術をカーロス・グレイシーなどに伝え、彼らによって護身術として発達した格闘技である。ブラジリアン柔術ともいう。一九九〇年代半ば以降、日本に〝逆輸入〟と格闘技雑誌などで喧伝された。これも格闘技文化のグローバリゼーションの一環であることはわかりやすい。

（3）　力道山までの日本人とプロレスの関係、その歴史については、小島〔一九八三〕、田鶴浜〔一九七一〕を参考としている。また、柔道および柔術のグローバリゼーションについては、坂上編〔二〇一〇〕参照のこと。

（4）　プロレスファンの階層構造については、Feigenbaum〔2000〕、拙稿「プロレス格闘技ファンが使用する集団語——ファン文化における言語資本」〔小林＝岡井編、二〇一〇：一一七—一四五〕を参照。両論文とも共通するのは、プロレスファンの階層構造を決定する要因をプロレスが真剣勝負なのか否かという問題、プロレスの歴史、プロレスラーと観衆の心理学に関する知識としている点である。

（5）　正統メディアという用語を、本書ではたびたび使用する。ウェーバーの集合的決定論においては、正統性とは人々が自発的に服従する契機となるものである。ここから正統性の三様態「カリスマ／伝統／合法性」が支配の類型として位置づけられる〔ウェーバー、一九七二〕。このようなウェーバーの正統性概念にヒントをえたうえで、正統メディアを位置づけるなら、社会に流通し、人々を自発的に服従、あるいは拘束する思想や行動様式を伝達するメディアということとする。つまり、人々にどのような考えが正しいのかを供給する資源となっているメディアである。日本社会の状況からすれば、朝日、読売、毎日などの新聞がとりあえずの代表である。そもそもジャーナリズム、新聞の論説、社説、そして新聞記事一般は広義の社会的権威を代表しているとされる。それゆえ、「新聞に書いていたから……」と新聞に依拠しながら、意見を示すことが正統な言説を構成していると信憑されるに至る。現代社会においては、生活や文化の領域から権威の崩壊が進んでおり、ジャーナリズムの権威も失墜しているともいえる。しかし、かつての権威を希釈しながらもどうにか保持しているし、ジャーナリズムに従事している者たちの意識には濃厚に保持されていると思われる。もちろん、このような権威を、現在ではテレビが継承してもいる。

（6）　バルト〔一九六七〕は現代の神話作用を批判しているが、プロレスに関しては寛容な態度を示している。というよりは、非常に好感をもっているように思われる。その理由は、他の文化商品と異なり、プロレスは常に誇張された表現形式をもつため、神話が自ら神話であることを自己言及してしまう可能性をもつと考えたからである。なお、三章参照のこと。

（7）　バルトは観客がプロレスを八百長と認識しているにしても、どのような場面にも寛容になるわけではないと指摘する。意図が見え透いた行為に関しては、観客は拒絶反応を示す。プロレスにおいて真剣勝負が求められないにしても、脆計は「インチキ」として拒絶反応が示される。力道山が八百長であっても、真に迫った八百長」が必要との発言をしているが、バルトの見解と重なる。

(8) メディア・リテラシーは情報の送り手側の倫理や権力性を指摘する批判理論という性格が強い。その意味で規範論である。しかし、メディア・リテラシーがメディアと主体の関わりであり、既存の主体がメディアとの関係性でその主体性を相対化し、再編するというダイナミズムを理解する理論的枠組みであるとすれば、主体であるオーディエンスが情報を受容し、選択処理し自らの知識とし(あるいは知識とすることに失敗し)、あるいは発信する情報行動の実態に関して考えていく必要がある。後者の立場は実態論ということになるだろう。特にメディア・リテラシーが発達したイギリスとカナダは、若者たちを中心に、自国の伝統文化やオーセンティックな文化がアメリカ文化と混同してしまうことから要請されたという一面がある。ここにアメリカ的な消費文化に対する伝統側からの批判が組み込まれていく。日本のプロレスもまた、アメリカ文化の〝輸入〟であるという点で、メディア・リテラシーからのプロレス批判は同様の文脈が組み込まれている。

(9) 力道山が長い黒タイツをコスチュームにした理由については、コーチ役であった沖織名がアメリカ人レスラーと比較すると背が低く、脚が短かったことから、脚を長く見せるために提案したという説。あるいは近代プロレスの諸端に位置づけられる〝アメリカン・ヒーロー〟フランク・ゴッチにあやかったという説。ちなみに一九〇〇年前後のプロレスラーのコスチュームとしては一般的である。もうひとつとしては、脚にある古傷を隠すためというのものである。この古傷は相撲時代の激しい稽古で弟弟子の若乃花が苦し紛れに力道山の脚を噛んだことによるという説がある。どちらにしても、どこかトール・テール的な誇張があり、力道山の細部に渡って神話を強化する物語が張り巡らされている。

第二章 「日本一」としての力道山伝説の諸相

(1) 村松も同様の指摘をしている。〔村松、二〇〇〇:六七〕。

(2) ここでの「アングル」とは物の見方という意味をもつだけではなく、興行戦略上、オーディエンスを引きつけるために「プロレスラーやプロモーターによってつくり出される敵対関係や物語などを含む一連の出来事」である〔小林＝岡井編、二〇一〇:一三二〕。

(3) 現在のプロレスにおける勝敗は、通常事前に決められているが、それゆえ勝敗が重要ではないということを意味するわけではない。事例を一つ挙げておこう。一九九〇年六月八日の武道館における全日本プロレスの大会は、三沢光晴が格上のジャンボ鶴田に初勝利を収め、当時停滞気味であった全日本プロレスを生き返らせた興行となった。三沢の初勝利は武道館に駆けつけた観衆を熱狂の渦に巻き込み、現在からしても、ファンの記憶に残っている。ターザン山本〔二〇一〇〕によれば、敗戦は鶴田にとって大きなショックであったという。鶴田は当初負けることを拒否したが、ジャイアント馬場に説得される。しかしそれでも抵抗し、完全決着となることをも拒否したという経緯があった。プロレスにおける勝敗には、その試合に関する勝敗だけではなく、レスラーの格、団体の方向性に関わる位置づけ、そしてレスラーとしてのプライドなど多様な要因が絡んでいるのである。通常のスポーツとは異なるにしても、勝敗が重要な要素であることにちがいはなく、プロレスのリアリティにとって、複雑な物語の要因なのである。

(4) ダブルクロスとはプロレスラー間、あるいはプロレスラーと団体間での事前の約束事を破る行為で、ある試合の勝敗を実力行使でひっくり返したり、契約を破り敵対する団体に移ってしまうことで、しばし起こる〔小林＝岡井編、二〇一〇：一四八〕。プロレスラーは業界を生き抜くためダブルクロスに注意しながら、業界政治を行うのである。ちなみにテリー・ファンクは、テキサス州アマリロにある自身の牧場を「ダブルクロス・ランチ」と名付けている〔ファンク・ウィリアムス、二〇〇六〕。テレビ朝日の「ワールド・プロレスリング」で長らく解説を務めてきた桜井康夫は、「巌流島の決闘」に関して「リングのうえで裏切られても、後から『話が違う』とはいえないんですよ。力道山vs木村政彦戦以来、プロレスというのはそうなんだよね。だから、それだけ覚悟を持ってリングに上がらなきゃいけないという。僕は後年に木村政彦氏を取材したとき、本人に言ったこともありますしね。『それを言っちゃいけないんじゃあないか』と」述べている。このような桜井の批判からも、木村のプロレスに対する姿勢や理解度がどのようなものであったのかが理解できると思われる〔『Gスピリット SPECIAL EDITION』一号：四二〕。

(5) 近代スポーツとは、世俗化された、つまり宗教から分離したスポーツのことであり、産業社会の倫理に適応したスポーツの様態である。近代社会はスポーツにプロテスタンティズムの精神、つまり禁欲主義的エートスを組み込み、そのことによって社会を形成し安定させる仕掛けに成功したと考えられる。この視角から必然的に導かれる近代スポーツの特徴は七つあげられ、それぞれ世俗化、平等化、役割の専門化、合理化、官僚組織化、数量化、記録の追求である〔グートマン、一九八一〕。近代スポーツの競技概念とは、明文化されたルールのもと勝敗を競うことを第一義とすることを内実とする。しかし、近代以前のスポーツでは、ルールが慣習法であったり、そもそも宗教的行事や祭りにおいて催されるため、勝敗とは異なった目的が上位の目的となることがあった。

(6) 岡井崇之は、スポーツにおける暴力が社会的に影響をもたらすというような素朴なメディア悪玉論に再考を促し、メディアによって暴力がどのように表象されているのかをこそ問うべきであると指摘している。つまり、社会学的に問うべきなのは、マルチモダリティによる媒介を視野に入れながら、メディアがスポーツにおける暴力をどのような意味付けをしながら表象するのか、その機制やプロセス、そして、受容の実態をこそ明らかにすることである。本書での力道山と木村の試合における暴力に関する分析は、岡井のこの指摘を参考にしている〔岡井＝岡井編、二〇一〇：四六―五〇〕。

(7) 文明化が進んだ社会は抑制された社会であり、翻って「興奮なき社会」と化してしまう。そこで、文明化に必要となるのが「飛び地」での抑制に対抗する動きである。つまり、「興奮」である〔エリアス・ダニング、一九九四〕。

(8) 森山達矢は格闘マンガ『軍鶏《シャモ》』における暴力の表象をジジェクの法思想から分析している。ジジェクによれば、近代における暴力は「異物」であり、「現実的なもの the real」である。また、この暴力は社会の外部にあるために言説化が困難な領域としてある。しかし、『軍鶏』では、二人の格闘家が社会的規範を無視した領域で闘うことになる。ここで振るわれる暴力は近代社会の外部にあるため、善悪の彼岸にあるような暴力になってしまう。卑近な言い方を許してもらえるなら、「本当の本物の闘い」を志向する闘いへの欲望となるのである。このとき、暴力はバタイユ的なエロティシズム、コミュニオンをもたらし、愛と共在するという。森山は格闘マンガおよびそのなかで描かれる「闘う身体」が、ジェンダー規範やそのポリティクスに還元することができない、「強さ」の彼岸にある未知なる領域であり、脱＝我的機制ではないかと指摘している。なお、この領域は否定されているが、否定されることによって逆説的に垣間見える可能性という不可思議な存在の仕方をしているものである〔森山＝岡井編、二〇一〇：五七―九〇〕。

(9)『大山倍達正伝』には、大山の師匠である曹寧柱が「木村はプロレスを見世物といって馬鹿にしていたそんな姿勢がああいう結果になったのでしょう」と振り返っている〔小島・塚本、二〇〇六：五〇九〕。

(10) 一九五六年一月一六日夕刊各紙は、アメリカ人による宝石強盗事件を伝えている。この犯人はゴージャス・マックなるプロレスラーであった。ホワイティング〔二〇〇〇〕にくわしいが、不法入国をしていた人物であり、プロレスに関する知識をもっていない。ホワイティングはテレビにも登場し人気のあるプロレスラーであったと記述しているが、そのような事実はない。木村政彦の国際プロレス団に参加していたプロレスラーであった〔岡村、二〇〇八：一〇七―一〇八〕。この時点で、木村は素性不明のアメリカ人をリングにあげ、力道山戦以降も地方での興行をおこなっていたのである。力道山が一流プロレスラーを呼ぶために世界を駆け回っていたのと比較して、木村のプロレスに対する姿勢は安易という印象を受ける。

(11) 福嶋亮大は神話を「文化における情報処理の様式」と定義づけ、現代におけるネットワーク社会やサブカルチャー、あるいはオタク文化を分析している。神話はコミュニケーションを通じて「理解可能性」や「意味」「リアリティ」を提供し、変換・変形・圧縮・置換を内蔵したシステムであると位置づけている。福嶋の神話概念は、システム社会論的方法と夢分析あるいは精神分析的方法を重ね合わせたバルト神話概念のバージョンアップと位置づけられる〔福嶋、二〇一〇〕。

(12) プロレスの暴力性が子供に悪影響を与えるという考え方とまったく反対の意見もある。昨今、趣味が多様化し、プロレス人気も下落気味ということから、テレビでのプロレス放送は減少している。それゆえ、子供たちがプロレスを目にし、学校でプロレスごっこを行うことはほとんどない。と同時に、メディアでは凶悪な少年犯罪や、行き過ぎた暴力を振るってしまう少年が話題になることがある。その原因の一つとして、プロレスのような遊びが学校文化から失われたことが挙げられることがある。非常にナイーブな議論ではあるが、プロレスにかぎらず相撲など道具を介さない身体を使った遊びの文化に着目することには意味がある。

第三章　ルー・テーズとプロレス記号論

(1) 村松の二冊目のプロレス論『当然、プロレスの味方です』の解説は、映画監督の故伊丹十三が行っている。伊丹はバルト記号論を利用しつつ、また八〇年代流行していた〝記号の戯れ〟論などを織り交ぜながら、「『当然、プロレスの味方です』の真の面白さは、いうまでもなく、これらの書物が、徹頭徹尾、物の見方についてしか語っていないことにこそある」と指摘している〔村松、一九九四：四四七―四五五〕。

(2) 大同山は木村政彦と対戦するなどプロレスラーとして一時活動した朝鮮半島出身者である。日本のプロレス史のなかで、彼の位置づけは決して重要な地位にあるとはいえない。おそらくは、同胞として意識する力道山が、日本で成功したことからプロレスに参入してきたと思われる。しかしながら、大同山は金正日《キムジョンイル》の四番目の妻の高英姫《コヨンヒ》の父親であることが発覚し、マスコミで一時取り上げられたこともある。金正日の後継者である金正恩《キムジョンウン》は高英姫実子である〔鈴木、二〇〇五〕。

(3) 当時は樋口寛治で、のちにジャイアント馬場が設立した全日本プロレス名物レフリーとして活躍した。その後、プロレスリング・ノアGHC管理委員長を務め、二〇一〇年一一月八日肺腺癌にて死去。同年の東京スポーツ制定のプロレス大賞特別功労賞が贈られた。

(4) 力道山はガラスのコップを噛み砕いて食べたりというパフォーマンスをしたようだが、所属のレスラーにも同じことをさせたという。また、酒席に若手レスラーを呼び出し、到着してすぐにウィスキー一本をラッパ飲みさせるなどしていたという。ジャイアント馬場によれば、練習が過酷であったのは当然のこととして、力道山は新弟子たちに、巡業中の移動にダンベルをもたせ歩かせたという。その重量は片手に六〇キロ、両手で一二〇キロと信じられない数字をあげている〔馬場、二〇〇二〕。

(5) そもそも〝鉄人〟ルー・テーズによれば、プロレスにおける勝者は観衆の記憶に残り、再度会場に足を運ばせる者であるとしながらも、プロレスラーの誇りはその競技能力、つまり「強さ」にあると主張している。しかしながら、このテーズのプロレス哲学が現在まで生き延びているのかといえば、疑問もある〔Thesz, 1998〕。

(6) 現在スポーツエンターテイメントを標榜するアメリカのプロレス団体WWEで活躍する日本人プロレスラーのヨシ・タツは、自身のブログでプロレスラーの実力に関して以下のように言及している。プロレスラーの「ピストル（真剣勝負）」技術は隠しもつものであって、ひけらかすものではない。そのうえで、「俺たちはエンターテイナーですが、エンターテイナーの前に、〝レスラー〟なのです」とプロレスラーの誇りを語っている（http://www.plus-blog.sportsnavi.com/wwe_yoshitatsu/article/71）。また、格闘技に精通している作家夢枕獏はインタビューに答えて、WWE出身のブロック・レスナーが総合格闘技の最高峰UFCで世界チャンピオンに君臨していることから、「プロレス最強幻想は今、レスナーが支えているかもしれない」と述べている〔『Gスピリッツ SPECIAL EDITION』一号：八三〕。これらの言説からすれば、エンターテイメントであると宣言し、「真剣」からほど遠いジャンルであるWWEのプロレスでさえ、「真剣」との影響関係を無視することができないことが指摘できる。

(7) このようなプロレスの「真剣」、「偽装」あるいは「ショー」という二つのベクトルは、プロレス理解として、それぞれ「勝負論」と「興行論」という枠組みで、プロレス誌やファンに理解されてきたといえる。このようなプロレス理解に関する二元論に関して、現在プロレス・ジャーナリストの第一人者である斉藤文彦は、アメリカン・プロレスのWWEのスポーツ・エンターテイメントなる概念の内実から説明を施している。「スポーツ・エンターテイメントとは、スポーツであると同時にエンターテイメントであると同時にスポーツであるという特異なダブル・スタンダードを意味していることはいうまでもない。スポーツでなければエンターテイメント、エンターテイメントでなければスポーツという単純な二元論は成立しない。プロレスにはスポーツとしての〝勝ち〟と〝負け〟、エンターテイメントとしての〝勝ち〟と〝負け〟が同時に存在し、この二つがからみ合って一つの結果が生じる」〔斉藤、二〇〇五：二六六〕。

(8)　ルー・テーズを招聘し「世界選手権者大試合」は全九試合行われた。一〇月七日東京、一三日大阪、一五日福岡、一六日広島、一七日神戸、一九日名古屋、二一日仙台と大都市で興行を行っている。二四、二五日は那覇での連日興行であるが、当時日本に返還されていなかった沖縄で開催されている。二日目には世界選手権タイトルが賭けられたとの報道もある。

(9)　「レッスルする世界」に関しては、拙稿〔二〇〇一〕を参照のこと。

(10)　NWA（National Wrestling Alliance）は、一九四七年七月にアメリカ中西部の有力プロモーターである〝ピンキー〟ジョージの呼びかけで、全国各地からプロモーターを集めて協定を交わしたプロモーター間の相互扶助組織である。プロモーターは相互に提携プロモーターのテリトリーで興行を行わないこと、そしてプロレスラーの裏切り防止のためのネットワークを作ったというものである。特筆すべきは、世界チャンピオンは保証金をNWAに払い、プロモーターを裏切った場合、保証金が没収されるというシステムを作り出したことである。これらの政策によって、個々のプロモーターが敵対することは少なくなったが、のちのち独占禁止法に引っかかってしまう。

(11)　多木浩二もまた、プロレスの記号論に言及している。すべてのスポーツのなかで、プロレスだけが修辞学的に「現実の模倣」を目指すと指摘する。プロレスのコードは近代スポーツにおける究極の目的、勝敗を脱意味化し、近代が忌避する暴力の復活を主要なコードにする。これらの観点から、プロレスをメタ・スポーツであると位置づけている。これは先に議論したトンプソンのポストモダン・スポーツと同様の視角といっていい〔多木、一九九五〕。筆者もこれらの認識を共有するが、それと異なる点を主張したい。勝敗を目的とする近代スポーツは、勝敗を脱意味化するポストモダン・スポーツと対峙する関係にある。しかし、プロレスはこの異なる論理をプロレス空間に同時的に包摂していると思われる。つまり、勝敗の否定としてあるのではなく、勝敗の肯定と勝敗の脱意味化という矛盾する論理を弁証法的に表現するのである。それは、多木が指摘するもう一方のコード、暴力に関しても同様である。それゆえ、多義的なジャンルにもなりうるし、勝敗を重視したスポーツとして観戦する観衆を許容し、同時に演劇論的に受容する観衆をも許容するのである。

(12)　このテーズのバックドロップの心理学がどこで語られたのかを確認できなかったが、筆者も知っていたプロレス知識である。ただ、このようなテーズ心理学はバックドロップのリアリティ補強のために作り出されたトール・テール的色合いをもつ可能性もある。ちなみに日本で出版されているテーズ自伝〔テーズ、一九九五〕には、プロレスやテーズの「本物」性のリアリティを補強するさまざまな物語が組み込まれており、オリジナルとは様相がちがうが、プロレスの現実と虚構性が見事に重なり合う物語を奏でている。

(13)　プロレスファンの文化資本に関する考察としては、小林＝岡井編〔二〇一〇、一一七―一四五〕。

第四章　「テレビ・プロレス」と力道山

(1)　このときの〝全体主義〟とは、思想や国家体制という水準ではなく、個人が全体に融合しているという瞬間的な共同性の体験の比喩である。つまり、国家のような体制に回収されているとはいいがたい水準の共同性を夢想している。

(2) 門によれば、ロサンゼルスでの試合は三〇分一本勝負の〝花試合〟であるとの記述がある。ただ、門の記述には新聞記事とのズレもあり、詳細な内実は確定しがたい部分もある。『週刊ファイト』(一九五八年九月二一号)では、「力道山世界制覇問題の真相」と題して、経緯を解説しているが、その記事によれば、一本目はテーズ、二本目は力道山、三本目は反則で力道山との結果になっている。

(3) 本書では、正統性と正当性という用語がよく使われている。正統性は系統や血筋を引き受けている、あるいは思想の継承などで社会的に妥当であるとされることである。正当性は社会通念上道理にかなっている、あるいは合理的とされることである。両者の意味は重なる部分をもつが、通常、正当性はその判断が正しいとされるなら、正統性を根拠とすることが多い。つまり、正統性は正当性の根拠として信憑構造を補強する。本書ではこのような意味の違いに注視しながら、前者は妥当性が歴史的、時間的に規定されている側面を重視し、後者は妥当性が社会的、空間的広がりによって認知されているという側面を重視し使い分けている。

(4) 政治的身体という抽象化された水準を想定するには、それでもなお個々具体的な関係を支えるさらなる抽象的かつ超越論的水準を有する契機が必要である〔カントロヴィッチ、二〇〇三〕。本書で詳細な議論はできないが、このような権力の規制に関してもっとも重要な考察がフーコーの権力論である。通常、『監獄の誕生』は一望監視装置論として読解され、一望監視装置に由来する主体性のあり方を議論していると見られるが、と同時に、近代的主体性の由来である王権論や社会契約論が成立しがたい社会の到来の理解を促す作品でもある。なお、これについては大澤〔一九九六〕参照。

(5) ちなみにラジオの広告費とテレビの広告費が逆転したのは、一九五九年である〔稲田、一九九三：五九〕。

(6) 浅羽通明〔二〇〇八〕は、昭和三〇年代的な価値観が今後の日本社会の価値規範となる可能性を示唆している。この意見の前提は、現代社会における閉塞感の蔓延と希望の喪失という現実認識である。そこで、あえて『ALWAYS　三丁目の夕日』に描かれている経済成長以外で見いだされる公共性や社会的紐帯のあり方に、現状の突破口を見いだそうというのである。それは東京タワー完成以前の都市や自然景観をユートピアとしている点で、「経済成長という強迫観念」から逃れる戦略という意味をもつ。

(7) 岡村は、当時の観客動員から以下のように推察している。「このシリーズから金曜八時のレギュラー放送が始まったが、『ミッチー・ブーム』が巻き起こる直前でテレビ受像機は家庭に普及しきれておらず、構造的には街頭テレビ時代と大差がない段階だったろう」〔岡村、二〇〇八：一五八〕。岡村が指摘するとおり、「インターナショナル選手権シリーズ」第一戦はテレビ放送があり観客動員が八〇〇〇人、翌第二戦はテレビ放送がなく観客動員が一万人と、シャープ兄弟戦と同じような推移を見せている。しかし、第二戦において、街頭テレビの前にかつてほどの群衆が集まったとは思われない。その意味で「構造的に街頭テレビ時代」からの離脱があったと考えることもできるわけである。

(8) この「御成婚」パレードでは、テレビ中継に投石事件が映し出されていた。しかし、沿道でパレードを見守る者たちで、それに気づいた者はごく少数であった。この現象から理解できるのは現場とテレビ視聴では現実がちがっていたということであり、テレビ的現実の方が肉眼の現実より社会的現実であるということである。そして、重要なのはこの投石事件を視聴した人々の評価が決して一枚岩とはならず、天皇や天皇制に対して画一的なイメージを構築するわけではなかったということである〔中野、一九九七〕。

第五章 「テレビ・プロレス」の完成と力道山の死

(1) 一九五三年の英国エリザベス女王戴冠式は、テレビのスペクタクルの一部となり、テレビは国家的祝祭を構成する重要な役割になったと指摘される。この国家的祝祭をテレビが媒介することによって、既存の秩序に変化がもたらせられた。一つには、従来の階層秩序が式典を見ることを可能にしたが、テレビはこの階層を超えて、一般大衆が見ることを可能にした。つまり、社会の階層秩序を無視する作用をテレビが果たしたのである。これはテレビの民主化作用である。また、式典の実態は一般大衆の外部にあったが、テレビは直接映像によって、すべての模様を映し出した。これは、テレビの脱神話化作用であり、皇室を身近な存在とする意識を構築したと考えられる。

(2) 個人的見解ではあるが、力道山は入門時点で、猪木を後継者と考えていたとは思われない。猪木は入門当初、ブラジルの日系二世として扱われていた。猪木自身、力道山の命令で日系二世として振る舞ってもいた〔猪木、一九九八〕。日本のプロレスのエースは、当然日本人でなければならないと考えるとすれば、日系二世という扱いは後継者としては微妙な設定である。ただ、プロレスという融通の利く世界である。その後の猪木の成長如何といえば、そのとおりでもある。

(3) 日本プロレス史では、グレート・アントニオに関して、必ずといっていいほど語られるエピソードがあるので紹介しておこう。アントニオはシリーズ人気を自分のものと考えたようで、増長し、他レスラーから反発される。五月二一日の岡山大会終了後、ドレッシングルームでクラウザーとミラーが制裁してしまう。アントニオとミスターX（つまりミラー）の公式戦では、アントニオは試合開始早々から戦意喪失、なんと生中継でミスターXにズボンを引き下ろされてしまうのである。アントニオは興行用の客寄せパンダであって、「お前などはまともなレスラーじゃないのに」〔岡村、二〇〇八：一八五〕という評価でしかない。商品価値が下落したあとは、若手とのハンディキャップマッチにも負けるようになり、シリーズ終了を待たずして帰国した。

(4) 本書では詳細を検討することはしないが、力道山は一九六三年一月八日から韓国を極秘訪問している。一九五三年の朝鮮軍事休戦協定により、朝鮮半島が南北に二分される。力道山の韓国訪問の日程には、停戦ラインである三八度線付近にある板門店行きが組み込まれていた。力道山は韓国中央情報部のボディガードに守られながら、秘書の吉村とともに訪れている。そこで力道山は驚くような振る舞いを見せたという。零下一〇度の極寒のなか、上半身裸になり、三八度線の方に歩み寄り、大声を出しなにかを叫んだのである。北朝鮮の方からはカメラのフラッシュが焚かれていた。叫んだ言葉は「兄さん（ヒョンニーム）」であったというのである。訪韓中、日本語で通していた力道山が唯一話した母国語であった。

北朝鮮でも力道山は民族の英雄であった。北朝鮮の人民からすれば、北の出身である人物が敵国アメリカのレスラーを空手チョップで倒す姿は痛快なものであったろう。当時の北朝鮮の新聞には、金日成《キムイルソン》主席の教示として、「力道山がアメリカ人をやっつける場面を見ると、民族的な誇りと自負心がわいてきます」と紹介されていた。北朝鮮の人民にとっても、力道山は英雄であった〔李、一九九六：二三一—二四六〕。

（5）一九六四年になると、竹内は「プロレス同友会」なるファンクラブを結成し、会報誌をつくり、『プロボク』の読者用の文通コーナーで会員募集を行うようになっていく。完成した第一号の会報を『プロボク』編集部にも郵送、日本プロレスから返事が来たという。この竹内の行動をマスコミュニケーション論から位置づければ、能動的受け手としてのファンの典型として発見可能である〔竹内・山本、一九九九：二三〕。

（6）ジャーナリズムとは言論・表現の自由を重視し、ヒューマニズムを尊重する社会的実践であるとか、社会的正義のための公器であると信じられていると思われる。このような社会的機能を軽視してはならないが、ジャーナリズムの出現は、一九世紀アメリカ社会において、巨大産業資本と賃労働者の新興が既存のアメリカ的精神を体現していた旧中産階級の立場を危うくしたとき、彼らの伝統的な価値意識を代弁する形で、新しい社会のあり方を批判するところに生じたものでもある。その典型が急進的な資本家批判であった。そのカウンターとして、新興資本家からのメディア戦略がPRである。

（7）藤竹暁によれば、一九八〇年代の小衆や分衆という概念が社会学的な定義を欠いたマーケティング用語であるとしながら、近代社会における大衆概念の普遍性について述べ、「大衆は、単純にいえば、欲求の構造とマスメディアの関係によって、その具体的な相貌を変える。たしかに、大衆はその相貌を変えるのだが、しかしそれによって実体が変わるわけではない」〔藤竹、一九八七：二二八〕と指摘している。このような大衆定義を行い、子供もまた大衆であると指摘している。本書で対象とする一九六〇年代においても、藤竹が指摘するように、大衆の相貌に変化があることを読み解きながらも、実体としては同一の存在であると考えている。

（8）このように共通性を確認し合う行為を行う主体像として、現代社会における正統文化の弱体、それに伴うファン文化の周縁性の過剰な意識化として、オタクをあげることができる。さらに現在では、正統文化の解体に伴うオタク文化の周縁性の解除が、日本経済を担う国民文化として賞賛されるようになったわけである〔樫村、二〇〇七〕。また、前注の大衆概念の理解からすると、正統文化の弱体化と自らの周辺性の意識化が、大衆をファンやオタクなどに変装させたと考えられる。古川岳志は、プロレスファンがオタク的であると述べ、大衆とのつながりを子供文化の性格から位置づける試みを行っている。子供たちはジャンルの根源的な非日常性を矛盾なく受容するが、成長するにつけ、その矛盾を意識し、その矛盾を打ち消す論理を巧みに構築したり、あるいは徐々に卒業していくものである。つまり、子供向けの文化商品とは、大人になれば「卒業」していくのを常態とするが、いわゆるオタクは「卒業」できない者たちに対して命名されたと考えることができる。プロレスは、このようなオタク的あり方を育む条件が組み込まれた文化商品であった〔古川＝岡村編、二〇〇二：一六三—一七二〕。

終章　力道山体験と「闘い」の感染

（1）もちろん、村松が作家であるからこそ、力道山を書かねばならなかったということもあるようにも思われる。作家とはなにかという本質論を組み立てるつもりはないが、ものを書くという行為には自己の存在がもたらす不在の感覚や不安と他者との共有可能性に対する主体的なコミュニケーションの意志がある。それゆえ、紙というメディアのなかに書き記すことによって、生き直すという意味がある。村松にとって村松少年の体験とは紙のうえで再度生き直すべき意味があるほどの深さを有していながらも、おそらく共有可能性という点での賭けのような意味があったのではないだろうか。

（2）入不二《いりふじ》は、プロレスが「ほんとうの本物の強さ」という「強さ」の本質といかに関わっているのかという哲学的な問いから、「プロレスとほんとうの本物の強さの結びつき」を論じている。本書では力道山プロレス体験の「真実」を「芯」と表現したが、入不二は「ほんとうの本物の強さ」を「ドーナツの穴」とのメタファーから接近している。「ドーナツの穴」も「芯」と同様、到達できない不可思議な存在の形式をもっている。例えば、真んなかに穴のあるドーナツは、真んなかにはなにもないのだが、ないということが無意味であるわけではない。それは、「無いという形でいきいきと在る」〔入不二：一九九二〕のである。本書の「芯」論はプロレス受容の水準での言説から導かれた見方であるが、入不二の「ドーナツの穴」論と同様の見方といっていい。この「ドーナツの穴」論からすれば、近代スポーツは真剣勝負を「実」として、八百長を「虚」とする〝素朴〟なリアリズムに立脚していることがわかる。第二章第三節で取り上げた力道山と木村の内幕に関して、内外タイムスの門はこのようなリアリズムに立脚して八百長糾弾を行おうとした。この門の反応に対して、力道山は状況や対戦する両者の認識から生じる真剣勝負の多様性を主張していた。この主張は八百長崩れの言い訳であるばかりではなく、リアリズムに立脚した「ほんとうの本物の闘い」観に限界があることを、闘う身体が有する実感からの物言いであったとも考えられる。

（3）すでに戦後六五年経過した。しかし、戦争は終わったといえるだろうか。二〇一〇年の八月、各メディアは広島・長崎の原爆体験、また「核なき世界」について取り上げていた。当然アメリカ大統領オバマの影響もあったろう。原爆は一九四五年のあの暑い夏の朝に落とされて終わったわけではない。原爆はいま現在も戦場を作り上げているのである。なぜなら、歴史上類を見ない大量無差別爆撃であっただけではなく、被爆者という類を見ない傷を負った者たちを作ってしまったからである。これは戦後社会に世代をも乗り越え、被爆者が常に死を意識しながら生きるという過酷を構造化したことを意味する。ゆえに被爆者にとって、あるいは彼らとともに生きる者にとって、戦時と戦後の区別は曖昧化してしまう。

あるいは、いまでも戦争で亡くなった者たちの遺骨を収集する日本人がいる。ときに他国からは奇異に映ることもあるというこの行為は、日本人の死生観からすると至極真っ当な行為なのである〔内田、一九八七〕。このような日本人の死生観を背景とするなら、力道山を見ていた当時の日本人にとって、戦後は「死者」とともにあったのではないだろうか。原爆で亡くなった者、空襲で亡くなった者、戦地から帰還しない者、このような彼らと親密な関係をもっていた者にとって、確かに一九五二年四月二八日に対日平和条約と日米安全保障条約の発効があり、日本は独立したとしても、どこかに「死者」を抱え戦争を終了させることができない者たちが存在したはずである。

参考文献

論文・単行本

赤川学『セクシュアリティの歴史社会学』勁草書房、一九九九年
――『構築主義を再構築する』勁草書房、二〇〇六年
浅野智彦『自己の物語論的接近――家族療法から社会学へ』勁草書房、二〇〇一年
浅羽通明『昭和三〇年主義』幻冬舎、二〇〇八年
安倍晋三『美しい国へ』文藝春秋、二〇〇六年
有馬哲夫『日本テレビとCIA――発掘された正力ファイル』新潮社、二〇〇六年
アルヴァックス、モリス（小関藤一郎訳）『集合的記憶』行路社、一九九九年
アンダーソン、ベネディクト（白石さや／白石隆訳）『増補　想像の共同体――ナショナリズムの起源と流行』NTT出版、一九九七年
井崎正敏『倫理としてのメディア　公共性の装置へ』NTT出版、二〇〇六年
石黒敬七「プロレスリングの魅力」『丸』潮書房、一九五四年一一月号
石田あゆう『ミッチー・ブーム』文春新書、二〇〇六年
石田佐恵子『有名性という文化装置』勁草書房、一九九八年
石田順一『私だけの「力道山伝説」』能登印刷出版部、二〇〇五年
市川孝一『人気者の社会心理史』学陽書房、二〇〇二年
伊藤守『記憶・暴力・システム』法政大学出版局、二〇〇五年
稲田植輝『放送メディア入門』社会評論社、一九九三年
稲増龍夫『アイドル工学』筑摩書房、一九八九年
――『パンドラのメディア』筑摩書房、二〇〇三年

井上俊『スポーツと芸術の社会学』世界思想社、二〇〇〇年
井上譲二「「つくりごと」の世界に生きて」宝島社、二〇一〇年
井上宏『テレビの社会学』世界思想社、一九七八年
猪木寛治『アントニオ猪木自伝』新潮社、一九九八年
猪瀬直樹『欲望のメディア』小学館、一九九〇年
入不二基義「「ほんとうの本物」の問題としてのプロレス——プロレスの哲学的考察——」『大学デビューのための哲学』はるか書房、一九九二年
岩崎稔・上野千鶴子・北田暁大・小森陽一・成田龍一編著『戦後日本スタディーズ①……40・50年代』紀伊國屋書店、二〇〇九年
——編著『戦後日本スタディーズ②……60・70年代』紀伊國屋書店、二〇〇九年
ヴィヴィアン、バー（田中和彦訳）『社会構築主義への招待』川島書店、一九九七年
ウェーバー、マックス（大塚久雄／生松敬三訳）『宗教社会学論選』みすず書房、一九七二年
——（大塚久雄訳）『プロテスタンティズムの倫理と資本主義の精神』岩波書店、一九八九年
ウォーンキー、ジョージア（佐々木一也訳）『ガダマーの世界——解釈学の射程』紀伊國屋書店、二〇〇〇年
牛島秀彦『力道山——大相撲・プロレス・ウラ社会』第三書館、一九九五年
内田隆三『消費社会と権力』岩波書店、一九八七年
NHK放送世論調査所編『図説戦後世論史』（NHKブックス）日本放送出版協会、一九八二年
エリアス、ノベルト（赤井彗爾／中村元保／吉田正勝訳）『文明化の過程（上）』法政大学出版局、一九七七年
——&ダニング、エリック（大平章訳）『スポーツと文明化——興奮の探求』法政大学出版局、一九九四年
遠藤薫『聖なる消費とグローバリゼーション』勁草書房、二〇〇九年a
——『メタ複製技術時代の文化と政治』勁草書房、二〇〇九年b
大澤真幸『性愛と資本主義』青土社、一九九六年
大下英治『プロレス三国志——永遠の力道山』徳間書店、一九九一年
岡井崇之「言説分析の新たな展開——テレビのメッセージをめぐる研究動向」『マス・コミュニケーション研究』六四号、二〇〇四年、日本マス・コミュニケーション学会

――編『レッスル・カルチャー　格闘技からのメディア社会論』風塵社、二〇一〇年
岡田直之「マスコミ研究史ノート――大衆社会論的マスコミ論と実証主義的マスコミ論」『新聞学評論』一九八〇年
岡村正史編『力道山と日本人』青弓社、二〇〇二年
――『力道山――人生は体当たり、ぶつかるだけだ』ミネルヴァ書房、二〇〇八年
岡村黎明『テレビの社会史』一九八八年、朝日新聞社
荻上チキ『社会的な身体　振る舞い・運動・お笑い・ゲーム』講談社現代新書、二〇〇九年
小熊英二『〈民主〉と〈愛国〉――戦後日本のナショナリズムと公共性』、新曜社、二〇〇二年
奥村隆『エリアス・暴力への問い』勁草書房、二〇〇一年
尾崎秀樹・山田宗睦『戦後生活文化史――私たちの生きた道』弘文堂、一九六六年
オルポート、ゴードン&ポストマン、レオ（南博訳）『デマの心理学』岩波書店、一九五二年
樫村愛子『ネオリベラリズムの精神分析――なぜ伝統や文化が求められるのか』光文社新書、二〇〇七年
梶原一騎『力道山と日本プロレス』弓立社、一九九六年
片桐雅隆『過去と記憶の社会学――自己論からの展開』世界思想社、二〇〇三年
ガダマー、ハンス＝ゲオルク（轡田収／巻田悦郎訳）『真理と方法2』法政大学出版局、二〇〇八年
門茂男『力道山の真実』角川書店、一九八五年
――『無敵の男の「敵」』八曜社、一九八七年
加藤秀俊『中間文化』平凡社、一九五七年
――『テレビ時代』中央公論社、一九五八年
――『見世物からテレビへ』岩波新書、一九六五年
金子昭雄・高橋修・吉田司雄『ディスクールの帝国　明治三十年代の文化研究』新曜社、二〇〇〇年
亀井俊介『アメリカ文化と日本――「拝米」と「排米」を超えて』岩波書店、二〇〇〇年
神島二郎『近代日本の精神構造』岩波書店、一九六一年
神山典士『ライオンの夢――コンデ・コマ前田光世伝』小学館、一九九七年
カルヴェ、ルイ・ジャン（花輪光訳）『ロラン・バルト伝』みすず書房、一九九三年
ガルブレイス、ジョン・ケネス（鈴木哲太郎訳）『豊かな社会』岩波書店、一九八五年

川村卓『プロレス観戦学入門　必殺技の方程式』三一書房、一九九四年
――「プロレスラーの「自伝」とその資料性」『is』一九九八年
カントロヴィッチ、エルンスト（小松公訳）『王の二つの身体』筑摩書房、二〇〇三年
キトラー、フリードリッヒ（石光泰夫／石光輝子訳）『グラモフォン・フィルム・タイプライター』筑摩書房、一九九九年
木下康人『グラウンデッド・セオリー・アプローチの実践』弘文堂、二〇〇三年
キム・テグォン（朴正明訳）『北朝鮮版　力道山物語』柏書房、二〇〇三年
グートマン、アレン（清水哲男訳）『スポーツと現代アメリカ』TBSブリタニカ、一九八一年
グレイザー、バーニー&ストラウス、アンセルム（後藤隆他訳）『データ対話型理論の発見』新曜社、一九九六年
小島一志・塚本佳子『大山倍達正伝』新潮社、二〇〇六年
小島貞二『力道山以前の力道山たち』三一書房、一九八三年
小林直毅・毛利嘉孝編『テレビはどう見られてきたのか――テレビ・オーディエンスのいる風景』せりか書房、二〇〇三年
小林正幸「プロレス：誇張されるシニフィアンの美学――ロラン・バルト『レッスルする世界』再考――」『法政大学大学院紀要』四七号、二〇〇一年
ゴフマン、アーヴィング（石黒毅訳）『行為と演技』誠信書房、一九七四年
小室直樹『日本人のための憲法原論』集英社、二〇〇六年
小森陽一・紅野謙介・高橋修ほか『メディア・表象・イデオロギー　明治三十年代の文化研究』小沢書店、一九九七年
斉藤文彦『レジェンド100　アメリカン・プロレス　伝説の男たち』株式会社ベースボール・マガジン社、二〇〇五年
酒井直樹『日本思想という問題――翻訳と主体』岩波書店、一九九七年
坂上康博編『海を渡った柔術と柔道』青弓社、二〇一〇年
阪本博志『「平凡」の時代』昭和堂、二〇〇八年
桜井哲夫『可能性としての「戦後」』講談社、一九九四年a
――『TV　魔法のメディア』ちくま新書、一九九四年b
佐藤健二『流言蜚語――うわさ話を読みとく作法』有信堂、一九九五年

佐藤卓己『テレビ的教養――一億総博知化への系譜』NTT出版、二〇〇八年
佐藤俊樹・友枝利雄編『言説分析の可能性』東信堂、二〇〇六年
ジェイムソン、フレデリック（大橋洋一他訳）『政治的無意識』平凡社、一九八九年
清水幾太郎「テレビジョン時代」『思想』四一三号、一九五八年一一月号、岩波書店
清水諭編『オリンピック・スタディーズ――複数の経験・複数の政治』せりか書房、二〇〇四年
下川辺美智子『歴史とトラウマ――記憶と忘却のメカニズム』作品社、二〇〇〇年
シュナイダー、マンフレート（前田良三他訳）『時空のゲヴァルト』三元社、二〇〇一年
鈴木琢磨『金正日と高英姫　平壌と大阪を結ぶ「隠された血脈」』イースト・プレス社、二〇〇五年
高橋、ミスター『流血の魔術――すべてのプロレスはショーである』講談社、二〇〇一年
多木浩二『スポーツを考える――身体・資本・ナショナリズム』ちくま新書、一九九五年
竹内宏介・山本、ターザン『プロレス雑誌大戦争！』芸文社、一九九九年
田鶴浜弘『プロレス・ニッポン　世界をゆく』恒文社、一九七一年
――『日本プロレス30年史』日本テレビ放送網株式会社、一九八四年
田中敬子『夫・力道山の慟哭』双葉社、二〇〇三年
――『闘え、生きろ、老いるな！　夫・力道山の教え』大河出版、二〇〇八年
タルド、ガブリエル（稲葉三千男訳）『世論と群集』未来社、一九八九年（新装版）
辻村明『戦後日本の大衆心理』東京大学出版会、一九八一年
鶴見俊輔『戦後日本の大衆文化史』岩波書店、一九八四年
テーズ、ルー（流智美訳）『鉄人ルー・テーズ自伝』ベースボールマガジン社、一九九五年
デュルケム、エミール（古野清人訳）『宗教生活の原初形態』上・下、岩波文庫、一九七五年
東急エージェンシー力道山研究班編『ＲＩＫＩ力道山――世界を相手にビジネスした男』東急エージェンシー、二〇〇〇年
東スポ探検隊編『東スポ伝説――一面見出し、そこは一行の劇場だ』株式会社ピンポイント、一九九一年
富永茂樹編『転回点を求めて――一九六〇年代の研究』世界思想社、二〇〇九年
富山英彦『メディア・リテラシーの社会史』青弓社、二〇〇五年

戸村栄子、西野泰司『テレビメディアの世界』駿河台出版社、一九九五年
トンプソン、リー「プロレスのフレーム分析」栗原彬他編『身体の政治技術』新評論、一九八六年
――――「ポストモダンのスポーツ」『スポーツ文化を学ぶ人のために』世界思想社、一九九九年
中野収『「スキャンダル」の記号論』講談社現代新書、一九八七年
――――『メディア人間――コミュニケーション革命の構造』勁草書房、一九九七年
難波功士『族の系譜学　ユース・サブカルチャーズの戦後史』青弓社、二〇〇七年
根上優「スポーツにおける〈暴力〉の正当化をめぐって――〈さかさま〉世界の論理」『体育・スポーツ社会学研究』6、道和書院、一九八七年
野上元「『戦後』意識と『昭和』の歴史化――『戦争体験』の歴史性と普遍性」『マス・コミュニケーション研究』七六号、日本マス・コミュニケーション学会、二〇一〇年
朴一『〈在日〉という生き方――差異と平等のジレンマ』講談社、一九九九年
ハッキング、イアン（北沢格訳）『記憶を書きかえる』早川書房、一九九八年
花田紀凱・元木昌彦「特別対談　皇室報道の正体！『開かれた皇室』と『プライバシー』の間で」『別冊宝島　皇位継承と宮内庁』宝島社、二〇〇四年
馬場、ジャイアント『ジャイアント馬場　王道十六文』日本図書センター、二〇〇二年
原康史『激録　力道山』全五巻、東京スポーツ新聞社、一九九四―一九九六年
原田久仁信『プロレスヒーロー列伝・力道山修業編』実業之日本社、二〇〇三年
バルト、ロラン（篠沢秀夫訳）『神話作用』現代思潮社、一九六七年
ビークマン、M・スコット（鳥見真生訳）『リングサイド　プロレスから見えるアメリカ文化の真実』早川書房、二〇〇八年
引田惣弥『全記録　テレビ視聴率50年戦争――そのとき一億人が感動した』講談社、二〇〇四年
ファンク、テリー&スコット、ウィリアムス『テリー・ファンク自伝――人生は超ハードコア！』株式会社エンターブレイン、二〇〇六年
フィスク、ジョン（伊藤守他訳）『テレビジョン・カルチャー――ポピュラー文化の政治学――』梓出版、一九九六年
ブーアスティン、ダニエル（星野郁美・後藤和彦訳）『幻影《イメジ》の時代――マスコミが製造する事実』東京創元社、一九七四

年
フーコー、ミシェル（田村俶訳）『監獄の誕生』新潮社、一九七七年
深川英雄『キャッチフレーズの戦後史』岩波書店、一九九一年
福嶋亮大『神話が考える　ネットワーク社会』青土社、二〇一〇年
福田一也『力道山はエラかった』ベースボール・マガジン社、一九九六年
藤竹暁『メディアになった人間――情報と大衆現象のしくみ』中央経済社、一九八七年
藤原喜明『藤原喜明のスーパー・テクニック』講談社、一九八六年
布施克彦『昭和33年』筑摩書房、二〇〇六年
ベンヤミン、ウォルター（佐々木基一訳）『複製技術時代の芸術作品』晶文社、一九六九年
ポスター、マーク（室井尚／吉岡洋訳）『情報様式論――ポスト構造主義の社会理論』岩波書店、一九九一年
ホブズボウム、エリック＆レンジャー、テレンス（前川啓治／梶原景昭訳）『創られた伝統』紀伊國屋書店、一九九二年
ホワイティング、ロバート（松井みどり訳）『東京アンダーワールド』角川書店、二〇〇〇年
マーシャル、ピータ・デイビッド（石田佐恵子訳）『有名人と権力――現代文化における名声』勁草書房、二〇〇二年
マクルーハン、ハーバート・M（栗原裕・河本仲聖訳）『メディア論――人間拡張の諸相』みすず書房、一九八七年
松井良明『近代スポーツの誕生』講談社、二〇〇〇年
マリノフスキ、ブロニスワフ（増田義郎訳）『西大西洋の遠洋航海者』講談社、二〇一〇年
三浦展『「家族」と「幸福」の戦後史――郊外の夢と現実』講談社、一九九九年
見田宗介『近代日本の心情の歴史――流行歌の社会心理史』講談社、一九七八年
村松友視『合本　私プロレスの味方です』筑摩文庫、一九九四年
――――『力道山がいた』朝日新聞社、二〇〇〇年
百田光雄『父・力道山』小学館文庫、二〇〇三年
森達也『悪役レスラーは笑う――「卑劣なジャップ」グレート東郷』岩波新書、二〇〇五年
森田浩之『メディアスポーツ解体〈見えない権力〉をあぶり出す』日本放送出版協会、二〇〇八年
門馬忠雄『アンドレがいた！』エンターブレイン、二〇〇四年
山本、ターザン『「金権編集長」ザンゲ録』宝島社、二〇一〇年

ユーエン、スチュアート（平野秀秋他訳）『ＰＲ！ 世論操作の社会史』法政大学出版局、二〇〇三年
吉見俊哉「テレビは家にやって来た――テレビの空間 テレビの時間」『思想』九五六号、二〇〇三年一二月号、岩波書店
吉見俊哉『親米と反米――戦後日本の政治的無意識』岩波新書、二〇〇七年
李淳馹『もう一人の力道山』小学館、一九九六年
ル・ボン、ギュスターヴ（櫻井成夫訳）『群集心理』講談社、一九九三年

Feigenbaum, Aron. D. *Professional Wrestling ; Sports Entertaiment and The Liminal Experience in American Culture*, 2000, University of Florida dissertation
Jensen, J. *Fandom as Pathology*, in Lewis [ed] , Adoring Audience, Routledge, 1992B Hills, Matt., 2002, Fan Cultures, Routledge
Stone, G. (1971)“*Wrestling - The Great American Passion Play*”in E Dunning (ed.) The Sociology of Sports, Franc Cass & CO.LTD
Thesz, Lou. *Hooker : An Authentic Wrestler's Adventures Inside the Bizarre World of Professional Wrestling*, 1998
David, Hofstede. *Wrestling A Pictorial history*, ECW PRESS, 2001

雑誌・新聞

『紙のプロレス』一四三号、二〇一〇年二月六日、株式会社エンターブレイン
『現代思想』（総特集プロレス）二〇〇二年二月臨時増刊号、青土社
『サンデー毎日』毎日新聞社
『Ｇスピリッツ』一一号、二〇〇九年五月二〇号、辰巳出版
『Ｇスピリッツ』一四号、二〇一〇年一月二五号、辰巳出版
『Ｇスピリッツ』一五号、辰巳出版、二〇一〇年、辰巳出版
『Ｇスピリッツ SPECIAL EDITION』一号、二〇一〇年、辰巳出版
『週刊サンケイ』産経新聞社

『週刊サンケイスポーツ』産経新聞社
『週刊昭和』二九号（週刊朝日百科）、二〇〇九年、朝日新聞出版
『週刊昭和』三〇号（週刊朝日百科）、二〇〇九年、朝日新聞出版
『週刊ファイト』新大阪新聞社
『週刊文春』文藝春秋
『週刊読売』読売新聞社
『スポーツ20世紀』七号（B.B.mook 158）、二〇〇一年一月、ベースボール・マガジン社
『Ｎｕｍｂｅｒ』七〇号、一九八三年三月五日号、文藝春秋
『Ｎｕｍｂｅｒ　ＰＬＵＳ』二〇〇〇年一月号、文藝春秋

朝日新聞
スポーツニッポン
東京スポーツ
東京中日新聞
内外タイムス
報知新聞
毎日新聞
読売新聞

あとがき

本書で取り組んだ「力道山という体験」の意味について考えると、どうしてもいま起こっている東日本大震災と重ね合わせ、想いをめぐらせてしまう。戦後の焼け野原と震災による壊滅的な風景が重なることはいうまでもない。そして、復興というキーワードをめぐる人々の想いにも重なる部分があるように思われる。

ちょっとした事例をあげておこう。

震災の影響で興行を自粛していた格闘技界が、東日本大震災キャンペーン「FIGHT FOR JAPAN」の名のもとに結束し、興行を行い、収益の一部を震災復興のために寄付することを各メディアが伝えている。そのとき、語られるのが力道山である。

その内容は「日本のために戦う。力道山が戦後復興の象徴になったように、格闘技界が団結して役割を果たす」という趣旨のものである。メディアで流れてくるスポーツ選手や芸能人もまた「日本のため、私たちのがんばる姿を被災者に見ていただき、元気を届けたい」という趣旨の発言を行い続けている。

このように二〇一一年の現在であっても、「力道山という体験」は呼び戻され、現在の社会状況を解釈するのに引用されている。しかしながら、異なっている点も指摘できる。本文中に指摘したように、街頭テレビというメディアから大衆を勇気づけたのは、力道山という特別な存在にかぎられていた。もちろん厳密にいえば、スポーツ界の古橋や白井、歌謡界の美空ひばりなども含まれるだろう。しかし、なんといってもその象徴的な位置に力道山は存在した。

その状況と比して、現在被災者に「がんばれ」とメッセージを送る有名人は、スポーツ界や芸能界に属しているものなら全員ではないかというほどの広がりをもっている。さらにこの広がりは一般の人々にまで浸透しているように思われる。本文でテレビの民主化作用に言及し、ジャンルの優劣を曖昧化し有名人として横並びにすることを指摘したが、現在の状況は人々に勇気を与える〝権利〟を誰もが有しているようであり、まさに本文でいう民主化の極限に至っているという印象をもつ。もちろん、この極限的な民主化作用はテレビとともにインターネットというメディアが重要な役割を果たしていることはいうまでもない。

と同時に指摘できるのは、現在メッセージを送る有名人が「自分にできること」を明確に意識していることである。力道山もまた「先端を切る。だからやるんだ」と「豊かな社会」を先取りすることを意識化してはいただろう。また、日本テレビの正力が力道山プロレスに対して「日本民族の志気振興の役割」を期待していたという背景もあった。しかしながら、力道山や正力の意識には「自分にできること」という「私」をめぐる物語性が濃厚だとは思われない。

当然のことだが、私自身も被災者に対する想いや早い復興を願う気持ちは存在する。もちろん、私自身も「自分にできること」を行いはする。しかしながら、あまりの被災状況に「私」なるものの無力さの方が先立ってしまう。そのためか、「自分にできること」を表立って表現することに違和感を抱くことがある。おそらく、このような歴史的災害にあっても、「私たちのがんばる姿を被災者に見ていただき、元気を届けたい」との言説から垣間見えるのは、「私」が先立ち、「私」に自己言及している閉じた回路のような気がしてならない。このような見解が診断ミスであるかもしれないのだが。

ただ、被災者側に冷静な反応もある。有名人からの「がんばれ」というメッセージが、「上から振ってくる言葉にしか聞こえない」と、メディアの片隅に載っていることもある。このような冷静な反応を含めて、被災者との共苦の体験に、力道山が「高度経済成長」を導いたのとは異なる、新しい日本社会が目指すべき価値観があるような気がしてならない。この体験を通じて、日本人の新しいエートス（行動様式）が具体化するのではないかと、筆者は想いを巡らしているところである。

末尾になったが、少しばかり感謝の言葉を述べさせていただく。大学教員としてどうにか活動し、今回出版という機会をうることができたのは、大学院時代から指導していただき、不出来な教え子を気にかけ、サポートしていただいた法政大学社会学部の稲増龍夫先生が存在したからである。先生がいなければ、そもそもアカデミックな世界になんのネットワークも築くことができない筆者に、今回の出版はありえなかった。また、東洋英和女学院大学国際社会学部の岡井崇之さんにも感謝申し上げる。本書の企画段階から意見を述べていただき、大変勇気をいただいた。本書の影のプロデューサーである。最後に、いつも隣にいて、私を支えてくれる妻の美珍と娘の婷婷にも感謝を伝えておきたい。

二〇一一年四月

小林正幸

関連略年譜

西暦	力道山&プロレス	メディア関係	政治・社会・一般の出来事
一九二三	七月一四日に朝鮮半島咸鏡南道にて生まれる。本名金信洛。プロレスラーとしての公式プロフィールでは、一九二四年一一月一四日長崎県大村市生まれ。	『文藝春秋』創刊。	九月一日、関東大震災。
一九二五		三月、日本のラジオ放送開始。	治安維持法、普通選挙法公布。
一九二六		一二月、高柳健次郎テレビ実験成功。	大正天皇病死、一二月二六日昭和と改元。
一九二七		七月、岩波文庫創刊。	
一九三二		ラジオ聴取者一〇〇万世帯に。	
一九三四			日本初のプロ野球団（のちの読売巨人軍）設立。
一九三八		ラジオ聴取者四〇〇万世帯に。一〇月、米、CBSラジオドラマ「宇宙戦争」でパニックが起きる。	国家総動員法公布。
一九三九			第二次世界大戦開戦。
一九四〇	朝鮮にて最初の結婚。渡日し、二月に二所ノ関部屋入門。五月初土俵を踏む。番付は「朝鮮・力道山昇之介」。	四月、テレビドラマ「夕餉前」実験放送。ラジオ聴取者五〇〇万世帯に。	日独伊三国同盟。流行語「贅沢は敵だ」。

西暦	力道山&プロレス	メディア関係	政治・社会・一般の出来事
一九四一	百田巳之助の養子となる。五月序二段入り、番付は「肥前・力道山光浩」。		一二月八日、太平洋戦争開始。
一九四二	三段目で八戦全勝、初優勝。		ミッドウェー海戦。米軍が初の本土空襲。
一九四三	朝鮮に娘とされる金英淑《キムヨンスク》が生まれる。	ラジオ聴取者七〇〇万世帯。	学徒出陣。
一九四四	長女千栄子生まれる。五月幕下で五戦全勝優勝、一一月十両昇進。		学童疎開始まる。神風特攻隊編成。B29による東京初空襲。
一九四五		八月一五日、玉音放送。	東京大空襲。ドイツ降伏。沖縄玉砕。広島と長崎に原子爆弾投下。ポツダム宣言受諾。流行語「ピカドン」「一億総ざんげ」。
一九四六	長男義浩生まれる。一一月幕内に昇進。		天皇人間宣言。日本国憲法公布。
一九四七	六月前頭八枚目で優勝決定戦に進むも、横綱羽黒山に敗退。		日本国憲法施行。水泳の古橋が世界新記録。
一九四八	次男光雄生まれる。一〇月小結昇進。		美空ひばりデビュー。
一九四九	小沢ふみ子と結婚。肺ジストマを患う。五月関脇昇進。	NHKテレビ公開実験。漫画『ブロンディ』朝日新聞連載。	湯川秀樹ノーベル物理学賞受賞。
一九五〇	九月一一日、日本橋浜町の自宅で自ら髷を切り関取廃業。就籍届け提出。新田建設資材部長となる。	電波三法公布。	朝鮮戦争はじまる。警察予備隊創設。池田蔵相「貧乏人は麦を食え」発言。

一九五一	九月一五日、ボビー・ブランズらアメリカ人プロレスラー一行がチャリティ興行のため来日。ハロルド坂田らに力道山とプロ柔道の遠藤幸吉はコーチを受ける。一〇月二八日、力道山プロレスデビュー（メモリアル・ホールでブランズと力道山はエキシビジョン・マッチにて時間切れ引き分け）。	九月一日、民放ラジオ開局（初のラジオCM）。「羅生門」ベニス映画祭グランプリ。	サンフランシスコ平和条約調印。日米安全保障条約調印。
一九五二	二月一日、力道山渡米壮行会。ハワイに単身渡米。ホノルルで海外発試合で、チーフ・リトル・ウルフと対戦勝利。六月アメリカ本土に渡り、シャープ兄弟とも対戦。	五月、初のプロボクシング世界フライ級戦、ダド・マリノVS白井義男中継。七月三一日、電波監理委員会廃止。ラジオ聴取者一千万世帯に。	ヘルシンキオリンピックに、日本戦後初参加、レスリングで石井が金獲得。
一九五三	三月帰国。七月一八日、大阪で山口利夫が日本人初のプロレス興行。七月三〇日、力道山道場で日本プロレスリング協会発足発表。一二月再渡米、ハワイでＮＷＡ選手権者ルー・テーズと対戦し敗れる。	二月一日、ＮＨＫテレビ放送開始。八月二八日、日本テレビ放送網開局。	吉田茂「バカヤロー」解散。伊藤絹子ミスユニバース三位入賞。
一九五四	二月六日、大阪で山口がプロレス興行、ＮＨＫ大阪が試験放送を行う。二月一九日、日本プロレスリング協会による興行。力道山・木村政彦組対シャープ兄弟戦をＮＨＫと日本テレビが実況中継。街頭テレビに黒山の人だかり。山口が全日本プロレスリング協会、木村が国際プロレスリング団を結成。八月、力道山の第二弾興行「太平洋沿岸タッグ選手権シリーズ」開催、各地で盛況。一二月、横綱東富士が大相撲を廃業しプロレスラーに転身。一二月、日本プロ・レスリング・コミッション設立、二二日に〝巌流島の決闘〟で木村を破り力道山が日本ヘビー級王者となる。	三月一日、ＮＨＫ大阪、名古屋テレビ局開局。プロレス専門紙『ファイト』創刊（のちの『週刊ファイト』とは別）。四月、「地獄門」カンヌ映画祭グランプリ。	マリリン・モンロー来日。ビキニ水爆実験で第五福竜丸被爆。

西暦	力道山&プロレス	メディア関係	政治・社会・一般の出来事
一九五五	一月二六日、大阪府立体育館で山口利夫を破り、日本ヘビー級王座の防衛を果たす。三月、プロレス遊びが原因で子どもが事故死との報道。三月二七日、東富士の修行に同行するためハワイに渡航。七月プリモ・カルネラ、ジェス・オルテガを招いて「国際大会シリーズ」開催。九月東南アジア遠征 一一月、「アジア・プロレス選手権シリーズ」開催。決勝でキング・コング破り、初代アジアヘビー級王者。一二月、「ウェート別全日本選手権東日本予選」が始まる（力道山はレフリーを勤める）。力道山伝記映画『怒濤の男』公開。	四月一日、ラジオ東京テレビ（現ＴＢＳ）開局。ＮＨＫテレビ契約数一〇万世帯。雑誌『プロレス』（のち、『プロレス&ボクシング』）創刊	社会党統一大会。自由民主党結成。集団就職列車が登場。流行語「太陽族」。
一九五六	四月、シャープ兄弟を招き「国際シリーズ」開催。六月二五日、新田新作死去。七月、タム・ライスを招いてシリーズ開催。一〇月二四日、「ウェート別統一日本選手権大会」決勝が行われる。ここに力道山の日本プロレスによるマット界統一がなされる。	『週刊新潮』創刊、週刊誌ブーム。大宅壮一「一億総白痴化」論。	日本登山隊マナスル初登頂。日本国連加盟。流行語「もはや戦後ではない」「三種の神器（洗濯機・冷蔵庫・掃除機）」。
一九五七	一月、アデリアン・バイラジョンを招いてシリーズ開催。二月、ハワイ遠征と世界選手権開催の交渉。六月一五日、日本テレビが毎週土曜夕方に『ファイト・メン・アワー』の放送開始（この時、スポンサーが八欧電機から三菱電機に）。八月、ボボ・ブラジルを招いてのシリーズ開幕（停滞気味のプロレス人気上昇）。一〇月、NWA世界選手権者ルー・テーズ来日。一〇月七日、後楽園球場で世界選手権試合を行い、時間切れ引き分け。以降、永田貞男はプロレス興行から撤退。一二月ごろ、小沢ふみ子と別居。	テレビ受信契約五〇万世帯。郵政省三四局にテレビ大量免許。カラーテレビ実験放送開始。	東京の人口八五一万をこえ、世界一の都市となる。東海村に原子力の灯がともる。

一九五八	八月二七日、ロサンゼルスでテーズに勝利、インターナショナル選手権を獲得。二九日、日本テレビで隔週金曜八時の放送始まる。九月、ドン・レオ・ジョナサンを招いてシリーズ開催。インターナショナル選手権の防衛戦がシリーズの中心となる。一一月、ブラジル遠征。	VTR導入。テレビ受信契約一〇〇万世帯。東京タワー完成。映画入場者ピーク（一一億二七四五万人）。『週刊明星』『週刊平凡』創刊。	皇太子婚約発表でミッチーブーム。インスタントラーメン発売。プロ野球長嶋茂雄デビュー。一万円札発行。フラフープ流行。
一九五九	一月、東富士引退発表。二月、覆面のミスターアトミックが人気を獲得。五月、「第一回ワールドリーグ戦」開幕、決勝でオルテガ下し、力道山優勝（プロレス人気復活）。	NHK教育テレビ放送開始。日本教育テレビ（現テレビ朝日）、フジテレビ開局。『少年サンデー』『少年マガジン』創刊。四月、皇太子結婚パレード中継（視聴者推定一五〇〇万）。この年、テレビ受信契約三〇〇万世帯。民放テレビ局年間収入がラジオ局を上回る。	皇太子結婚、パレードに五三万人。児島明子ミスユニバース。レコード大賞制定、第一回「黒い花びら」。ロカビリーブーム到来。
一九六〇	二月、ブラジルで後のアントニオ猪木をスカウト。四月、後のジャイアント馬場とともに日本プロレスに入門発表。九月、両者が同時デビュー。	NHK、テレビから暴力場面追放宣言。『東京スポーツ』創刊。九月、カラー本放送開始 ニールセン、視聴率調査開始。	安保闘争。新安保条約発効。ベトナム戦争勃発。池田勇人「所得倍増計画」発表。ダッコちゃんブーム。
一九六一	四月、「第三回ワールドリーグ戦」開幕。グレート・アントニオが神宮外苑前でバスを引っ張るデモンストレーション。七月、東京渋谷に総工費三〇億円をかけ、リキ・スポーツパレスが完成。八月、リキ・アパートメント完成。九月、リキ・ボクシングジム設立。	NHK連続テレビ小説開始。フジテレビ全日放送。	米国がキューバと国交断絶。流行語「巨人・大鵬・卵焼き」。水俣病の原因を熊本大学が特定。

西暦	力道山&プロレス	メディア関係	政治・社会・一般の出来事
一九六二	三月二八日、ロサンゼルスでフレッド・ブラッシーを破りNWA世界選手権王者となる。四月二七日、「ワールドリーグ戦」の神戸大会でブラッシーの噛み付き攻撃でグレート東郷が大流血、テレビ視聴の高齢者がショック死を起こしたとして、社会問題となる。七月、ロサンゼルスでWWA防衛戦で出血多量の不可解な判定で王座転落。九月、試合で右胸鎖関節亜脱臼の負傷も数日欠場後、アメフトのショルダーパッドを着用し復帰。	テレビ受信契約一〇〇〇万世帯。ビデオリサーチ社視聴率調査開始。NHK総合全日放送開始。『講談倶楽部』『少年倶楽部』廃刊。『週刊TVガイド』創刊。	東京が世界初の一〇〇〇万都市。首都高速一号線の京橋－芝浦間開通。流行語「スモッグ」「青田買い」。
一九六三	一月、田中敬子との婚約発表。一月、極秘裏に韓国訪問。五月二四日、東京体育館でのデストロイヤー戦が六四%の視聴率獲得。六月、結婚式、その後世界一周の新婚旅行。一二月七日、浜松で生涯最後の試合。翌八日、赤坂のナイトクラブで暴力団員に腹部をナイフで刺される。九日、山王病院で開腹手術。一五日腸閉塞の併発から再手術を受けるも、午後九時五〇分永眠。二〇日、池上本門寺で葬儀。	「鉄腕アトム」放送開始（フジ）。テレビ受信契約一五〇〇万世帯。	坂本九「スキヤキ」全米で大ヒット。ケネディ暗殺。流行語「およびでない」「シェー」。
一九六四		初のニュースショー「木島則夫モーニングショウ」開始（現テレビ朝日）。東京オリンピックで海外生中継送出成功。	東海道新幹線開通。名神高速道路開通。東京オリンピック開催。

人名索引

力道山（金信済、金村光浩、百田光浩）はほぼ全ページにわたるので割愛した。

ア行

カ行

サ行

タ行

ナ行

ハ行

マ行

ヤ行

ラ行

ワ行

欧文

事項索引

ア行

カ行

サ行

タ行

ナ行

ハ行

マ行

ヤ行

ラ行

ワ行

数字・欧文

●著者略歴
小林正幸（こばやし・まさゆき）
1964年生まれ。北海道出身。法政大学大学院博士後期課程社会学専攻単位取得退学。専門は文化社会学およびメディア論。現在、法政大学社会学部、玉川大学文学部などで社会学やメディア論に関する講義を行っている。主な業績に「プロレス社会学への招待　イデオロギーとテクスチュア」(『現代思想』vol.30-3、2002年、青土社)、「異形の殿堂　NYマジソン・スクエア・ガーデン」(『体育の科学』10月号、2007年、杏林書院)、など。共著に『レッスル・カルチャー―格闘技からのメディア社会論』(小社刊)。自身プロレスファンであり、プロレスファンの日常的実践を文化社会学から考察することに関心がある。またプラトン、ハイデガー、そして西田幾多郎などからメディアの存在論的な位置づけと倫理について考察していくことを自身の課題とする。

力道山をめぐる体験　プロレスから見るメディアと社会

2011年6月9日　初版発行

著　者　小林正幸

発行所　株式会社風塵社

〒113-0033　東京都文京区本郷3-22-10
TEL 03-3812-4645　FAX 03-3812-4680

印刷：吉原印刷株式会社／製本：株式会社越後堂製本
装丁：有限会社閏月社

Printed in Japan 2011.

好評既刊

読むドキュメンタリー映画
2001 ~ 2009

楠山忠之著　ISBN978-4-7763-0043-4　定価 2100 円　46 判／ 256 頁

子ねこチビンケと地しばりの花
未決四十一年の青春

荒井まり子著　ISBN978-4-7763-0047-2　定価 2100 円　46 判／ 336 頁

トラブル依頼人
麻田恭子著／加地修監修　ISBN978-4-7763-0048-9　定価 1575 円　46 判／ 272 頁

著名人のお墓を歩く
谷中・染井・雑司ヶ谷編

あきやまみみこ撮影　ISBN978-4-7763-0039-7　定価 1575 円　A5 判／ 160 頁

（価格消費税５％込み）

ポップカルチュア選書「レッセーの荒野」好評既刊

それぞれのファン研究　I am a fan

玉川博章・名藤多香子・小林義寛・岡井崇之・東園子・辻泉著
ISBN978-4-7763-0035-9　定価 1890 円

さまざまなジャンルでのファンの活動を取り上げ、現場にもとづき実証的に描き出す。コンテンツ大国を目指す日本において、見落としてはならないファンの存在に重層的にアプローチした。

ポピュラー TV

平井智尚・大淵裕美・藤田真文・島岡哉・小林義寛・小林直毅著
ISBN978-4-7763-0042-7　定価 1890 円

メディア研究の中で「格下」と見られがちであった TV 研究にあえて踏み込み、番組と視聴者の不定形な秘めごとに迫る。実際に放映されているテレビ番組の、何を、どう見聞きしているのであろうか。

レッスル・カルチャー　格闘技からのメディア社会論

岡井崇之編
ISBN978-4-7763-0046-5　定価 1890 円

メディア論、精神分析、カルチュラル・スタディーズ、コーチ学、人類学など多様な視点から「レッスル・カルチャー」に迫る。モンゴル相撲から見た「朝青龍問題」や、ジャンボ鶴田の幻の遺稿も収録！

（価格消費税５％込み）